经济法文选

黄 欣◎著

中国政法大学出版社

2025·北京

图书在版编目（ＣＩＰ）数据

经济法文选 / 黄欣著. -- 北京 ： 中国政法大学出版社，2025. 8. -- ISBN 978-7-5764-2293-1

Ⅰ. D922.290.4-53

中国国家版本馆 CIP 数据核字第 2025C3E236 号

出 版 者	中国政法大学出版社
地　　址	北京市海淀区西土城路 25 号
邮寄地址	北京 100088 信箱 8034 分箱　邮编 100088
网　　址	http://www.cuplpress.com (网络实名：中国政法大学出版社)
电　　话	010-58908586(编辑部) 58908334(邮购部)
编辑邮箱	zhengfadch@126.com
承　　印	固安华明印业有限公司
开　　本	720mm×960mm　　1/16
印　　张	24.5
字　　数	400 千字
版　　次	2025 年 8 月第 1 版
印　　次	2025 年 8 月第 1 次印刷
定　　价	99.00 元

作者简介

　　黄欣，男，1945 年生于湖北襄阳，1964 年 5 月以特别优异成绩毕业于其四中高三一班，但紧接着体检查出"双眼视力之和不足 1.0 且因患先天性远视闪光无法矫正、高度平足及干性鼻炎"，而被迫突然改报北京大学文科（哲学、国际政治、法律），高考后又因其法律系有优先录取权而盲目被其录取。1964 年 8 月—1970 年 3 月间就读于北京大学法律系法律专业本科；1980 年 9 月—1983 年 7 月间以中国第一位正式考取的经济法学硕士研究生身份就读于中国政法大学研究生院，1983 年 8 月在中国社会科学院法学所答辩时获得五名评委（王家福、谢怀栻、王保树等）的全票通过及高度赞扬、并获中国社会科学院研究生院院长温济泽签发的法学硕士学位证书。1989 年 6 月获评聘为高级经济师，1996 年 4 月获聘为武汉大学法学院兼职法学教授，1998—2008 年连任中国行政管理学会两届共 10 年的常务理事并且至今仍是其"特邀理事"，2004 年 4 月获评聘为编审，2005 年 12 月又获聘为中央财经大学法学院兼职教授。自 1981 年起先后在《中国法学》《法学研究》《政法论坛》等法学期刊和法律出版社、中国政法大学出版社、中国金融出版社等发表和出版了法学论文、著作、译文和译著约 300 万字，并先后多次获得学术一等奖、二等奖、三等奖和首届中国优秀法律出版发行奖。此外，如下两次出访亦需提及：

　　一、在江泽民主席访日前夕，以全国政协副主席、中国法学会会长任建新为团长、中共法学会党组书记佘孟孝为副团长的访日代表团，于 1998 年 11 月的 4 日至 13 日应邀正式访问了东京、京都和大阪，日程满、收获丰。其中，黄欣名誉上是学者兼秘书实际上只是个忙碌的写手，提前起草了团长的各种讲稿、记录了其全部外事活动，回国后按时完成了上报中央的《访日情况报告》及内部《总结》。后附三幅照片依次是 7 日与副团长东京合影、8 日在陈健大使晚宴上留影和 12 日在京都与和蔼可亲的老团长的合影：

二、以中国法学会党组书记刘飏为团长的访俄代表团，应邀于 2004 年 6 月下旬访问了俄罗斯的莫斯科和圣彼得堡。黄欣以中国法学会办公室主任、兼职法学教授身份参与了所有外事活动。后附三张照片依次是 23 日在克里姆林宫广场的全体合影、25 日和 27 日随团参观冬宫及芬兰湾时的单独留影：

现为中国法学会机关办公室正司局级退休干部，虽年过八旬但身体尚可；如今华人寿命长，年过八旬仍轩昂。耳聪目明爱锻炼，身心健康创作忙！

序

众所周知，在我国，"经济法"和"国际经济法"，都早已发展成为举世公认的、新型的法律部门和法学学科。但无论是这两个概念还是这两个学科，都是在党的十一届三中全会之后、由北京大学法学院的著名教授芮沐老先生首先倡导并身体力行的。1980 年，经国务院有关主管单位批准，北京大学法律系率先在全国招收"经济法专业本科生"；而北京政法学院（中国政法大学前身）研究生院则率先在全国招收"经济法专业研究生"，但仅招一名。后来得知：此次应考者全国共 279 名，而笔者便是其中因得分遥遥领先而被录取的那位"幸运者"。事实上，从决定报考"经济法专业研究生"之时起，笔者就全身心地积极投入我国"经济法"的学习、研究和实践之中，并且至今已经坚持了四十多年。其中的"经历当属丰富且收获亦属不少"，但更重要的是对经济法这份情感堪称"历久弥坚"。其重要原因之一便是笔者对芮沐老前辈的敬重和感激。笔者于1964 年 8 月下旬至 1970 年 3 月中旬，在北京大学法律系学习期间虽然同芮老并无任何直接接触，但当笔者加入"经济法"队伍后就完全不同了，并且与芮老发生了两次重要的直接学术交流活动。第一次是 1984 年：笔者在担任中国政法大学研究生院经济法专业硕士研究生老师期间，专门到北京大学朗嵤园的芮老家中，当面诚请他到中国政法大学研究生院为经济法专业硕士研究生讲授"经济法和国际经济法"。芮老不仅答应了而且持续了整整一个学期：每周六上午的 8 点半至 11 点半，已经 76 岁的芮老每次都坚持站着讲且中间仅休息 10 分钟、并从未接受过任何招待。当然，每次来回都由笔者用学校的小车接送。笔者从中利用听课和接送途中的交流接受了芮老的许多学术教诲。第二次是 1999 年。此年 3 月 2 日，中国法学会时任党组书记、常务副会长佘孟孝批示，要求笔者"抓紧时间研读"芮沐 1999 年 2 月 15 日（经查是农历 1998 年腊月三十）致任建新会长亲笔信的复印件及其近为《国际经济法丛书》所写一万多字"前言"的打印稿，并且要求我在"十天内"上交自己的书面"看法"。这事对我而言虽属"额外任务"，但却是我研读芮老国际经济法学术理论的极好机会。经过连续几日的加班研读并广泛查阅相关资料后，我于该月 10 日正式提交了书面复命。其内容全文是：

　　佘会长：因您交办，我得缘提前拜读芮沐老先生近为《国际经济法丛书》所写"前言"及为此而致任会长的亲笔信。众所周知，芮老不仅是一位著名的国际法专家，而且是我国经济法和国际经济法的主要开拓者和推动者。他虽已过九十高龄，却仍不停地著书立说；此次所写"前言"长达一万多字，并亲自致信任会长请求"指正"；此种精神值得我们这些后学晚辈永远学习。芮老所写"前言"，我虽初学浅尝，但已感其内容丰富，觉得可能是芮老一生严谨治学的重要心得体会。他一向谨言慎行，此次能如此直抒胸臆，实属难能可贵、值得珍视，出版发行后定能受到广大学者和读者的欢迎和重视，起到积极的效果。

　　虽然享年 103 岁的芮老（生于 1908 年 7 月 14 日）已于 2011 年 3 月 20 日仙逝至今已经过去 14 年了，而笔者今年也已过 80 周岁，但笔者决定出版《经济法文选》，作为再次表达敬重芮老、热爱我国经济法事业之情的一种方式。

本《经济法文选》分为"总论、宏观调控法、反垄断立法和其他"四个部分。前三部分因基本已属"共识"无需解释，而其中的"其他"则包括虽现已不属"经济法"范畴、但仍有一定史料价值的几篇论文。在各部分内部，论文按时间顺序编排。为避免著作权争议，虽为笔者独立研究完成但首发时曾与他人联署过的文章一概不选；内容近似的多篇文章中也只选其中最具代表性的；虽是笔者主笔但接受过帮助的文章也都如实载明了合作者并表示了诚挚谢意。书中所有论文的手写原稿和首发原稿都被笔者完整保存至今，此次选编时仅做了极个别的文字订正，内容完全保存了历史原貌。同时，为方便读者专家阅读、理解、批评这些历史拙文，各文题和正文之间增写了简要"按语"。笔者郑重声明：严格遵循学术规范，对书中全文负全责，欢迎读者批评指正。此外，书中插图所用照片及其即时观感也都是笔者独立拙作并对其完全负责。回望过去的足迹是为了更好地前进！

最后，此书得以出版，笔者要特别感谢中国政法大学出版社的各位有关领导和老师们，特别是丁春晖主任的辛勤劳动及精心负责精神！

黄 欣

2025 年 8 月 9 日

目　录

第一部分

总　论

1 我国经济法理论中的几个问题

按语：此文是笔者于 1980 年 6 月下旬收到北京政法学院（中国政法大学前身）研究生院经济法专业研究生录取通知书之后，历经十多天加班加点调研创作并于 7 月 4 日完成的，记录了当时的学习心得和研究体会，因此可视为"笔者的首篇经济法学术论文"，约 11.2 千字。此文成稿后曾立即誊写一份寄给时任该院新设经济法教研室主任亦即经济法硕士研究生指导教师组组长陶和谦老师，但原稿至今仍完整保存。入学后见到陶老师得知：笔者"是在这次全国共 279 名考生中以遥遥领先的第一名成绩被录取的，并因此成为我国第一位正式考取的经济法专业研究生"。同时，陶老师因满意此文而要求笔者利用业余时间为他起草一份《经济法概论》编写大纲（供内部讨论、不外传）、年底前交给他。笔者按时上交的这份《经济法概论》编写大纲计划，全书共分十八章、共约 260 千字；但其中分别来自全国十二所高校和社科院的各章共十四位撰稿人都是按陶老师的指定写的（此原稿至今也仍完整保存）。此文虽已陈旧，但其中的一些观点及其论证方法至今仍具有一定的史料价值。此为首发，除极个别文字订正外，内容未做任何改动。

为了把我国尽快建成伟大的社会主义现代化强国，必须充分发扬社会主义民主、完善社会主义法制，其中特别需要迅速加强经济法建设。这使得我国的经济法理论研究工作变得十分迫切，同时也面临着艰巨的任务。为此，下面就我国经济法理论中的几个问题谈一点个人的肤浅认识和初步探讨，作为向师长同志们请教的依据。

一、经济法是一个新型的法律部门

经济法在全世界都是在第一次世界大战之后才产生出来的一个新型的法律部门，也是一门新型的法学学科。

在资本主义国家，正如北京大学著名教授芮沐老先生正确指出的那样："经济法"概念的出现，肯定是第一次世界大战后，德国经济崩溃及其后希特勒纳粹当道，西欧国家加紧经济集中管理、加紧推行公团主义立法的结果。在美国，它是在 20 世纪 30 年代发生经济危机的情况下，罗斯福推行"新政"，公布一系列所谓"社会立法"，全面干预社会经济、帮助垄断资本摆脱危机、挽救资本主义的表现。所以，西方国家的经济法，简单地说，就是在特定历史条件下发展起来的，为了加强公私权力对社会经济的干预、组织和管理而出现的法律[1]。

社会主义国家是第一次世界大战之后才蓬勃发展起来的，其经济法自然都只能是第一次世界大战之后的产物。

经济法在我国去年（1979 年）刚被确认为法学中的一门分支学科，今年（1980 年）才准备招生开课。这集中说明了我国法制落后的现状在经济法方面表现得尤为突出，说明了在我国迅速发展经济法理论，加强经济法制建设是一项十分迫切而又艰巨的任务。

正因为经济法的产生还只有几十年的历史，尚处在蓬勃发展的初期，所以还有许多实际问题，特别是理论问题亟待解决。现在许多国家都出现了这样的情况：经济法的理论落后于实践、经济法理论的发展成了进一步完善经济法制的关键；其中，经济法应否成为

---

[1] 详见《法学研究》1979 年第 5 期所载署名申徒的文章。

法的一个独立部门的问题，即经济法是不是一个新型的法律部门和法学学科的问题，都在不同程度上需要尽快予以很好解决。自然，正确解决这一问题，无论在理论上还是实践上，对我国经济法的发展都具有重要的作用。

从国内外一些学者使用的情况看，经济法概念亦有广狭之分。广义经济法，又称经济立法和经济司法，大致是指某一国家法律体系中一切涉及社会经济关系的全部法律规范的总和。这样的所谓经济法，自然囊括了宪法、民法、劳动法和刑法等许多法律部门中的有关规范，并且可以追溯到古代奴隶制的罗马法，既无专门的调整对象，更无统一的调整原则和方法，既不是新型的、更不是独立的法律部门。这完全不是我们现在所要考察的经济法。此种定义只有在研究现代科学意义上的经济法之产生历史及其与其他部门法的关系时才具有一定意义。狭义经济法，即我们所要考察的、现代科学意义上的经济法，是指在现代历史条件下国家为加强经济管理而制定或认可的、专门用以调整企业、机关和社会组织之间在生产经营过程中所发生的经济关系，以及为此而建立起来的组织关系的各种法律规范的有机整体。我国的社会主义经济法，就是国家为加强国民经济管理而制定或认可的、专门用以调整社会主义企业、机关和社会组织之间在生产经营过程中所发生的经济关系，以及为此而建立起来的组织关系的各种法律规范的有机整体。它是党的有关经济政策中那些经过实践证明是正确的、需要继续执行的政策之定型化、条文化，是我国工人阶级和广大人民群众意志和利益的表现，是贯彻党的政治路线、建设现代化的社会主义强国的重要措施。这样的经济法，既有专门的调整对象、又有统一的调整原则和方法，还有专门的司法机关予以保障实施，理所当然地应该成为法的一个独立部门——经济法。以这一部门法为研究对象的法学学科，也理所当然地应该成为法学中一个新型的独立学科即经济法学。

第一次世界大战之后，随着生产经营活动社会化、现代化程度的迅速提高，以及专业化和协作趋向的日益发展，社会经济联系更加密切和复杂化。这就使得国家直接干预、组织和管理社会经济活动的程度和方式日益加强和增多，使得原有的民事立法和民事司法远远不能适应社会经济发展的客观需要，使得原有的任何一个法律部门都无法独立承担起调整整个社会全部经济关系的重任。新型的经济法部门，正是在这种历史条件下应运而生、迅速发展起来的。它并不是要完全取代民法或其他部门法；既不是要调整所有经济活动参加者之间的全部经济关系，也不可能只调整经济关系。各国的经济法，一般都只把各种企业，以及享有一定财产自主权的机关和社会组织规定为自己的主体，把它们之间在生产经营、流通过程中所发生的经济关系，以及为此而建立起来的组织关系作为自己的调整对象，把现代经济的基本单位——企业的法律地位及其生产经营基本原则的法律规范、即各种企业立法作为自己的首要和基本的内容，而把它们之间与经济活动无直接联系的行政隶属关系仍然留归行政法调整，把公民之间以及公民与社会组织之间的民事关系也仍然留归民法调整。各国的经济法在调整其经济关系时，除继续遵循平等、等价和自愿等传统的民法原则之外，首要的都需遵循法制原则、其中包括具有法律效力的计划与合同。许多国家都专门设立了经济法院、经济法庭或仲裁机关，以专门处理经济组织之间的争议或纠纷，以保障经济法的实施。对于南斯拉夫现行经济法中有关经济犯罪的规定，他们国家的不少学者已经明确建议将其划归到刑法中去[1]。正因为如此，有些国家已经制定统一的《经济法典》或《经济立法指导原则》，如捷克斯洛伐克和德意志民主共和国；有些国家虽然尚未编纂出统一的《经济法典》，但在理论和实践上都已明确确立了经济法的独立地位，如南斯拉夫和日本等国；有的国家，虽然不同学者之间仍在进行激烈的争论，但从立法和司法的实践以及法典编纂的目录上看，其实际上也已确立了经济法的独立地位，如苏联。总之，随着社会经济的发展和经济法制的加强，经济法的独立地位在越来越多的国家中确立下来并显示出越来越重要的作用。诚然，目前尚有些外国学者（如苏联的部分学者）拒不承认经济法的独立地位，企图把大量的经济法规分别塞入民法和行政法的框架之中去；但是，连他们自己也无法否认：不可能用传统的民法和行政法的范畴，把已经产生出来的大量经济法规范全部囊括进去，更不可能用传统的民法和行政法的规范和原则来处理现实中十分复杂的社会经济关系；所以，他们也照例使用着经济法的概念、谈论着经济法的问题，并且企图给经济法下一些似是而非的定义。这种人的错误在于，不懂得法作为上层建筑的重要组成部分必将随着社会经济的发展变化而不断更新和丰富的客观规律，硬要把新法律塞入旧框框中去。这就势必阻碍法制的完善及其积极作用的发挥。此种错误观念对我国法学界产生了一定的消极影响，使我国个别民法学者毫无根据地把民法与经济法对立起来，企图用压制经济法的手段来发展民法，因此不仅极力否认经济法的独立地位，而且还武断地给我国至今还杳无音信的所谓《经济法典》预先扣上了如下三项大帽子：一曰它"容易割裂统一的经济生活"；二曰它"不适应当前

---

[1]　参见《法学译丛》1980 年第 2 期。

经济改革的趋势"；三曰它"立法技术上重复"[1]。这些严厉指责，一则由于总体说来是毫无根据的，因为它根本就没有出生，你们怎么就事先断定它会有那么严重的弊病呢？二则由于其论据本身就是片面的、错误的，所以很难令人信服。至于他们那种企图通过否认经济法的独立地位、压制经济法的发展、反对今后在条件成熟时编纂统一的《经济法典》的想法，更是十分错误的、有害的，其结果不仅会阻碍经济法的发展，同时也势必会影响到民法的发展及其积极作用的发挥、给四化建设造成不良后果。

众所周知，法作为上层建筑的重要组成部分，乃是一定经济基础的反映，归根到底是由社会生产力发展状况决定的。各种类型、各个国家法律体系内部的有机联系及其共同本质，乃是其经济基础中各种成分之间的有机联系及其共同本质的反映和表现；同样，各种法律体系内部不同法律部门之间的区别及其发展变化也正是其经济基础中各种成分之间的客观差异及其发展变化的要求和体现。因此，我们必须遵循对立统一规律，既要看到各种法律体系内部的统一性、又要看到它们之间的区别及其发展变化；既不能割裂它们之间的统一性，也不能否认它们各自的特殊性。的确，我国社会主义经济基础内部存在着密切的联系，建立在生产资料公有制基础上的国家、集体和个人之间的根本利益也是一致的，因此我国社会主义法的各个部门之间存在着密切的联系，都是我国工人阶级和广大人民群众的意志和利益的体现，共同为完成无产阶级专政的历史使命而各尽所能、相互配合、形成统一的社会主义法律体系；同时也不能否认，在我国社会主义经济基础的各种成分之间，在生产资料的

---

[1] 参见王家福、苏庆、夏淑华：《我们应该制定什么样的民法》，载《法学研究》1980年第1期。

全民所有制、集体所有制和生活资料的私人所有之间，在社会经济关系的各种主体之间，在中央、地方、集体和个人的物质利益之间等方面，都还存在着各种各样的差别、有些还具有长期性甚至根本性；而且还应注意到，五届人大二次会议明确指出，阶级斗争虽已不再是我国社会的主要矛盾、但仍将长期存在、有时在某些局部还会表现得相当激烈，这些情况不可能不反映在社会经济活动和经济关系之中。由此可见，我国个别民法学者那种只讲统一性不讲区别的看法是十分片面的，他们那种"任何国家的经济生活都是统一的"论断是武断的、有害的，认为编纂《经济法典》就"容易割裂统一的经济生活"的指责是毫无根据的。事实完全相反，经济法的产生和发展并非出自任何人的恶作剧，而是社会经济发展到现阶段的必然产物；它与民法及其他部门法分工协作，正是为了更好地调整现实生活既有联系又有区别、十分复杂的经济关系，以更有效地促进生产力的发展。许多国家经济发展的客观事实都证明了这一点。我国必须加强经济法制建设、在条件成熟时编纂统一的《经济法典》，这正是我国经济发展的客观要求、绝不会造成"割裂统一的经济生活"的恶果。

关于所谓"立法技术上重复"的问题，也要进行具体分析。由于我国现在经济法的实践和理论都还很落后，所以编纂《经济法典》的条件尚不具备。从国外的一些经验来看，编纂《经济法典》正是为了克服大量现行经济法规之间存在着的相互重复甚至互相抵触的弊端。至于《经济法典》中出现与民法及其他部门法关于同类（如合同）问题的规定，貌似"重复"，实则是从不同角度、按不同情况和原则作出的不同规定。这是社会经济关系的客观反映和要求，并不能算"重复"。总之，在客观条件已经具备的情况下，只要有正确的理论指导，"立法技术上重复"的弊端并不会必然出现、更不能以此为理由来贬低和压制经济法的地位及其发展。

综上所述，经济法是在第一次世界大战之后才产生和发展起来的一个新型的法律部门，正处在蓬勃发展的初期，其已在越来越多的国家确立了独立地位、发挥着越来越重要的积极作用。我国法学工作者应在充分发扬民主的基础上，经过广泛深入的讨论研究，尽快统一认识、迅速而广泛地确立我国经济法的独立地位。这对发展我国经济法的理论、加强经济法制建设，具有十分迫切的重要意义。

二、加速经济法建设是我国社会主义现代化建设的迫切需要

经济法是一个新型的法律部门，加强经济法建设已经成为当今世界许多国家法制建设的共同趋向。我国必须迅速加强经济法建设，这不仅是我国现代经济条件的一般要求，也是我国社会主义制度本身的突出要求，更重要的还是由我国现实的具体情况决定的，是我国社会主义现代化建设的迫切需要。

第一次世界大战之后、特别是第二次世界大战以后，世界上许多国家和地区都先后出现了以科学技术大进步、生产工具大革新、外贸事业大发展、劳动生产率大提高为主要动因和基本特征的"经济起飞"好形势。其原因固然很多、并且各具特色，但有一个基本因素是共同的，那就是这些国家和地区都比较充分有效地发挥了经济法的作用，都有一整套适应本国和本地区特点的、不断完善的经济法制，都比较合理地规定了现代经济的基本单位——企业的法律地位和生产经营活动的基本原则，比较合理地处理了国家与企业、统制与自由、垄断与竞争、生产与消费、计划与市场、国内与国外等一系列的经济关系，从纵、横两方面加强了对社会经济活动和经

济关系的干预、组织、调整和管理，较好地调动和发挥了社会各方面生产经营活动的积极性。其在经济发展的历史进程中普遍呈现出如下的趋势和规律：社会经济的发展迫切要求加强经济法建设，经济法的完善和加强显著地推动着经济的繁荣和起飞，如此相互作用、不断前进。无论是社会主义的南斯拉夫还是资本主义的日本，都是这方面的突出例证。这就足以证明，经济法是现代经济发展的客观要求和重要措施。我国经济发展三十多年来两落三起的历史事实，同样说明了这样的道理。党中央明确规定我国的任务，就是要多快好省地建设社会主义现代化强国，争取在 20 世纪末使我国的国民经济总产值和人民群众的物质文化生活水平跨入或接近世界先进水平。这就要使我国的社会主义经济真正做到有计划按比例、高速度稳定地向前发展，大幅度地提高劳动生产率。根据世界上许多国家的共同有益的经验、特别是我国三十多年来经济发展正反两方面的经验教训，要达到这一宏伟目标就必须迅速加强经济法建设。

经济法对现代经济发展的重要作用，在社会主义国家中表现得尤为突出。这又特别明显地反映在经济法建设与经济改革之间的关系上。众所周知，以生产资料公有制为基础的社会主义生产关系，不可能在旧的剥削阶级社会内部产生出来。因此在无产阶级革命胜利以后，各社会主义国家都及时而充分地运用无产阶级国家政权的强大威力，迅速地建立并巩固了社会主义的经济基础，对国民经济和各类社会主义企业实行了高度集中统一的计划管理、使其经济得到了迅速的恢复和发展。实践证明，这种高度集中统一的管理体制在社会主义经济创建和发展的初期，还是必要的、可行的。但是随着经济进一步的发展变化，其弊病就日益显著地暴露出来了，带来了一系列不良后果，致使国民经济发展的比例失调、速度减慢、产销脱节、供不应求，引起群众不满。其基本原因一是统得过死、企业权利太少，二是片面强调计划、忽视市场作用，总之是集中太多、民主不够，在相当大的程度上背离了社会主义经济的客观属性及其发展规律，阻碍了各方面积极性和创造力的充分发挥。这就表明，以生产资料公有制为基础的社会主义经济，不仅为实现国民经济的集中统一管理提供了充分的可能和迫切的需要，同时也向社会主义经济管理体制及其效能提出了更高的要求。因此社会主义各国的实践一致表明：社会主义经济发展到一定阶段后，一定要在坚持四项基本原则的前提下，按照社会主义经济发展客观规律的要求，实行全面的经济管理体制改革，早改早前进、晚改晚前进、大改快前进、小改慢前进、不改就要停顿甚至会倒退下来。当然，这样的改革不可能只搞一次就万事大吉，相反必然要随着经济发展的客观要求而反复进行多次。这里既要首先注意克服那种闭眼不顾客观实际、单凭本本而反对改革的教条主义倾向，同时也要注意防止出现脱离四项基本原则而随意乱改的自由化倾向。只有这样才能使经济改革顺利进行下去，获得良好的效果。这样的经济改革，完全不是对社会主义制度的否定，而是社会主义制度优越性和生命力的突出表现；不是对国家统一领导和管理国民经济必要性及重要性的否定，而是要使国家在管理国民经济时真正充分地实行民主集中制的原则，在坚持集中统一指导的前提下充分扩大企业的自主权、有效地发挥中央、地方、企业和个人各方面的积极性和创造力；不是对社会主义经济计划管理必要性和重要性的否定，而是要尊重社会主义经济计划发展规律、价值规律及其相互关系、在坚持计划调节为主的前提下充分发挥市场调节的作用、使计划与市场很好地结合起来。总之，社会主义经济改革的内容和目的，完全不是要否定国家管理经济的重要作用，而是要通过改革来改善和提高其管理效能。因此社会主义各国经济改革的实践一致表明：加强经济法建设，不仅与实行经济改革毫不矛盾，相反这正是经济改革赖以顺利进行的重要措施；完善和加强经济法制建设，不仅是要及时对经济改革成果进行肯定和维护，而且首先就是要及时对经济改革的进程提供法律依据和法制保障；离开了必要的经济法规的指导和保障，经济改革便会陷入无法可依、无章可循、各行其是的混乱局面而归于失败。总而言之，社会主义各国经济发展的历史实践经验都告诉我们：社会主义经济发展到一定阶段后一定要进行经济改革，而经济改革的顺利进行必须以一定的经济法规作为指导和保障，不断完善和加强经济法制建设是经济改革得以顺利进行的重要的法律保障。南斯拉夫经济改革的成功经验十分突出地说明了这个道理。一年多来，我国逐步开展的以扩大企业自主权和发挥市场作用为主要内容的经济改革试点工作的经验、特别是试点工作开展得最早，也最积极、最有成效的四川省的经验，也都十分明显地反映了经济改革必须加强经济法制建设的客观规律性。杨紫烜、田建华和寇孟良等三位同志写的《关于扩大企业自主权与加强经济立法的调查报告》，对此提供了很有价值、很有说服力的证明材料。他们通过实地考察所得出的关于"四化建设需要扩大企业自主权，扩大企业自主权带来了经济关系的变化，变化的经济关系需要制定经济法规加以调整。所以，许多企业纷纷要求制定工业企业法、商业企业法、农工商联合企业法、公司法、合同法等经济法规"的结论[1]，应该引起充分的重视。因此，为了使我国的经济改革尽快全面铺开并取得良好的效果，迅速加

---

〔1〕 参见《法学研究》1980 年第 2 期。

强经济法制建设已经成为摆在我们面前的紧迫任务。由此可见，个别民法学者把经济法制建设同经济改革对立起来、认为加强经济法制建设并在条件成熟时编纂《经济法典》就"不适应经济改革的趋势"的指责，是完全不符合客观事实的，是错误的、有害的，只能起到阻碍我国经济法制建设，阻挡经济改革顺利进行的不良作用。

我国四化建设之所以迫切要求加强经济法制建设，还由于我国经济法制建设至今仍特别落后。长期以来，由于我们自己没有经验而又没有注意认真总结和吸取国内外的经验教训，法律虚无主义较为严重，不仅未予批判反而更加助长盛行起来，特别是由于林彪"四人帮"无视客观经济规律、蔑视法制、践踏民主、致使我国社会主义法制至今仍很落后，经济法更是落后至甚。新中国成立以来，党和政府虽也制定了一些单行经济法规、决议、条例和章程，但是时至今日我们还没有制定出各种企业法，没有明确各种企业的法律地位及其经营活动的基本原则，致使企业权责不明、自主权甚微、利益得不到保障、积极性受到严重的限制；也没有制定出计划法和合同法，致使国民经济的纵、横管理都不易正确实行；也没有统计法和经济核算法，使经济核算制和经济责任制都不能很好而充分地实行起来；没有外贸法，严重影响了对外经济技术交流的发展等。这些情况早已给我国的经济建设造成了严重的损失，与新时期总任务的要求更是极不适应。所以，迅速改变这种落后状况、尽快加强经济法建设，就成了四化建设的迫切需要，成了社会各界的共同呼声，成了我国法制建设的首要任务。

三、我国社会主义经济法的一些基本原则

为了迅速加强我国的经济法建设并使之能够真正起到保障和推

动四化建设的积极作用，必须坚持一切从实际出发、理论联系实际、实事求是的思想路线，在加强调查研究、认真总结吸取我国自己经验教训的基础上，虚心学习外国经济法建设的有益经验，通过深入的讨论和争辩，明确我国经济法制建设所必须遵循的基本原则，以指导我国经济法的制定和实施。

尽管我国众多的经济法规必然会因各自的具体主体及其活动方式不同而显示出各自的特点，但是它们都必须反映社会主义经济发展的各种客观规律及其相互联系，都必须坚持四项基本原则、为四化建设的总任务服务，都是我国社会主义经济法体系的有机组成部分，因此都必须贯彻如下一些基本原则：

第一，社会主义公有财产不可侵犯的原则。我国的各种经济法规都必须遵循宪法的规定，配合其他部门法，为保护和增加社会主义公有财产而斗争。这是由我国的社会主义制度和社会主义基本经济规律决定的，是由我国经济法的社会主义本质决定的。为此，我国经济法必须坚决保护各种形式的生产资料公有制，保障对社会主义公有财产的严格管理，保障对社会主义扩大再生产的顺利进行，为发展生产、反对浪费、增加积累、满足社会需求服务，必须对破坏国民经济管理、损害社会主义公有财产的企业和单位实行严肃的经济制裁。因此，坚决贯彻"社会主义公有财产不可侵犯"的原则、以巩固和发展社会主义经济基础，就成了我国社会主义经济法的首要原则。

第二，民主集中制的管理原则。现代各国经济发展的实践表明，经济发展有赖于国家的正确管理，而民主集中制原则是国家管理经济的唯一正确的原则。只有社会主义国家才能真正实行民主集中制原则。民主集中制原则，既是社会主义政治生活的组织原则也是社会主义经济活动的管理原则，既是整个国民经济管理的基本原则也是企业管理的基本原则。这里，既要正确处理中央、地方、企业和劳动者之间的关系，也要正确处理企业内部的关系，其中的关键是要正确处理国家和企业之间集权与分权、亦即集中与民主的关系；要在坚持必要的集中统一管理的前提下，充分扩大企业的自主权。我国的各种经济法规、特别是各种企业法规，都必须从法律制度上充分体现和保障民主集中制的管理原则，合理地规定各种企业的法律地位、权利、义务和责任关系，保障劳动人民通过其劳动集体直接管理经济的权利的实现，充分发挥企业的能动作用。南斯拉夫充分发挥企业的自治权利、依法管理经济所取得的丰富经验，很值得我们认真研究吸取。

第三，计划调节与市场调节相结合的原则。众所周知，按比例是现代经济发展的普遍规律，而有计划则是这一普遍规律在社会主义国家中的自觉运用，是社会主义经济发展的客观规律。同时也必须看到，社会主义经济仍属商品经济的范畴，价值规律无论在消费领域还是在生产领域都还普遍地起着不可忽视的调节作用。现代各国经济发展过程中都普遍遇到计划与市场相互关系的处理问题。资本主义国家企图通过各种国家资本主义的手段来抑制其经济发展的无政府状态、以减少经济危机。但由于其私有制度和剥削制度的本质所决定，它们是不可能从根本上解决这一矛盾的。像我国这样的社会主义国家，由于制度优越、又有马列主义毛泽东思想的科学理论的指导，完全能够很好地认识和利用客观经济规律，及时纠正开始由于缺乏经验而犯的忽视市场作用的错误。我们进行经济改革的重要内容之一，就是要遵循客观经济规律、改善计划管理体制、提高计划指导的科学性和效能，在坚持计划调节为主的前提下、充分发挥社会主义市场的调节作用，把计划调节和市场调节很好地结合起来，尽量减少一切不必要的行政干预，充分发挥价格、税收、利息等经济杠杆的积极作用。为此，要大力推行经济合同制度、充分发挥合同在联结国家计划与企业生产经营活动之间以及企业之间的交换协作关系中的纽带和桥梁作用。因此，我国的各种经济法规特别是计划法和合同法，一定要从法律制度上充分体现和保障计划调节与市场调节相结合原则的贯彻执行。

第四，经济核算制和经济责任制相结合的原则。经济核算制是商品经济管理的基本制度。社会主义经济，既是计划经济又是商品经济，既要科学的计划指导又要实行严格的经济核算制。因此，必须在社会主义经济的一切活动中，坚决杜绝一切不合理的不计成本、不讲效果、无偿占用、无偿调拨、一平二调等违背价值规律的错误做法，尽可能充分地实行严格的经济核算制，充分发挥经济核算对社会主义经济的计算、监督和指导作用。同时，还必须将经济核算制和经济责任制紧密地结合起来。要严格落实经济责任制，合理地规定经济活动参加者的权利、义务和责任，并把履行职责的情况直接与其物质利益和其他权益紧密结合起来、赏罚分明。实践证明：经济核算是严格经济责任制的前提和条件，而严格的经济责任制则是搞好经济核算的内在动力和保障。当然，要把严格的经济核算制和经济责任制紧密地结合起来，还需要其他一些条件的配合，例如要有一个合理的价格体制，克服我国至今仍然存在着比较多价格偏离价值的现象。在这方面，我们同样应该很好地借鉴南斯拉夫的有益经验，充分扩大国营企业的自主权，尽可能地实行"独立核算、自负盈亏"、将企业的经济核算制和经济责任制紧密地结合起来。同时，还必须努力改善和加强整个国民经济的核算体制、更好地发挥经济核算对整个国民经济的计算、监督和指导作用，使经济核算制能在全国范围内都与经济责任制广泛地结合起来，成为制定和执行国民经济计划的一个重要依据和动力。这将是促进我国社会主义经济高速向前发展、不断满足日益增长的社会物质文化需要的重要措施。因此，我国的经济法规应当努力体现、推动和保障经济核算制和经济责任制相结合的原则及其贯彻执行。

第五，实行大中小型企业并举和促进专业化协作相结合的原则。历史告诉我们，任何一种社会形态和任何一个国家的内部，其生产方式和经济组织的形式都是多种多样的，而不是单一的。这是社会生产力发展不平衡规律的必然反映，也是符合社会多方面需要的。我国现在要在"人口多、底子薄"的基础上进行四化建设，更不能一味地贪大求洋，只能实行大中小型企业并举、机械化半机械化和手工劳动并举的方针，调动和发挥各方面的积极性，相互扬长补短。同时也必须看到，专业化协作是现代社会化大生产的客观要求；促进专业化分工和协作关系的发展、促进专业公司和联合公司等联合经济组织的建立和发展，是四化建设的战略性措施。因此，从法律制度上体现和保障大中小型企业并举与促进专业化协作相结合原则及其贯彻执行，也应该成为我国经济法的一项基本原则。

第六，坚持自力更生与努力争取外援相结合的原则。这里的"外"，应既指"外国"或"国外"，也泛指国内的"外地或其他企业"；而"争取外援"也不仅指争取他们的人力、物力和财力援助，也包括学习和借鉴他们的先进的科学技术和管理经验，大力开展经济技术交流。唯物辩证法认为，在任何事物的发展过程中，内因和外因都是同时存在的。其中，内因是变化的根据，外因是变化的条件；二者的作用和地位虽有质的区别，但都是必需的、缺一不可的。各国经济发展的普遍规律也告诉我们，首先必须坚持自力更生、充分发挥内部的一切积极性及其长处，这是争取外援的前提和目的；同时也必须努力争取外援并善于利用外部的一切有利条件，这也是不断提高自力更生能力的重要措施。第二次世界大战后，日本充分利用外援、注重学习和引进国外的先进技术装备及管理经验、大力开展经济技术交流，迅速提高自力更生的能力、很快跃升为经济大国，这一客观事实很值得我们认真研究。我们中华民族素来有着坚持自力更生的优良传统，这是应该继续发扬光大的。但同时也必须从近数百年来日益落后的历史事实中很好地吸取教训，痛下决心、彻底根除"夜郎自大、闭关锁国"的顽症，在继续坚持自力更生的前提下，努力争取外援，很好地将自力更生与争取外援结合起来。同时还应注意，我国是一个大国、各地区、各部门、各企业之间经济技术发展很不平衡，所以应该大力提倡和发展国内的互助协作及经济技术交流活动。这是充分调动国内外的一切积极因素、相互扬长补短、加速四化建设的重要措施。因此，我国的经济法也应很好地体现和保障这一原则及其贯彻执行。

诚然，我国经济法的基本原则很可能远不止上述六项。但是笔者认为，以上这些原则是我国三十多年来经济建设的主要经验教训，也符合国外许多国家和地区经济发展的普遍规律，是关系国民经济全局并能加速我国四化建设的一些重要原则。因此，它们应当成为我国经济法的基本原则，应当成为我国经济法制定和实施的重要指导原则。

以上是我对我国社会主义经济法理论中几个问题的一点儿肤浅认识。由于本人的经济学和法学知识都还十分欠缺、对国内外经济法研究的动态了解甚少，加之既无足够的资料可学、更不能向有关的专家师长们当面求教，所以文中的差错谬误一定很多，切望同志们给予严肃的批评指正。

❷ 新宪法是加强经济法制建设的指南

按语： 此文首发于《北京政法学院学报》1983 年第 1 期第 54~59 页共 6 页、约 7.1 千字，当时署名"赭风"是笔者临时用笔名。此次重发，除订正了个别字词外、内容完全照旧。

　　1982 年 12 月 4 日，五届人大第五次会议通过并公布实施的《宪法》[1]（以下简称"新宪法"），继承和发展了 1954 年《宪法》的基本原则，充分注意总结我国社会主义发展的丰富经验，也注意吸取国际的经验；既考虑到当前的现实，又考虑到发展的前景，是一部具有中国特色的、适应新的历史时期社会主义现代化建设需要的、将长期稳定的新宪法。它是我国新的历史时期治国安邦的总章程，是全国一切工作在法律上的总的根据和指南，当然也是进一步加强我国经济法制建设的总的根据和指南。认真学习新宪法，正确领会、严格遵循并坚决捍卫新宪法中所规定的基本原则，是进一步加强我国经济法制建设的根本保证。

　　新宪法总的指导思想是四项基本原则，即坚持社会主义道路，坚持人民民主专政，坚持中国共产党的领导，坚持马克思列宁主义、毛泽东思想。我国近代、现代的历史和革命实践已反复证明，四项

---

　　〔1〕 为表述方便，本书中涉及我国法律文件直接使用简称，省去"中华人民共和国"字样，全书统一，后不赘述。

基本原则既反映了历史发展的客观规律，又是中国亿万人民在长期斗争中决定性选择；既是全国各族人民团结前进的共同政治基础，也是社会主义现代化建设顺利进行的根本保证。新宪法不仅在其《序言》中明确而集中地规定了这四项基本原则，而且在以后的各章条文中又进一步作了具体规定，使四项基本原则成为整个新宪法的精髓和核心。因此，坚持四项基本原则，这是认真学习新宪法以加强经济法制建设首先应当明确的首要问题。

彭真同志在中国法学会恢复成立大会上讲话时曾指出，"发扬社会主义民主，当然不是资本主义民主；健全社会主义法制，当然不是搞资本主义法制，更不是法家那一套。法家、儒家都是封建的。我们要的是中国的社会主义法制"，"法学会的工作主要就是坚持四项基本原则，为发展社会主义民主、健全社会主义法制作出贡献"。彭真同志这段话是对整个法制工作而言的，当然也应当引起从事经济法制建设工作的全体同志的重视。为了在经济法制建设中更好地坚持四项基本原则，有两个方面的问题必须进一步加以解决，这就是经济法制建设为什么必须坚持四项基本原则以及如何坚持四项基本原则。

经济法制建设之所以必须坚持四项基本原则，从根本上说，固然是由于它属于社会主义上层建筑的范畴，是社会主义法制体系的一个重要组成部分；同时，也是由经济法本身的特殊性所决定的。关于经济法的特殊性，彭真同志在首次全国经济法制工作经验交流会上讲话时明确指出："经济法是一系列法规中极为重要的法规，是直接反映经济基础的，是调整经济关系的。"[1]正是由于经济法反

---

[1]　参见《人民日报》1982年9月11日。

映经济基础、调整经济关系这种独具的直接性和特殊的重要性，使它成为与整个国家的经济制度、经济发展状况以及整个社会各个阶层的物质利益的关系最为直接、最为密切的法律，具有鲜明的阶级性和政治性。因此，经济法制建设不仅要努力反映并保证有效地利用客观的自然规律和经济规律，而且还必须很好地坚持四项基本原则，力求使二者恰当地、有机地结合起来。实践表明，从实际出发，正确地坚持四项基本原则，不仅是经济法的阶级性、政治性的集中体现，而且也是使其具有科学性和效益性的保证。因此，坚持四项基本原则，既是新宪法的根本要求，也是我国社会主义经济法制的本质表现。

经济法制建设坚持四项基本原则的含义和目的，归根结底就是要根据制约和影响我国经济发展的各个方面的实际情况，将新宪法中对我国经济和社会发展所规定的根本制度、根本任务和基本原则，具体落实于各种经济法律制度之中，逐步建立起具有中国特色的，能适应新时期社会主义现代化建设需要的，比较齐全并协调一致的社会主义经济法制体系，以有效地行使其直接反映经济基础、调整经济关系、促进社会生产力发展、保障社会主义现代化建设的宏伟目标得以实现的重要职能。其中主要应包括以下诸方面的内容：

首先，经济法制建设必须鲜明而直接地反映社会主义的经济基础，坚持社会主义的公共财产神圣不可侵犯的原则。新宪法第 6 条第 1 款明确规定："中华人民共和国的社会主义经济制度的基础是生产资料的社会主义公有制，即全民所有制和劳动群众集体所有制。"紧接着第 7 条又进一步规定："国营经济是社会主义全民所有制经济，是国民经济中的主导力量。国家保障国营经济的巩固和发展。"新中国成立以后，随着社会主义革命和社会主义建设的深入和发展，国营经济的力量得到了迅速的增长，至今在整个国民经济中所占的比重已处于绝对优势，其主导地位更加巩固，作用也更加显著。这正是我国社会制度的社会主义本质的集中体现和坚实基础，是社会主义经济基础本身所固有的革命性和科学性有机统一的重要表现。新宪法第 7 条的规定，如实地反映了这一事实，明确了"国家保障国营经济的巩固和发展"的宪法原则，这是极为重要的。正如彭真同志在宪法修改草案的报告中所指出的那样："这是保证劳动群众集体所有制经济沿着社会主义方向前进，保证个体经济为社会主义服务，保证整个国民经济的发展符合劳动人民的整体利益和长远利益的决定性条件。"新宪法第 8 条又对社会主义经济基础的又一重要成分——劳动群众集体所有制作了明确的规定，宣布："国家保护城乡集体经济组织的合法的权利和利益，鼓励、指导和帮助集体经济的发展"，这就为集体经济的进一步发展壮大提供了宪法保障。此外，新宪法第 11 条对新时期城乡劳动者个体经济的发展范围、性质和作用以及国家管理和保护个体经济发展的基本立场作了明确的规定，这是进一步搞活经济、改善人民群众物质和文化生活的重要措施之一。总之，国营、集体和个体这三种经济，各在一定范围内有其优越性，虽然它们的地位和作用不同，但都是不可缺少的。个体经济在整个国民经济中所占比重不大，它的存在并不妨碍社会主义公有制是我国经济制度的基础。我们要在坚持国营经济占主导地位的前提下，发展多种形式的经济，以利于整个国民经济的繁荣。新宪法中关于确认和保护社会主义经济基础以及关于现阶段多种经济形式的规定，完全符合生产关系一定要适合生产力的发展这一最根本的经济规律，并且集中体现了我国社会主义经济的本质特征，因而理应成为我国经济法制建设的首要原则和根本方向。不仅如此，新宪法第9、10两条又专门规定了土地、矿藏、水流、森林、山岭、草原、荒地、滩涂等最重要的自然资源全部属于公有（即属于国家所有或集体所有）；规定了对土地和自然资源必须合理利用；并在第12条中用两款庄严宣布："社会主义的公共财产神圣不可侵犯。""国家保护社会主义的公共财产。禁止任何组织或者个人用任何手段侵占或者破坏国家的和集体的财产。"早在1933年，苏联领导人斯大林就曾明确指出："如果说资本家宣布私有财产神圣不可侵犯而在当时达到了巩固资本主义制度的目的，那么我们共产党员就更加应当宣布公共财产神圣不可侵犯，来巩固一切生产部门和商业部门中的新的社会主义经济形式。"[1]新宪法中关于"社会主义的公共财产神圣不可侵犯"的规定，是巩固和发展社会主义的经济基础及其整个上层建筑的一项十分重要的宪法原则，理应贯彻落实到整个社会主义法制建设之中。

总之，直接地反映和有效地保护社会主义经济基础，坚持社会主义的公共财产神圣不可侵犯的原则，是经济法制建设遵循新宪法的指导思想、坚持四项基本原则的首要标志，是我国社会主义经济法制区别于资本主义经济法制的首要特征。

其次，经济法制建设必须直接地反映并有效地保护社会主义的计划经济，正确贯彻以计划经济为主、市场调节为辅的原则。计划经济是社会主义经济的基本制度，也是社会主义制度优越于资本主义制度的重要标志。我国的国民经济必须有计划地发展，而计划管理体制又必须适合于我国存在着多种经济形式的具体情况和经济发展的现实水平。对于国营经济中关系国计民生的重要的生产资料和

---

〔1〕 参见《斯大林全集》（第13卷），人民出版社1953年版，第188页。

消费资料的生产和分配必须实行指令性计划，这是我国社会主义全民所有制在生产的组织和管理上的重要表现。对于集体经济也应根据需要下达一些指令性指标，如对粮食及其他重要农副产品的征购派购。此外，对其他许多产品则实行主要依靠经济杠杆来保证其实现的指导性计划。同时，根据不同时期的具体情况，由国家统一计划，划出一定的范围，允许部分产品的生产和流通不列入计划，由价值规律通过市场进行自发调节，而国家则通过经济法规和工商行政予以管理，并协助生产这些产品的企业解决某些重要原材料的供应。新宪法第15条正确地总结和确认了我国实行计划经济的根本经验和前进方向，明确规定："国家在社会主义公有制基础上实行计划经济。国家通过经济计划的综合平衡和市场调节的辅助作用，保证国民经济按比例地协调发展。"为了保证社会经济的正常运行和国家计划的权威性，该条第2款又进一步强调："禁止任何组织或者个人扰乱社会经济秩序，破坏国家经济计划。"新宪法的这一规定不仅为我国的计划法的制定指明了方向，而且应当成为贯穿于整个经济法制建设始终的又一项重要的基本原则。

第三，经济法制建设必须保证正确地认识和有效地利用社会主义基本经济规律，充分体现"各尽所能、按劳分配"的原则。社会主义基本经济规律是社会主义经济本质的体现和客观要求，是制约社会主义经济发展速度的最重要内在因素。而"各尽所能、按劳分配"的原则则是社会主义公有制在劳动者之间分配个人消费品制度中的最重要的体现，是社会主义制度优越于一切剥削制度的又一重要标志，也是被实践反复证明了的一条社会主义经济发展的重要客观规律。因此，经济法制建设必须将新宪法第6条第2款关于"社会主义公有制消灭人剥削人的制度，实行各尽所能，按劳分配的原则"，以及第14条第3款关于"国家合理安排积累和消费，兼顾国家、集体和个人的利益，在发展生产的基础上，逐步改善人民的物质生活和文化生活"等项规定的有关基本原则加以具体落实，以切实保障全国人民更好地遵循社会主义基本经济规律和物质利益原则，推动社会主义现代化建设健康而迅速的发展。

第四，经济法制建设必须遵循新宪法所指引的正确方向，为积极而稳妥地加快经济体制改革，进一步完善社会主义经济管理中的民主制度，迅速提高整个国民经济发展的社会经济效益而充分发挥自己的职能作用。社会主义的经济体制改革，固然源于生产关系一定要适合于生产力发展这一最根本的客观经济规律，同时又是社会主义制度的革命本质及其优越性的重要体现。十一届三中全会以来，党和政府在领导进行经济体制改革方面做了大量的工作，颁布了一系列经济法规，进行了广泛的试点，积累了许多成功的经验，为继续开展经济体制改革指明了正确的方向。新宪法关于我国社会主义经济制度的各项规定中，都充分体现了党和人民要继续进行经济体制改革的意志和决心，并已将近几年改革中的正确方向、基本原则和主要成果科学地作了记载和反映，这就为我国经济体制改革的继续顺利进行提供了有力的宪法保障。关于经济法规在经济和社会改革中的重要作用，我国封建社会中的商鞅变法、王安石变法、19世纪中叶的英国工厂法，以后美国的反托拉斯法以及第二次世界大战后的西德和日本的大规模的经济立法，都是剥削阶级社会中的突出例证。社会主义经济改革与剥削社会中的经济改革本质上根本不同，社会主义的经济改革与经济法制之间的关系与剥削社会中的情况也有很大的差别。尽管不同社会主义国家的经济改革和经济法制各有自己的特色，但一般都呈现出如下一些规律：一方面，社会主义经济发展到一定阶段后日益迫切要求对原有的经济体制进行必要的改革，而这种要求改革的强烈愿望和正确主张又总是首先通过国家的权力机关和政府机构颁布一些经济法规加以确认和规范化，即经济体制改革的客观需要推动着经济法制建设的迅速加强，而经济体制改革又通过经济法制的指导、促进和保障作用，得以顺利进行，并日渐巩固和不断发展；另一方面，经济法制又伴随着经济改革的深入而不断地获得健全和完善，逐步形成比较完备的，符合本国国情的经济法制体系，并有力地推动着其他部门的法制建设的发展。目前，虽然我国国民经济调整的任务尚未全部完成，改革工作尚未全面展开，经济法制建设方兴未艾，但经济体制改革与经济法制建设之间的密切关系已日益被人们所认识，经济法制在指导和保障经济改革，领导和管理社会主义建设中的重要职能作用也越来越充分地显示出来。这既为经济法制建设提供了很好的客观条件和光明前景，同时也向它提出了更高的要求和更艰巨的任务。我国从事经济法制建设的工作者，无论是搞实际工作的，还是搞理论工作的，都应当清醒地意识到自己肩上的重任，抓紧大好时机，在党的统一领导和部署下，在有关部门的配合下，尽快将新宪法中所确认的经济改革正确方向和基本原则加以具体落实，以巩固和发展经济体制改革已经取得的重要成果，如多种形式的农业生产责任制和工业商业经济责任制、国营企业的经济管理自主权、集体经济组织独立进行经济活动的自主权等。在进行经济法制建设时，应该有个统一规划和部署，但这种规划和部署一定要从实际出发，并应随着客观实际的变化及时加以修订和调整。要坚持实事求是、从实际出发的原则，成熟一个搞一个，能制定出一部分的先制定出一部分。不成熟的，先搞大纲、草案，逐步完备起来。总之，经济法制建设要能适应经济体制改革的需要，推动和保证改革的顺利进行和健康发展。

第五，经济法制建设必须正确地体现在独立自主原则下实行对外开放的政策，促进对外经济技术交流的扩大，以增强我国自力更生的能力，促进民族经济的发展。现在，一方面必须继续纠正"闭关锁国"的错误做法，实行对外开放，按照平等互利的原则扩大和发展对外经济技术交流，这要作为我国坚定不移的战略方针；另一方面又要清醒地认识到，我们进行社会主义现代化建设，必须立足于自力更生，主要依靠自己艰苦奋斗，要警惕和抵制资本主义思想的侵蚀，反对任何崇洋媚外的意识和行为。近几年来，我国人大及其常委会和国务院先后颁布了一些重要的涉外经济法规，较好地体现了在独立自主的原则下实行对外开放的政策，收到了一定的经济效果。但因时间较短，经验不够丰富，所以这方面还有很多工作要做。新宪法在其"序言"和第18条的规定中，高度概括和总结了这方面的基本经验，为进一步健全和完善我国的涉外经济法制指明了前进的方向。

此外还应强调指出，严格遵守社会主义的法制原则，维护社会主义法制的统一和尊严，也应是经济法制建设遵循新宪法的指导思想，坚持四项基本原则的重要内容之一。党的十一届三中全会公报指出："为了保障人民民主，必须加强社会主义法制，使民主制度化、法律化，使这种制度和法律具有稳定性、连续性和极大的权威，做到有法可依，有法必依，执法必严，违法必究。从现在起，应当把立法工作摆到全国人民代表大会及其常务委员会的重要议程上来。检察机关和司法机关要保持应有的独立性；要忠实于法律和制度，忠实于人民利益，忠实于事实真相；要保证人民在自己的法律面前人人平等，不允许任何人有超于法律之上的特权。"这一指示深刻地揭示了社会主义民主与法制的关系，精辟地阐明了社会主义法制原则的完整含义，指出了加强社会主义法制的重点和各项基本原则，从而开创了我国社会主义法制建设的崭新局面。在这一光辉指示的指引下，经济法制建设也有了很大的发展。据去年（1982 年）9 月举行的首次全国经济法制工作经验交流会上的材料，近四年来，全国人大及其常委会已先后颁布了《经济合同法》《中外合资经营企业法》《外国企业所得税法》等 11 部经济法律；国务院已颁发和批准了《工商企业登记条例》《物价管理暂行条例》《对外合作开采海洋石油资源条例》等 80 多部经济法规；各省、市、自治区人民代表大会及人民政府和国务院领导经济的各部、委、局也直接发布了一大批地方性和专门性的经济规章。同时，经济司法工作也已逐步开展起来，到 1981 年为止，最高人民法院、各高级人民法院和全国 293 个中级人民法院已全部设立了经济审判庭，许多基层人民法院也设立了经济庭。各级经济检察机构也正在建立和完善。1981 年 7 月 13 日，国务院经济法规研究中心的设立，对加强经济法制建设起了很重要的作用。与此同时，全国从事经济法理论与教学的队伍和机构也有了迅速的发展，已开展了大量的研究工作，并直接参与经济立法，对经济法制建设做出了贡献。在经济法制建设迅速发展的同时，其他部门的法制建设也都获得了很大的成绩。在认真总结近几年法制建设新鲜经验的基础上，新宪法对新时期社会主义法制原则的基本内容作了高度的概括和庄严的规定。除"序言"最后一段的规定外，新宪法在第 5 条的第 1 款和第 2 款中明确宣布："国家维护社会主义法制的统一和尊严。""一切法律、行政法规和地方性法规都不得同宪法相抵触。"并且接着在该条第 3 和第 4 款，以及第 33 条第 2 款、第 62 条第 11 项、第 67 条第 7 和 8 项、第 89 条第 13 和

14 项、第 99、104、108、116、126 和 131 条等中，对此原则作了更具体的规定。社会主义法制原则被明确载入我国宪法，并获得如此显要的地位和系统的规定，其意义十分重大。这一原则既是保证全党和全国各族人民在党中央的领导下步调一致地坚持四项基本原则，全面实施新宪法，全面开创社会主义现代化建设新局面的一个强有力的法律武器，也是指导和加强整个社会主义法制建设的一项十分重要的宪法原则。因此，经济法制建设也必须很好地贯彻执行社会主义法制原则。

诚然，新宪法的内容极其丰富，它所规定和体现的四项基本原则的具体含义同样也十分广泛。但是对于经济法制建设来说，上述几个方面的内容是应当首先予以重视和解决的。相信在新宪法的指导和保障下，经济法制建设一定能同其他部门的法制建设一道，跨入一个蓬勃发展的新阶段。

❸ 经济法制建设必须适应经济体制改革的新要求

——学习《中共中央关于经济体制改革的决定》的体会

按语： 此文首发于《政法论坛（中国政法大学学报）》1985 年第 1 期第 13~16 页转第 76 页共 4.5 页、约 5.6 千字。此次重发，除订正了个别字词外、内容完全照旧。

党的十二届三中全会 1984 年 10 月 20 日通过的《中共中央关于经济体制改革的决定》，标志着我国经济体制改革进入了新阶段，即从以农村为重点的局部性改革，前进到了以城市为重点的整体性改革。这场改革正在使我国社会的经济生活，乃至人们的整个生活方式及精神状态发生重大变化，因而对国家的各项工作，尤其是经济法制建设工作提出了新的要求。本文仅就经济法制建设如何适应这一新的要求提出一些看法。

一

目前，我国正在向广度和深度进行经济体制改革，迫切要求进一步全面加强经济法制建设。究其原因，是由生产力和生产关系、经济基础和上层建筑这两对社会基本矛盾运动的客观规律决定的。

历史唯物主义的科学原理认为，人类社会各种形态的基本矛盾，

都是生产力和生产关系、经济基础和上层建筑之间的矛盾。这两对
社会基本矛盾客观运动规律的最基本含义就是：生产关系一定要适
应生产力的发展水平，上层建筑一定要符合经济基础的客观要求。
人类社会正是在这两对社会基本矛盾的运动之中，不断向前发展的。
迄今为止，其发展形式主要是社会革命和社会改革两种。改革，一
般是指统治阶级凭借国家政权，在坚持其基本的社会政治和经济制
度不变的前提下，有目的、有步骤地对束缚生产力发展的那部分生
产关系和上层建筑，进行具有某种局部质变性质的变革和改善。改
革的成败，归根到底取决于本国当时两对社会基本矛盾的性质（对
抗与否）和程度（尖锐与否），取决于本国社会制度当时的生命力
如何。一般说来，剥削阶级社会前期的改革之所以能够获得某种程
度的成功，其末期的改革之所以往往归于失败，其原因都在于此。
社会主义的经济体制改革根本不同于一切剥削阶级社会中的改革。
我国的这次经济体制改革，是在坚持社会主义制度的前提下，改革
生产关系和上层建筑中不适应生产力发展的一系列相互联系的环节
和方面，是社会主义制度的自我完善和发展。由于社会主义制度具
有强大的生命力，加之我国目前加快以城市为重点的整体经济体制
改革步伐的国内外条件均已具备，所以我国的经济体制改革，尽管
需要经过艰苦的努力，但它终究会获得圆满的成功是可以肯定的。

　　社会改革和社会革命虽然都是实现社会进步的发展形式，但二
者在本质上是根本不同的。社会革命是指被剥削、被压迫的阶级直
接运用革命暴力及其他非法手段，全部推翻现存的社会制度。而社
会改革，则是在不改变根本性社会政治和经济制度条件下进行的，
因而只能采用合法的形式，这就始终要求加强法制建设，也即是说，
废除或修改那些阻碍生产力发展的"旧法"，制定并实施能促进生产

力发展的"新法"。这既是社会改革必不可少的重要组成部分，又是社会改革得以顺利进行的必不可少的法制保障。仅从法律形式的角度去观察，古今中外的社会改革，不仅无一不是从法开始、以法告终，而且各种改革的中间过程，也无不贯穿着法制建设活动。改革的高潮，往往也正是法制建设的高潮。改革的分期，往往也以立法为标志。改革的成败及其程度，更是鲜明地反映在立法之中。在现代历史条件下，由于社会生产以及全部社会生活都空前地社会化、复杂化甚至国际化了，所以无论是社会主义国家还是资本主义国家，尽管阶级本质不同，但是在其进行社会改革时对法制建设的要求更为迫切、标准也更高这一点上却是共同的。又由于社会主义经济是建立在公有制基础上的有计划的商品经济，其国家机构具有领导、组织和管理经济及推动社会发展的基本职能，加之其经济体制改革无论在广度或深度上都远远超过了一切剥削阶级社会中的改革，所以社会主义经济体制改革对法制建设，尤其是对其中的经济法制建设，就提出了更加迫切、更高标准的新要求。我国前几年的改革实践经验已经证明了这一点。总之，正如《中共中央关于经济体制改革的决定》所指出的："经济体制的改革和国民经济的发展，使越来越多的经济关系和经济活动准则需要用法律形式固定下来。国家立法机关要加快经济立法，法院要加强经济案件的审判工作，检察院要加强对经济犯罪行为的检察工作，司法部门要积极为经济建设提供法律服务。"

二

我国的社会主义法制，尤其是其中的经济法制，对经济体制的改革，具有重要的指导、推动和保障作用。经济法制之所以能够指导、推动和保障经济体制改革的进行，是由它自身所具有的各方面的特点即中国特色决定的。这主要是指：

一是其改革性：目前我国的经济法制本身，主要是经济体制改革的产物，贯穿着改革精神。众所周知，党的十一届三中全会之前，虽然也曾颁布了一些经济法规并发挥过一定的积极作用，但总的说来，不但立法很不完备，而且在执法和守法方面也还存在着不少问题。这当然是不好的。但正因为如此，当我们进行这次经济体制改革时，就不存在多大的"旧法"障碍。经济法制建设的首要任务不是废除，而是创立。十一届三中全会后，党和政府在领导经济体制改革的同时，高度重视经济法制建设。不仅狠抓了经济立法工作，而且在经济执法、守法和人才培养等方面也都开始取得很大进展。总之，正是由于我国的经济法制主要是适应经济体制改革的需要、并在这一改革的过程中逐步而又迅速地产生和发展起来的，所以它本身具有改革性；这正是它能够充当经济体制改革重要工具的首要原因。

二是其整体性：目前我国的经济法制虽然尚不完备，但已显示出了整体性的发展趋势。我国的经济法制建设虽然起步较晚，但由于认真总结并吸取了其他国家的经验教训，因而避免了在一些国家出现过的那些弊端。目前，我国经济法制的调整对象和保护范围，既不限于指令性计划经济或指导性计划经济，也不限于国营经济或整个公有经济，而是包括目前我国的整个国民经济体系，亦即我国目前建立在公有制基础上的、有计划的整个社会主义商品经济体系；同时实行国内经济法与涉外经济法相结合、经济实体法与程序法相结合、经济法制建设的实际工作和理论工作相结合等一系列原则；

从而使我国的经济法制体系，一开始就表现出内容全面、主次分明、比例协调、体系完整的发展趋势和特色。

三是其综合性：我国的经济法制避免了有些部门法的单一性或片面性，在调整原则、方法和规范构成等方面都具有综合性。这个特点是由上述两个特点决定和派生出来的。目前，我国经济法在调整和保护经济关系时所遵循的根本原则，既不是单纯的集中或命令、片面强调国家的意志和利益；也不是单纯的分散或协商、片面强调经营者（集体、个人）的意志和利益，而是二者的有机结合，即将国家集中领导、组织和管理经济的主导作用，同经济法主体的自主地位以及它们之间的协商精神相结合。归根到底，这是由宪法所规定的我国一系列根本性的经济制度和政治制度决定和派生出来的。正因为如此，在同一个经济法规中，不仅有大量的强制性规范，而且还往往包括一定数量的任意性或协商性规范；在制裁性规范中，不仅主要规定了经济责任，而且也往往规定一些行政责任，甚至刑事责任；有些经济法规中还新增添了奖励性规范。经济纠纷案件的解决，既可由人民法院经济庭审判（含调解和判决），也可由仲裁机关仲裁（含调解和仲裁）或行政主管机关调解，还可直接由当事人之间协商和解。显然，这种综合性特点，可以使我国经济法制更好地贯彻民主集中制和兼顾国家、集体和个人的利益等宪法原则，指导和保障经济体制改革沿着正确的方向健康地向前发展。

四是其多层次和多样性：根据现行《宪法》第 5 条的规定，我国现行法律体系，由宪法、法律、行政法规和地方性法规（含自治条例）等四个层次构成。目前我国的经济法体系，是由直接基于宪法有关规定或符合其有关规定基本原则的法律、行政法规和地方性法规等三个层次中的众多经济法规有机构成的。其中每个层次的经济法规又都有多种具体的表现形式。经济法规的这种多层次和多样性，是其他部门法难以比拟的。这是由目前我国经济生活本身的多层次和多变性决定的。由此可见，多层次和多样性是我国经济法制的又一个特点。

五是其经济效益性：目前我国经济法制建设所追求的主要经济目的，就是要保证发展社会生产力，提高经济效益。无论哪个国家的经济法都是这个国家的经济政策的法律化，都是直接反映其经济基础、调整其经济关系的专门法律，都具有明确的经济目的。此种经济性是经济法区别于其他各种部门法的根本性特征。我国新时期经济法制建设的主要目的，就是推动经济体制改革的顺利进行，建立起具有中国特色的、充满生机活力的社会主义经济体制，加快生产力发展的速度和现代化建设的步伐，以迅速提高社会经济效益，圆满实现党的十二大所提出的到20世纪末使全国工农业总产值翻两番的经济战略目标。目前我国经济法制的经济性主要表现为经济效益性。经济效益性是目前我国经济法制的一个重要特点。

三

党的十一届三中全会以来，我国的经济法制建设有了巨大的发展，并且发挥了显著的积极作用。但是，由于我国经济法制原有基础过于薄弱，由于近几年来我国经济体制改革和国民经济发展都很迅速，再加上我国的社会主义商品经济正在经济体制改革和新技术革命的推动和冲击下日益迅速地向前发展，所以目前我国的经济法制总的来说，仍然很不完备、很不健全，还远不能适应经济体制改革和国民经济发展的需要，因此必须下更大的决心，予以进一步地、

全面地加强。笔者认为,为使经济法制适应经济体制改革的新要求,目前应高度重视并着手组织开展如下几项工作:

一是编纂经济法典,从根本上解决经济生活中无法可依的问题。开展经济法典的编纂工作,不仅十分必要,而且条件也已基本成熟。《中共中央关于经济体制改革的决定》根据马克思主义基本原理同中国实际相结合的原则,总结了前几年以农村为重点的局部经济体制改革的经验,阐明了加快以城市为重点的整个经济体制改革的必要性、紧迫性,规定了改革的方向、性质、任务和各项基本方针政策;这既是指导我国经济体制改革的纲领性文件,也是指导我国经济法制建设的纲领性文件;为我国建立充满生机的社会主义经济体制描绘了基本的蓝图,也为编纂我国的经济法典提供了坚实基础。应当根据宪法总纲中关于我国新时期经济制度及其各项根本原则的规定和《中共中央关于经济体制改革的决定》以及经济体制改革和国民经济发展的其他新经验来编纂经济法典。这不仅可以从根本上解决经济体制改革和国民经济发展中无法可依的问题,而且可以避免目前许多国家经济立法中存在着的数量过多、彼此重复和抵触、适用困难等不良现象在我国重演。这是目前加强经济法制建设的首要措施,应当抓紧进行。

二是制定一部统一的对外经济贸易法,以保证对外开放的健康发展。党的十一届三中全会以来,在独立自主、平等互利原则的基础上实行对外开放,已成为我国一项长期的基本国策、并在实践中迅速迈开了步伐,取得了可喜的成效。涉外经济关系要靠涉外经济法来调整和保护。近几年来对外开放取得显著成效,在很大程度上正是由于国家高度重视并切实抓紧了涉外经济立法及其实施的结果。现在,《中共中央关于经济体制改革的决定》明确规定:"今后必须继续放宽政策，按照既要调动各方面的积极性、又要实行统一对外的原则改革外贸体制，积极扩大对外经济技术交流和合作的规模，努力办好经济特区，进一步开放沿海港口城市。利用外资，吸引外商来我国举办合资经营企业、合作经营企业和独资企业，也是对我国社会主义经济必要的有益的补充。我们一定要充分利用国内和国外两种资源，开拓国内和国外两个市场，学会组织国内建设和发展对外经济关系两套本领。"在这种情况下，为使涉外经济法制建设适应新形势的新要求，必须尽快予以全面加强。诚然，若编纂经济法典，其中必将规定涉外经济法律制度。但是，一则由于编纂经济法典的工作目前尚未开始；二则即使马上开始并能较快地完成，其中的涉外部分也不可能规定得很具体、很全面；因此立即着手制定一部统一的对外经济贸易法，实乃从根本上加强涉外经济法制，以推动外贸体制改革，保障对外开放迅速而健康地向前发展的最有效办法。

三是制定统一的经济程序法，健全经济执法体系，确保经济法规的执行。目前在我国的经济生活中，不仅存在着无法可依的问题，有法不依的情况也相当突出。这个问题若不及时解决，不仅会直接降低现行经济法规的效能并阻碍经济立法的进程，而且将对经济体制改革和国民经济发展造成不良后果。造成有法不依的原因固然很多，但是我国目前尚无统一的经济程序法，经济执法机构不健全，无疑是其中的重要原因。为了解决这个问题，除了可以在经济法典中建立统一的经济违法责任制度外，还可以根据几十年来，特别是近几年来解决经济纠纷案件的经验，制定一部专门而统一的经济程序法，并据此进一步健全和完善各方面的经济执法机构，使它们构成一个分工明确、层次清楚、彼此衔接、相互配合、高效能的有机整体。这对于迅速提高经济执法水平，切实加强经济法制建设，具有重要的意义。

四是抓紧建设经济法律师队伍，积极推广企业法律顾问制度，做好经济法律服务工作。对我国来说，这是随着经济体制改革的深入发展而刚刚出现的新现象、新任务，还是个新生的"婴儿"。但必须认识到，长期孕育它们的"母亲"不是别的，正是我国的社会主义商品经济，目前的经济体制改革则是它们的"助产婆"。因此，它们一经诞生就得到迅速发展，并将长期存在和发展下去。在商品经济发展正高度社会化、国际化、复杂化的现代历史条件下，任何一个企业的领导人，都难以既精通经营管理、又能应付企业所遇到的各种复杂的法律问题。企业要使自己的经营活动不因违法而受到制裁，要有效地保护自己的合法经济权益，在法律允许的范围内充分发挥自己的全部竞争能力以求得最高的经济效益，就必须有精通经济法律专业知识的经济法律师充当法律顾问。国内的经济活动中是这样，涉外经济活动中更是如此。目前，我国的经济法律服务工作尚处在初创和探索阶段，但也出现了多种形式发展的好势头。国家应尽快制定有关法规，放宽政策，广泛开发经济法律人才，抓紧建立起一支政治、业务素质较好，数量够用的经济法律师队伍，为积极开展经济法律服务工作，普遍推广企业法律顾问制度提供充足的人才资源。这既有利于提高企业的守法水平和经济效益，保护企业的合法经济权益，也有利于在全国范围内巩固和发展正常的社会主义经济秩序，提高宏观经济效益。

4 促进各种所有制经济共同发展

——学习新宪法修正案的体会

按语： 此文首发于《求是》2004 年 7 月 16 日出版的第 14 期第 43~44 页，并获其"学习和贯彻实施宪法"征文二等奖（见《求是》2005 年 5 月 1 日出版的第 9 期第 26 页刊载的《"学习和贯彻实施宪法"征文评奖揭晓》）；此次重发完全恢复了原稿原貌且未做任何改动，全文约 3.6 千字。

十届全国人大二次会议 2004 年 3 月 14 日通过的新宪法修正案，将《宪法》第 11 条第 2 款修改为"国家保护个体经济、私营经济等非公有制经济的合法的权利和利益。国家鼓励、支持和引导非公有制经济的发展，并对非公有制经济依法实行监督和管理"。这是我国宪法在坚持和完善社会主义初级阶段基本经济制度方面又一次重要的与时俱进，必将对各种所有制经济在市场竞争中发挥各自优势、相互促进、共同发展，发挥不可估量的积极推动作用。

一、宪法在坚持和完善基本经济制度方面不断与时俱进

宪法是国家的根本法，是治国安邦的总章程，是整个法律体系的核心。规定中国特色社会主义基本经济制度，一直是我国宪法的一项根本性的任务和内容。由于中国特色社会主义经济实践的历史还不长，至今仍处在积极探索阶段，党和人民对其运行规律的认识也尚处

在日益深化并不断取得重要新成果的过程之中，所以宪法在坚持和完善社会主义初级阶段基本经济制度方面既保持了必要的稳定性、一贯性，又显示了适应性和不断与时俱进的特征。这集中反映在现行《宪法》即"八二宪法"第6条和第11条的规定及其后来的几次修改之中。

1982年12月4日第五届全国人大五次会议通过的《宪法》即现行《宪法》（又称"八二宪法"）第6条用2款规定："中华人民共和国的社会主义经济制度的基础是生产资料的社会主义公有制，即全民所有制和劳动群众集体所有制。""社会主义公有制消灭人剥削人的制度，实行各尽所能，按劳分配的原则。"第11条也用了2款规定："在法律规定范围内的城乡劳动者个体经济，是社会主义公有制经济的补充。国家保护个体经济的合法的权利和利益。""国家通过行政管理，指导、帮助和监督个体经济。"很显然，"八二宪法"的上述规定及时肯定了党的十一届三中全会后改革开放最初三年经济实践的最新成果以及党和人民的最新认识，是宪法在坚持和完善社会主义经济制度方面一次十分重要的与时俱进，对后来的改革开放和现代化建设，尤其是对非公有制经济的迅速发展发挥了十分重要的促进作用。

1988年4月12日七届全国人大一次会议通过的第一个宪法修正案的第1条，对《宪法》第11条进行了修改，即增加规定："国家允许私营经济在法律规定的范围内存在和发展。私营经济是社会主义公有制经济的补充。国家保护私营经济的合法权利和利益，对私营经济实行引导、监督和管理。"这是我国宪法首次赋予私营经济在社会主义经济制度中的合法地位，是宪法在坚持和完善社会主义经济制度方面又一次重要的与时俱进，对私营经济的发展发挥了巨大的推动作用。

1999年3月15日九届全国人大二次会议通过第三个宪法修正案，对《宪法》的第6条和第11条分别作了重要的修改。第6条的修改是：首先将原规定的 2 款合并为第 1 款，内容不变；同时新增加第 2 款的重要规定："国家在社会主义初级阶段，坚持公有制为主体、多种所有制经济共同发展的基本经济制度，坚持按劳分配为主体、多种分配方式并存的分配制度。"第 11 条的规定修改为："在法律规定范围内的个体经济、私营经济等非公有制经济，是社会主义市场经济的重要组成部分。国家保护个体经济、私营经济等非公有制经济的合法的权利和利益。国家鼓励、支持和引导非公有制经济的发展，并对非公有制经济依法实行监督和管理。"这些修改表明，随着中国特色社会主义现代化经济实践进一步深入而广阔地拓展，以及党和人民对社会主义经济规律认识的不断深化，我国宪法在继续坚持"社会主义经济制度的基础是生产资料的社会主义公有制"的同时，首次确认"国家在社会主义初级阶段，坚持公有制为主体、多种所有制经济共同发展"的基本经济制度；在已先后赋予个体经济和私营经济这两个概念经济作为"社会主义公有制经济的补充"地位的基础上，首次赋予"非公有制经济"以与"社会主义公有制经济"相对应的类概念经济的宪法地位，并将其地位和作用由原来的"社会主义公有制经济的补充"上升为"社会主义市场经济的重要组成部分"。显然，宪法这次与时俱进的修改，其内涵更丰富、意义更重大。

2004 年 3 月 14 日十届全国人大二次会议通过的新宪法修正案，将第 11 条第 2 款修改为："国家保护个体经济、私营经济等非公有制经济的合法的权利和利益。国家鼓励、支持和引导非公有制经济的发展，并对非公有制经济依法实行监督和管理。"此次修改的主要含义有三：一是进一步强化"非公有制经济"这个类概念经济的宪法地位，较之原先规定的"个体经济、私营经济"大大拓宽了宪法规范对象；二是首次将"国家鼓励、支持和引导非公有制经济的发展"的战略决策载入宪法；三是强调国家对非公有制经济的监督和管理要"依法实行"。由此可见，这同样是宪法在坚持和完善社会主义初级阶段基本经济制度方面又一次重要的与时俱进和制度创新。

上述表明，充满生机和创造力的中国特色社会主义现代化建设的伟大社会实践，尤其是举世瞩目的经济体制改革和经济建设实践，是我国宪法在坚持和完善社会主义初级阶段基本制度方面赖以不断与时俱进的根本性的原因和动力，并且决定着宪制创新的方向、内容及其时机。

二、宪法坚持和完善基本经济制度的根本目的是促进各种所有制经济共同发展

对新宪法修正案关于进一步坚持和完善基本经济制度的新规定要有正确、全面的认识和解读，要完整、准确地把握其根本性的立法目的和重要意义，也就是要根据党的十六大和十六届三中全会的精神，正确理解其根本目的就是促进各种所有制经济共同发展。

第一，必须毫不动摇地巩固和发展公有制经济。首先必须继续坚持发展壮大国有经济，始终保持国有经济控制国民经济命脉的重要地位和主导作用，这对于更有效地发挥社会主义制度的优越性、增强经济实力、国防实力和民族凝聚力具有关键性作用。为此要继续深化国有资产管理体制改革和国有企业改革，积极探索并切实推行国有企业的有效组织形式和经营形式，为国有企业不断提高竞争力、继续做大做强，创造更好的经济、政治和法律条件。同时，要继续重视集体所有制经济的重要作用，为集体所有制经济的改革和发展创造更好的环境。

第二，必须毫不动摇地鼓励、支持和引导非公有制经济发展。统计表明，包括个体、私营、外资等各种形式在内的非公有制经济已

经发展成为我国社会主义市场经济的重要组成部分，对促进国民经济健康快速发展、扩大就业、推动国民经济结构调整、国有企业改革和农村城镇化进程，以及社会主义市场竞争的形成和完善等，都发挥了重要作用。非公有制经济还有很大的发展潜力，将发挥更大的作用。

第三，要将坚持公有制为主体和促进非公有制经济发展统一于全面建设小康社会，开创中国特色社会主义现代化建设事业新局面的伟大进程中，而不能把这二者对立起来。要充分认识并努力做到，在我国社会主义市场经济的这个广阔天地里，各种所有制经济完全可以充分发挥各自优势，开展公平竞争，以实现相互促进，共同发展。

总之，新宪法修正案对《宪法》第 11 条第 2 款的修改的根本目的和重要意义，就是要根据解放和发展生产力的新要求，进一步坚持和完善以公有制为主体、多种所有制经济共同发展的基本经济制度，促进各种所有制经济共同发展。

三、认真贯彻实施宪法新规定，为非公有制经济健康快速发展提供更好的法治保障

新宪法修正案关于修改《宪法》第 11 条第 2 款的新规定，为非公有制经济的健康快速发展提供了新的更有力的宪法依据和宪制保障。现在的任务就是要认真贯彻落实，尽快将其具体转化为一整套既符合宪法新精神又行之有效的立法、行政执法和司法等法律的制度保障和实践保障。

首先要积极宣传、普及宪法知识，树立宪法意识，强化宪法权威。要采取各种有效形式，尽快在全社会确立"国家鼓励、支持和引导非公有制经济发展"已经成为我国宪法的一项重要原则的宪法意识，使全社会，首先是使党和国家的各级机关和各级干部都能从

"依宪治国"的高度，充分认识非公有制经济的重要地位和作用，进一步更新观念、解放思想，为非公有制经济的发展提供更好的思想基础和舆论氛围。

其次要尽快清理并废止限制非公有制经济发展的各种政策法规，加速健全和完善有利于促进非公有制经济健康快速发展的经济法律制度。在新的立法活动中，一定要根据新宪法修正案规定的精神，彻底摒弃各种歧视性的观念，贯彻符合社会主义市场经济发展所必需的权利平等、竞争公平的新理念；放宽市场准入，允许非公有资本进入法律法规未禁入的基础设施、公用事业及其他行业和领域；真正使各种非公有制企业在投融资、税收、土地使用和对外贸易等方面，与公有制企业享有同等待遇；支持非公有制经济中的中小企业发展，鼓励有条件的企业做大做强；同时对非公有制企业的监督和管理也要做到有法可依、有法必依，健全相关法律制度，促使它们更好地依法经营、照章纳税、保障职工合法权益。

再次要进一步转变政府职能，尽快将对非公有制经济的监督和管理工作纳入法治轨道，迅速提高依法服务、依法监管的行政执法水平。这对于促进非公有制经济发展具有十分重要的现实意义。

最后要更新司法观念，为非公有制经济提供平等的有效的司法保护。

附：获奖证书

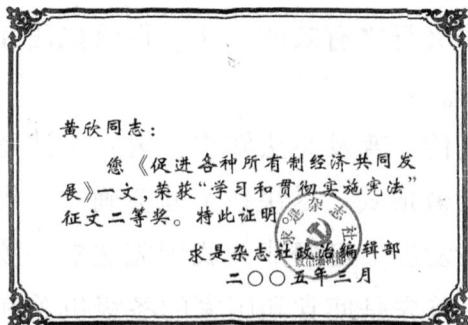

5 论经济法创新

——以"社会公平和正义"的价值观为视角

按语：此文首发于《中国行政管理》2006 年第 6 期第 29~32 页，并被众多网站、文集收录但对原文有所压缩。此次重发完全恢复原文未作任何更改，全文约 13.3 千字。

经过改革开放 20 多年的持续发展和积累增长，我国的经济法，无论就法治建设还是学术研究而言，亦无论就其数量规模还是质量效益而言，已经取得的成绩或成就，比较而言，在某种意义上可以说是"举世瞩目、举世公认"的。当然这只是问题的一方面。另一方面，经济法也的确还存在许多缺陷和问题。为了适应经济和社会现实及未来发展的新要求，我国的经济法还必须不断创新和发展。

一、经济法迫切需要创新和发展

经济法之所以迫切需要创新和发展，直言之，其主要原因：一是因为经济法的确还存在许多缺陷和问题；二是因为新形势对经济法提出了新要求。

（一）经济法的确还存在许多缺陷和问题

众所周知，经济法是一个新型的、发展迅速、作用重要而又比较注重与时俱进的法律部门。但是，若对经济法的整体现状进行分析即会发现，它的确还存在许多缺陷和问题，有些还是很严重的。

（1）从总体数量上看，经济立法仍然处在严重供不应求的阶段，更未形成体系，致使国家调节经济职能的作用未发挥至最优、经济运行的秩序和效果亦难臻最佳。而且，稍加分析就会发现，经济立法产品数量上的短缺，首先缺的不是普通产品，而是重要产品。时至今日，经济法既无第一层次的"基本法"（经济法典、经济法纲要或经济法通则），也无第二层次的"基本法"（宏观调控基本法、市场监管基本法等），甚至连第三层次的"基本法"也多付阙如（如无财税基本法、金融基本法、反垄断法等）。至于具体经济法规，那就欠缺更多。不仅实体法欠缺，程序法更甚。经济法制度供给严重不足的不良影响和后果，无论在宏观调控领域还是在市场竞争领域都很突出。仅就市场竞争领域而言，由于我国至今尚未出台《反垄断法》，不仅"本土"垄断（如部门控制或行业垄断、地方分割或"诸侯经济"等）未能根治，而且外来跨国公司"入侵"形成的"洋垄断"也已迅速增多，并且危害日烈（现在还主要表现在高新技术商品市场以及信息化商品和服务市场）[1]。还需进一步警惕的是，目前已经出现上述两类垄断"土洋结合、内外勾结"之势。在这种状况下，怎么可能形成市场经济发展所必需的公平竞争、有序竞争的良好市场秩序呢？怎么可能不影响甚至阻碍我国经济的发展速度和发展质量（尤其是阻碍我国高新技术经济的正常发展）呢？笔者认为，我国若不尽快制定并实施《反垄断法》、放任上述各种垄断继续扩张，完全可以预计，要不了十年，不仅全面建设小康社会的伟大事业将会深受其害，而且我国的经济安全和经济主权都将遭

---

〔1〕 参见韩赤风：《竞争还是垄断：我国 DVD 出口失利的法律分析》，载《法制日报》2004 年 10 月 21 日。

受严重挑战，甚至可能重蹈"拉美"覆辙。这绝不是"杞人忧天"，更不是"危言耸听"！因为，阿根廷 2001 年由债务危机引发的金融危机和全面经济危机持续时间之长、危害之大，实在令人惊恐、令人难忘！这样的惨痛教训难道我们不应当认真吸取吗？虽然阿根廷经济危机产生的原因是多方面的，但放任跨国银行控制本国金融业不能不说是其最直接的原因[1]。

（2）从总体质量上看，经济立法的质量还不能说已经很高，一些现行经济法律法规体现的价值理念，不符合社会主义市场经济和WTO 的要求，并且还存在一些立法技术问题，从而严重制约了经济法职能作用的发挥。经济立法中存在的质量问题是多方面的。首先是指，有些很重要的经济法律因立法时间较早，观念陈旧，效果不佳，如 1988 年的《全民所有制工业企业法》、1993 年的《公司法》和 1994 年的《预算法》，等等。其次是指，有些经济法律制定时对国情调查研究不够，结果正面作用不大、负面作用不小。例如，许多地方发生的企业负责人与地方官员及当地法官相互勾结、搞假破产，骗、逃国家债权、侵吞国有财产的事件，与 1986 年制定的《企业破产法（试行）》中存在的疏漏不无关系，等等。再次是指，也有经济法律虽是新定，但属"急就章"，立法质量不高、效果不好。例如，2003 年 12 月制定的《银行业监督管理法》即属此类。先从立法理念上看，该法不是顺应金融发展的世界潮流、推动我国金融业发展的现代化和综合化，而是强化分业壁垒、妨碍金融创新。令人略感欣慰的是，金融改革和金融创新的步伐并未因此而停止，而

---

〔1〕 参见李瑞英：《警惕新自由主义思潮》，载《光明日报》2004 年 11 月 9 日；赵明勋：《中国资本市场"拉美化"之忧》，载《国际金融研究》2005 年第 6 期。

是对分业壁垒进行了较大突破。但这也从一个侧面证明，该法是不符合金融发展潮流趋势的。再从金融监管体制改革的角度看，该法实施不到两年已经较前出现两方面的倒退：一是中央层级的监管体制进一步由集中走向分散，这显然同当今世界三大金融中心国（美、英、日）监管体制改革的方向恰恰相反；二是此前中央银行改革已将原省级分行调整缩减到九个大区分行，以利于克服地方主义对金融宏观调控和金融监管的干扰，而现在的银监机构不仅已遍及所有省、区、市，而且还在迅速向下延伸。这两方面倒退又生出另一个严重后果——银监机构和人员的大规模扩充，并进而再生出又一个严重后果——加大金融监管的分量和成本，加重金融企业的压力和负担。当然，上述这些负面后果最终都将转嫁到金融服务行业的各种客户和用户（储户、贷款人、股民、投保人、各种金融中间业务的委托人等）身上，2004年以来各种金融收费争先恐后地纷至沓来便是明证之一。这已经引起了公众的不满和怨言。有人估计，此风刚起，不仅会持续，还将加大。若真如此，我国金融服务业及其数以亿计的庞大用户都将遭受更大损失。此事再次警示我们：在当今这个金融服务业已经信息化、全球化的新时代背景下，金融立法必须登高望远、深谋远虑、慎之又慎，绝对不能在没有充分调查研究、没有经过充分的民主程序和科学论证并形成符合整体发展趋势的可行性方案之前就仓促上阵、草率立法。此外，还有不少经济法律、法规和规章的部门倾向严重，或者地方主义突出，内容相互冲突、语言文字粗糙，等等。众所周知，市场经济离不开法制，无法可依不行；但所依之法如果不好，甚至成了扰乱市场正常秩序、阻碍经济发展的制度性障碍，那当然还不如没有。经济法律法规一旦制定生效必然要对经济生活发生作用：若非积极作用，必是消极影响。

所以，经济立法的质量问题必须引起我们的高度重视，必须从现在起就将如何提高经济立法的质量真正作为经济法创新的重点工作来抓。需要进一步指出的是，在着手解决这一重大问题时，首先应弄清经济立法中存在的最普遍、负面作用最大的质量问题究竟是什么。笔者认为，最大的质量问题就是权利、义务和责任配置不恰当、不公平：政府一方往往给自己授予的权力大、权利多，规定的义务少，施加的责任更少，甚至完全不承担责任；而对经营主体一方则又往往规定的义务多、授予的权利少、施加的责任重。换言之，现行经济法律、法规和规章普遍存在着约束经营行为多、约束政府行为少，亦即治人多、律己少的价值残缺问题，致使不少经济法律、法规和规章不是"双刃剑"，而是"单刃刀"。这显然同市场经济发展的实际需要和政府职能转变的发展方向（法治政府、有限政府、责任政府和服务型政府）不相一致，与WTO的原则精神不相一致，同现代经济法的价值追求不相一致。

（3）经济法实施（包括经济行政执法、经济司法和经济仲裁）中存在的问题进一步降低了经济法的作用和效果。由于经济立法的制度供给还不充足，尤其是责任制度和程序制度欠缺更多，加之现行经济法律、法规和规章如上所述，确实还存在一些立法质量问题；更为主要的是，以拜金主义为核心的腐败之风、地方主义和部门主义严重侵蚀着经济法实施系统的许多机构和人员，致使执法不严、违法不究的现象时有发生，造成经济法实施的效果进一步下滑。当然，有些司法机关未严格依照现行《人民法院组织法》的明文规定，对经济法实施造成的影响和后果也不容低估。还可以继续列出许多问题，但这已足以说明，经济法实施方面也迫切需要创新。在我们研究解决经济法实施中的制度创新问题时，同样首先应弄清经济法实施中存在的最普遍、负面作用最大的质量问题究竟是什么。笔者认为，首先，从经济法实施的现实全局看，经济法实施体制确实是由经济行政执法、经济司法和经济仲裁等三部分组成，即"三分天下"，但就其实际地位和作用而言，它们三家绝对不是"平分天下"，不是"三足鼎立"，而是高低不齐、大小明显。其中，经济行政执法这一家虽难说已构成了"垄断"，但确实算得上是"一股独大"的"大哥大"。这种状况显然不够合理。形成这种局面的原因虽然很多，并且其中也不乏含有必然性的合理因素，如政府及其相关部门的确负有大量依法监管经济的法定职责；但笔者认为，造成这种局面的根本原因，主要还是由前述所指经济立法时的权、义、责配置不当所致。虽然2001年加入WTO后对一些相关经济立法作了相应修订，使这方面的问题有所缓解，但至今还远未根本解决。其次，从现行经济行政执法体制的内部格局看，真可以说是"衙门林立，各霸一方""争权夺利，互不相让"。在这样的经济行政执法环境下，一个小小的营业店铺（如小饭店），就完全有可能同时面对几个乃至十几个经济行政执法单位的众多执法人员的监督检查。这样一来，执法成本能不成倍增大吗？执法效率能不大大降低吗？经营者的负担（包括时间、精力、心理和经济等各方面的负担）能不成倍加重吗？进而言之，这样的经济行政执法体制难道还能不阻碍市场经济发展？再次，从经济行政执法的实际操作情况看，还普遍存在程序缺位、有法不依、执法不严、违法不究、随意执法、看人执法等不良倾向；甚至公然假借行政执法之名行肆意侵犯人权之实的事件也并不鲜见。若换个角度观察，并以1993年颁布实施的《反不正当竞争法》和《消费者权益保护法》为例，就可以更明显看到经济行政执法是何等的重要。众所周知，这两部法律，无论是立法时机还是立法质量都还不错。但其实施效果呢？还不理想。这从现在仍然广泛存在的假冒伪劣商品充斥市场、消费者防不胜防且其权益难有保障的场景中看得很清楚，也可以说是"有目共睹"。为什么会是这样呢？问题当然还是出在经济行政执法体制上。实践证明，法律再好，不能贯彻落实亦属"枉然"！

（4）经济法治中的各种缺憾，多与经济法理论研究工作滞后、未能及时提供足够的理论支持有关。直言之，经济法理论研究工作滞后是经济法治建设落后的重要原因之一。这当然不是要否定经济法理论界同仁们二十多年的辛勤努力及其丰硕成果，而是要强调我们在新世纪新形势下将承担更加艰巨、更加重要的历史责任。当然也毋庸讳言，经济法理论研究工作中也确实还存在许多需要尽快加以研究改进的问题。例如，如何把选题工作做得更好？能不能把公开招投标制度引入经济法课题研究工作中来？什么样的组织管理模式才能够更有效地发挥现有研究优势并获得更大的研究成果？如何才能实现经济法教学科研理论工作机构同经济立法和经济法实施等实际部门更好地沟通、交流与合作？如何才能使经济法理论研究成果在经济法治实际工作中发挥更及时、更重要的作用，并及时得到检验、订正和发展？等等。此外，在学风和方法上也还存在许多需要改进的地方。为了尽快解决这些问题、有效提高经济法理论对经济法治建设实践的指导作用，有必要澄清一个认识问题。的确，按照马克思主义历史唯物论和辩证唯物论的基本原理，相对于生机勃勃的"常青树"式的经济实践和经济基础而言，无论是制度形态还是理论形态的经济法，都可能具有一定的滞后性，但这只是问题的一面。问题的另一面是，马克思主义从来都没有否定而是肯定，真正符合客观规律的真理和制度，完全可能具有一定的预见性和指导作用，或有一定的超前性和长效作用。例如，马克思早在 1843 年就曾一针见血地指出："理论一经掌握群众，也会变成物质力量。理论只要说服人〔ad hominem〕，就能掌握群众；而理论只要彻底，就能说服人〔ad hominem〕。所谓彻底，就是抓住事物的根本。"〔1〕由此可见，只要我们肯下功夫，努力探索并紧紧把握我国社会主义市场经济及其法治建设发展的客观规律，就有可能从根本上改变经济法理论研究工作滞后的不良局面。

（二）新形势对经济法提出了新要求

21 世纪的第一个五年即将过去，我国经济法面临的新形势、新要求、新任务日趋明朗。关于我国经济和社会发展所面临的新形势，2002 年 11 月召开的党的十六大以及 2003 年 10 月召开的党的十六届三中全会和 2004 年 9 月召开的党的十六届四中全会都曾做过精辟的分析。但比较而言，分析的最全面、最系统、最深刻的，当属 2005 年 2 月 19 日胡锦涛在省部级主要领导干部提高构建社会主义和谐社会能力专题研讨班上的讲话。例如，他明确指出："从国内看——目前，我国改革发展正处在一个关键时期。一些国家和地区的发展历程表明，在人均国内生产总值突破 1000 美元之后，经济社会发展就进入了一个关键阶段。在这个阶段，既有因为举措得当从而促进经济快速发展和社会平稳进步的成功经验，也有因为应对失误从而导致经济徘徊不前和社会长期动荡的失败教训。综合起来看，在当前和今后相当长一段时间内，我国经济社会发展面临的矛盾和问题可能更复杂、更突出。随着我国社会主义市场经济不断发展，随着我国公有制为主体、多种所有制经济共同发展的基本经济制度和按劳

---

〔1〕 参见〔德〕马克思：《〈黑格尔法哲学批判〉导言》，载《马克思恩格斯选集》（第 1 卷），人民出版社 1995 年版，第 9 页。

分配为主体、多种分配方式并存的分配制度不断完善，随着我国工业化、城镇化和经济结构调整加速，随着我国社会组织形式、就业结构、社会结构的变革加快，我们正面临着并将长期面对一些亟待解决的突出矛盾和问题，我国经济社会发展也出现了一些必须认真把握的新趋势新特点，主要是：资源能源紧缺压力加大，对经济社会发展的瓶颈制约日益突出，转变经济增长方式要求十分迫切；城乡发展不平衡、地区发展不平衡、经济社会发展不平衡的矛盾更加突出，缩小发展差距和促进经济社会协调发展任务艰巨；人民群众的物质文化需要不断提高并更趋多样化，社会利益关系更趋复杂，特别是受经济文化发展水平等多方面的限制，统筹兼顾各方面利益的难度加大；体制创新进入攻坚阶段，深化改革，扩大开放，进一步触及深层次矛盾和问题；劳动者就业结构和方式不断变化，人员流动性大大加强，社会组织和管理面临新问题；人民群众的民主法制意识不断增强，政治参与的积极性不断提高，对发展社会主义民主政治和落实依法治国基本方略提出了新要求；各种思想文化相互激荡，人们受各种思想观念影响的渠道明显增多、程度明显加深，人们思想活动的独立性、选择性、多变性、差异性明显增强；社会上存在的消极腐败现象以及各类严重犯罪活动也给社会稳定与和谐带来了严重影响，等等。""从国际看——和平与发展仍是当今时代的主题，但国际形势继续处于深刻复杂的变化之中。世界格局处于向多极化过渡的重要时期，经济全球化趋势不断深入发展，科技进步突飞猛进，国际产业升级和转移速度加快，各国注重经济发展和国际经济技术合作，区域经济一体化进程加速——同时，我们必须清醒地看到，当今世界仍很不安宁，各种矛盾错综复杂，影响和平与发展的不稳定不确定因素依然存在。由于世界力量失衡的局面在短期内难以根本改变，世界多极化趋势的发展不会一帆风顺。由于国际经济旧秩序没有根本改变，经济全球化趋势在推动世界经济发展的同时，也给各国特别是发展中国家带来挑战和风险，发展中国家在经济、政治、文化、信息、军事等方面面临着严峻压力——在这样复杂多变的国际形势下，我们要有力应对来自外部的各种挑战和风险，必须把国内的事情办好，始终保持国家统一、民族团结、社会稳定的局面。"[1]需要说明的是，笔者之所以不惜笔墨地进行上述大段引文，目的不仅是为了证明笔者上述判断的正确性，更为重要的是因为笔者始终认为，"认清新形势"既是执政者决策（含提出新任务、新计划等新要求及其他新战略构想）和国家立法必不可少的基础，也是全国民众（含法学工作者）得以正确理解、阐释和贯彻实施新决策和新立法必不可少的条件。尤其是经济法学工作者，若不能"认清新形势"，怎么可能正确地理解、阐释和贯彻实施党中央基于上述形势判断而提出的"科学发展观"和"构建社会主义和谐社会"等新要求、新任务和新决策呢？若不能正确地理解这些新战略决策，经济法的创新和发展就将失去正确的指引和方向。换言之，笔者认为，党中央上述关于新形势的精辟分析同样也正是我国经济法的创新和发展所面临的新形势；党中央基于上述形势判断而提出的新决策同样也正是对我国经济法的创新和发展提出的新要求和新任务。

二、经济法创新和发展的紧迫任务

经济法要始终保持旺盛的生命力就必须坚持走不断创新和发展之路。仅就目前及今后一段时间而言，经济法创新和发展的紧迫任

---

〔1〕 详见中共中央宣传部理论局编：《社会主义社会建设理论的丰富和发展——构建社会主义和谐社会理论文章选》，学习出版社 2005 年版，第 3~6 页。

务，笔者认为，应该主要是以下几项：

（一）创新价值理念

众所周知，经济法是现代法，是现代国家为适应现代经济发展（主要表现为相互依存、相互促进的两大趋势：一是知识化、信息化；二是社会化、全球化）的迫切需要而适时创新和发展起来的，因而具有显著的现代特征。历史已经清楚并反复表明，现代化是一个以不断创新和发展为其本质特征的长期历史演进过程，其中又可划分为许多不同的发展阶段，并且也都会表现出形形色色的国别或区别的特色或特点。经济法作为现代法律体系及其赖以生存的现代社会大家庭中的一员，同样具有这样的特征，即不仅是"不断创新和发展的"，而且深具"国别或区别的特色或特点"。此处因本文目的和篇幅所限，仅就其价值理念（主旨宗旨）的发展变化趋势简述一二。先说思想形态，再讲实践和理论形态。

1. 现有文档资料表明，经济法思想上的"老祖宗"是法国空想社会主义者摩莱里 1755 年匿名公开出版的《自然法典》。该书第四篇，在前三篇揭露批判现存及既往私有制社会政治和道德的"缺点"并同时驳斥论敌攻击的基础上，以"合乎自然意图的法制蓝本"（即其"自然法典"）为名，明确而又系统地提出了他对未来理想社会（即其"空想社会主义"社会）的整套法律制度设计。该"法制蓝本"共 12 部分（可称为 12 "章"）113 条。第一章"可以从根本上消除社会的恶习和祸害的基本的和神圣的法律"，计 3 条，具有"总纲""总则"或"根本法"的性质。其中第 3 条明确规定："每个公民都要根据自己的力量、才能和年龄促进公益的增长。据此按分配法规定每个人的义务"（其中"公益"的着重号为引者所加）。第二章"分配法或经济法"，计 12 条，地位仅次于前者。需要强调指出的是，认真阅读思考后即会发现：（1）这里首次使用"经济法"概念；（2）这里明确将"经济法"与"分配法"等同使用；（3）这里的"分配对象"是"自然产品或人工产品"，既包括"日常生活需要"，也包括"各行业使用的材料"；既包括"经久耐用的"，也包括"不耐存放的"（第6、7条等）等；（4）这里对分配制度的设计相当周密、具体，不仅规定对日常生活和生产的必需品直接到现场"各取所需"（第11条），并且反复强调"分配"要统一标准（第1、4条等）、"相等"（第2条等）、"按比例"（第3、5条等）、"公开"或"均按相同的规则公开分配"（第7、8、11条等），以及在全民族范围进行余缺调配（第1、10条）和与邻国进行国际相互"援助"（第12条）等，即始终并反复强调分配（含生活资料和生产资料）要公开、公平、公正；（5）这里还专门规定"各行业工人"的"人数按照工作的难易程度和每个城市居民所需物品的多寡，按比例地加以规定，不要使这些工人过于劳累"（第5条）等[1]。由此可见，《自然法典》作为经济法的思想渊源是当之无愧的。虽然摩莱里先生的理想社会属于"乌托邦"，其学说亦非"科学"，但上述"天才"般的思想火花，对后世的经济法实践和理论研究无疑具有一定的指引或影响作用。

2. 二百多年来，制度形态的经济法治获得了巨大的发展和壮大，其价值追求亦日益丰富和提升。如果说二战之前的经济法主体是市场监管法，目标在于追求"公平竞争"秩序的话，那么二战后则普遍把促进经济振兴和发展作为经济法的首要目标和主体；而自20世纪60年代开始，发达国家则进一步先后加强宏观调控立法，并

---

〔1〕 详见［法］摩莱里：《自然法典》，黄建华、姜亚洲译，商务印书馆1982年版。

普遍把宏观经济稳定以及国民经济和社会的平衡、全面、可持续发展作为其经济法治的追求目标，例如，德国 1967 年《经济稳定与增长法》、美国 1978 年《充分就业和国民经济平衡增长法》和法国 1982 年《计划改革法》等。我国经济法治虽有自己的鲜明特色，但也已显现出类似的发展轨迹。总之，从微观上看，每个具体的经济立法和经济法实施行为都有各自具体而特殊的目的，但若从宏观上进行比较和归纳就会发现，经济法治价值追求的整体趋向是明朗的，也是趋同的，这就是越来越普遍、越来越清晰地把在全社会实现和维护公平正义作为经济法治最根本的价值追求目标。

3. 经济法的学术理论研究同样获得了巨大的发展，在价值理论上的共识也逐渐增多。这一点在我国改革开放以来的近三十年经济法学的发展上表现得最为突出。我国经济法学虽然起步较晚，但自 1979 年 2 月产生开始便如"雨后春笋"般地繁荣昌盛起来，并随之不断提升其品格和素质。这在经济法学的学术成果（如教材、论文、专著、经济法律提案和草案、研讨会、论坛、国际学术交流及众多的经济法实施方面的学术成果等）、人才成果（如已培养出众多经济法学学士、硕士、博士、教授、博导和著名专家等）及其对我国经济法治建设的重大影响作用等方面都有突出表现。进入新世纪以来，为了应对国内外形势发展的新要求，我国经济法学界对经济法价值理论（或理念）的关注和研究得到了显著的加强，并随着研究的深化而逐渐形成了更多的共识，这突出表现在越来越多的学者认为经济法本位是"社会"或"社会利益"或"社会整体利益"上。当然，这方面的研究仍处于起步阶段，需要继续研究的问题还很多。

4. 应以"科学发展观"和"和谐社会"理论为指导创新经济法的价值理念。因为它们既是中央适应国内外形势发展的新特点和新趋势（如前面的大段引文所言）而及时提出的深得民心的战略新决策，也是新形势对我国经济法的创新和发展提出的新要求和新任务。关于 2003 年 10 月党的十六届三中全会提出的"坚持以人为本，树立全面、协调、可持续的发展观，促进经济社会和人的全面发展"的"科学发展观"的丰富内涵及其重大意义[1]，精辟论述已经很多，而笔者向 2004 年 12 月中国经济法学研究会年会提交的论文《科学发展观与经济法创新关系论纲》也已表达本人当时之浅见[2]，故不再赘述。关于"和谐社会"的理论，2005 年 2 月 19 日胡锦涛在省部级主要领导干部提高构建社会主义和谐社会能力专题研讨班上的讲话，已经代表党中央作了全面而深刻的精辟阐述。其中，胡锦涛明确提出："根据马克思主义基本原理和我国社会主义建设的实践经验，根据新世纪新阶段我国经济社会发展的新要求和我国社会出现的新趋势新特点，我们所要建设的社会主义和谐社会，应该是民主法治、公平正义、诚信友爱、充满活力、安定有序、人与自然和谐相处的社会。"在阐述其中"公平正义"的含义时，他又精辟地指出："维护和实现社会公平和正义，涉及最广大人民的根本利益，是我们党坚持立党为公、执政为民的必然要求，也是我国社会主义制度的本质要求。只有切实维护和实现社会公平和正义，人们的心情才能舒畅，各方面的社会关系才能协调，人们的积极性、主动性、创造性才能充分发挥出来。要坚持把最广大人民的根本利益作为制定和贯彻党的方针政策的基本着眼点，正确反映和兼顾不同地区、

---

〔1〕 参见本书编写组编：《〈中共中央关于完善社会主义市场经济体制若干问题的决定〉辅导读本》，人民出版社 2003 年版，第 3 页。

〔2〕 详见黄欣：《科学发展观与经济法创新关系论纲》，2004 年 12 月中国经济法学研究会年会论文集及其光盘。

不同部门、不同方面群众的利益，在促进发展的同时，把维护社会公平放到更加突出的位置，综合运用多种手段，依法逐步建立以权利公平、机会公平、规则公平、分配公平为主要内容的社会公平保障体系，使全体人民共享改革发展的成果，使全体人民朝着共同富裕的方向稳步前进——要从法律上、制度上、政策上努力营造公平的社会环境，从收入分配、利益调节、社会保障、公民权利保障、政府施政、执法司法等方面采取切实措施，逐步做到保证社会成员都能够接受教育，都能够进行劳动创造，都能够平等地参与市场竞争、参与社会生活，都能够依靠法律和制度来维护自己的正当权益"[1]。由此可见，虽然和谐社会的内涵十分丰富，但其本质和灵魂，或曰其最高的价值追求，无疑就是在全社会实现和维护公平和正义，并且已将"社会公平和正义"的丰富内涵（如上述加着重号的 4 个"公平"和 4 个"都能够"）及其实现途径阐述得十分明确、透彻。这里需要强调指出的是，无论是作为理想境界还是实践过程，和谐社会最根本的价值追求都只能是"社会公平和正义"。若没有公平和正义，社会何以能够"和谐"？既然"科学发展观"和"和谐社会"方针已经成为当今及今后一段时期我国全社会正确的行动指南，我国经济法当然也应该以此为指导方针进行价值创新和制度创新，并且首要的任务就是要搞好价值创新。因为若没有价值创新，制度创新必将变成空话。而价值创新若不以"科学发展观"和"和谐社会"理论为指导，就必将偏离国情、误入歧途。现在价值创新的任务，就是要使经济法的理论工作者和实际工作者都能把"社会公平

---

〔1〕 详见中共中央宣传部理论局编：《社会主义社会建设理论的丰富和发展——构建社会主义和谐社会理论文章选》，学习出版社 2005 年版，第 17、25～27 页。其中的着重号为引者所加。

和正义"奉为经济法最根本的价值追求,并自觉地将其贯彻落实。如果真正完成了这一价值创新任务,那就为"社会公平和正义"的价值观在整个经济法治工作中的贯彻落实、为经济法在构建社会主义和谐社会中发挥更大作用奠定坚实的思想理论基础。

(二) 创新体制机制

为了适应形势发展的新要求、贯彻落实以"社会公平和正义"为核心的新价值,提升经济法治的质量和效能,必须抓紧进行体制创新和机制创新。

1. 经济立法的体制和机制应进行集中化、民主化和科学化改革。(1) 这里的"集中化"是指经济立法权要进一步"集中"。其主要含义有三:①经济立法权要进一步向中央"集中"。对地方的经济立法权要加以限制,必要时对一般性的地方经济立法权也可以依法予以取消,以从根本上杜绝经济立法中的地方主义,促进全国统一大市场的形成和发展。②经济立法权要进一步向国务院"集中"。对部门或行业经济立法权要加以限制,必要时对部门或行业一般性的经济立法权也可以依法予以取消,以从根本上杜绝经济立法中的部门或行业主义,彻底清除部门或行业垄断,促进全国统一大市场的形成和发展。同时还要创新经济法案的起草制度:今后经济法案的起草工作不能再由其主管部门或职能部门负责,进一步杜绝经济立法中的部门或行业主义,从立法制度上保证经济法权利义务配置的"公平和正义"。③经济立法权要进一步向全国人民代表大会及其常务委员会"集中"。现在已经具备了减少国务院授权立法的条件。在经济法案的起草和提交工作中,全国人大及其法定机构(如各专门委员会、常委会及其法工委等)也理应承担更大责任。(2) 这里的"民主化"是指经济立法的过程和程序要进一步民主化、公开化、制度化。越是关系重大的经济立法，越要有更多、更全面的关系人及代表的有效参与，越要倾听各方的利益表达并同其交流和沟通，使经济立法在兼顾、协调和平衡各方利益中真正做到"公平和正义"。现已实行的公布立法草案广泛征求意见和开展立法听证等有效做法，应在总结经验的基础上更加制度化、常态化，同时还应不断探索新的立法民主制度。（3）这里的"科学化"是指经济立法，在本质上要符合经济发展规律的客观要求，在程序上则要遵循立法规律的要求，广泛听取并尊重有关专家学者的意见，进行多方面深入的科学论证，充分汲取人类社会已有的经验教训，使经济立法的正面效应得以充分发挥，其负面效应得以充分克服或避免。这方面的有效做法也应制度化、程序化、常态化。

2. 经济法的实施体制和机制也要进行一系列重大的改革和制度创新。（1）要切实加强经济立法中的责任立法和程序立法，为提高经济法实施效益创造更好的制度基础。（2）全国人大及其常务委员会应建议最高人民法院依照现行《人民法院组织法》的有关规定，尽快恢复经济审判庭，重建并加强经济司法，努力解决"执行难"问题。（3）要改革经济行政执法体制，提高经济行政执法队伍的法律素质，加强对经济行政执法的司法审查。现行经济行政执法体制至少存在两大弊端：一是职能混淆、身兼数职，既当主管、又当裁判，致使经济行政执法的公平性不足、公信力较低；二是执法权分散、随意性强，侵犯经营权的现象屡有发生，降低经济行政执法的声誉。因此，必须按照"社会公平和正义"的要求对现行经济行政执法体制进行重大的改革和创新。（4）同时还要加强经济仲裁工作，提高经济仲裁的质量及其自主履行率。这些问题一旦解决，经济法的实施效应就将大大改善和提高，经济法治在落实"科学发展观"

"构建社会主义和谐社会"中的作用和地位必将大大增强和提高。

（三）抓紧制定《反垄断法》和《宏观调控基本法》

虽然经济立法的任务繁重，但从全局看，最为紧迫的就是制定《反垄断法》和《宏观调控基本法》。

1. 对抓紧制定《反垄断法》的迫切性和重要性及其方案设计，学界论述已多，实际部门的起草工作也已进行多年，笔者也曾发表多篇论文，故此不再赘述，但有必要重申如下拙见：（1）反垄断立法必须充分关注国际上 WTO、经济全球化和知识经济发展的新形势以及国内行政垄断与跨国公司"入侵"形成的滥用知识产权优势和资本优势"土洋结合"的新特点，立足国情，与时俱进，合理应对，趋利避害，既要反对国内垄断，也要反对国际垄断；（2）必须要对行政垄断施行禁止、制裁和预防；（3）必须要对跨国公司"入侵"形成的滥用知识产权优势和资本优势的垄断行为及其与国内行政垄断"土洋结合"进行警惕、预防和制裁；（4）应奉行"效率优先兼顾公平"的原则，以行为主义为主导兼顾结构主义，将反垄断的重点放在制裁限制竞争造成低效率的各种垄断行为上，并应与反不正当竞争立法的实行更紧密结合；（5）要明确规定"域外效力原则"，并应加强多种形式的国际协作等[1]。

2. 对抓紧制定《宏观调控基本法》的迫切性和重要性及其方案设计，学界也已有论述，笔者也曾论及。此处仅简要重申如下拙见：（1）《宏观调控基本法》在经济法律体系中已经上升到"龙头"或

---

〔1〕 详见黄欣、周昀：《行政垄断与反垄断立法研究》，载《中国法学》2001 年第 3 期；黄欣：《反垄断法应当具有的先进性》，载《法制日报》2001 年 9 月 16 日；黄欣：《我国反垄断立法应当关注三大问题》，载《中国行政管理》2002 年第 12 期等。

"核心"的地位，尤其是在贯彻落实"科学发展观"和"和谐社会"方针的新任务中，其作用则更加重大；（2）《宏观调控基本法》必须充分体现"科学发展观"和"和谐社会"方针及其"核心"价值——"社会公平和正义"，充分总结和提升近几年我国宏观调控的新经验并充分借鉴国外有益经验，扩大宏观调控的领域，丰富宏观调控的手段，平衡宏观调控的权利义务关系，强化宏观调控的责任制度，提高宏观调控的质量、权威及效益；（3）必须把自然生态环境保护和建设、资源（尤其是土地、水、森林、草原、野生动植物等）和能源的保护开发利用及节约、社会发展（尤其是人口、卫生、教育、文化、体育等）以及政治文明（尤其是民主、法治）和精神文明建设纳入宏观调控的范围，努力做到"统筹兼顾、全面、协调、可持续发展"；（4）必须充分体现"社会公平和正义"，合理配置宏观调控中的权利义务及其责任关系，从根本上改变过去经济立法中政府"揽权诿责"的通病，从而为政府"依法行政"、建设"有限型、责任型、法治型、服务型政府"创造法制基础；（5）国内外的实践经验均已反复证明，不能把所有宏观调控权全都授予政府。直言之，必须把将动用巨额国有资产及与国计民生关系重大事项的宏观调控决策权留给全国人大或其常委会，实行民主决策，不能让政府多次擅自动用巨额国有资产救助银行、证券公司及其他国有企业的事件再度发生。因为国内外的实践经验均已反复证明，这样做既无法律依据，更不符合市场规则，而且也起不到对其拯救振兴之目的，最多只能起到"打鸡血"那样短暂刺激的作用，并且可能造成更大的道德风险、继续导致国有资产损失的后果是难以估量的，等等[1]。

---

[1] 详见黄欣：《科学发展观与经济法创新关系论纲》，2004年12月中国经济法学研究会年会论文集及其光盘。

第二部分

宏观调控法

① 试论国营企业利改税

——财政部《关于国营企业利改税试行办法》初探

按语：此文首发于《中国政法大学学报》1984年第1期第51~56页转第57~58页、约7.6千字，当时署名赭风是黄欣临时用笔名；此次重发，除订正了个别字词外，内容未做任何变动。

社会主义社会的经济改革是一场自觉的革命活动。这种自觉性的一个重要表现，就是由国家制定经济法规来指导和保障改革的进行。今年（1983年）4月国务院批转的财政部《关于国营企业利改税试行办法》（以下简称《利改税试行办法》）就是指导和保障我国社会主义经济改革的重要法规。《利改税试行办法》调整国家与国营企业之间在分配国营企业利润中所产生的经济关系，及其所派生出来的财政、税务、财务管理关系，属于经济法的范畴。密切结合现时经济改革，深入研究并积极宣传经济法规，是经济法学教学和研究工作者义不容辞的责任。

一

按照马克思主义的基本原理，法律是一定社会经济基础上所产生的上层建筑，它根源于现实的物质生活条件。因此，对它的考察和研究，必须注重从其赖以产生的物质生活条件入手。这一基本原理不仅普遍地适用于各个部门法，而且尤其适用于经济法。这是因为，经济法是直接反映经济基础、调整经济关系的法律，它与现实物质生活条件之间的密切关系较之其他各部门法更为显著。因此，我们在考察和研究各个经济法规时，应当首先考察它所赖以产生的全部物质生活条件，特别是在其中起主导作用的经济关系，即该经济法规所调整的主要经济关系。所以，在我们研究国营企业利改税的法规时，有必要首先对国家和企业在分配利润中所产生的经济关系状况，作简要的回顾和分析，这有助于我们充分认识国营企业利改税的必要性和重要意义。

国营经济是社会主义全民所有制经济。国营企业实现的利润，通过什么方式上交给国家财政，以保证国家财政收入的稳定增长？国营企业依其经营管理水平不同，如何得到相应的经济利益，以调动和促进其生产积极性？国家怎样用有关的经济法规来调整国家和企业之间的分配关系？这些问题都是发展国民经济、进行社会主义建设所必须正确解决的。众所周知，新中国成立后，我国在对国营企业资金的分配和使用上，逐步建立并形成了一整套统收统支的管理制度。不能否认，这种管理制度曾经对集中国家财力、通盘安排国家经济和社会发展计划起过一定的积极作用。但是到后来，它已越来越不适应经济和社会发展的需要，暴露出"吃大锅饭"、搞平均主义、束缚企业手脚等弊端。这样，改革此种已不适应生产力发展需要的管理制度就日益成为必然的趋势。根据 1978 年 4 月 20 日中共中央《关于加快工业发展若干问题的决定（草案）》（即《工业三十条》）和同年 11 月 25 日国务院批转的财政部《关于国营企业试行企业基金的规定》，开始了这方面的改革。提取企业基金的办法，对于促进企业改善经济管理，努力完成国家计划起了一些积极作用。但是按照这个办法，企业只要完成了国家下达的计划指标，就可以按工资总额的固定比例提取企业基金。然而那些经营管理出色、为国家多创收的企业却并不能得到更多的经济利益。因此，它未能彻底解决平均主义、"吃大锅饭"的问题。

党的十一届三中全会以后，随着国民经济"调整、改革、整顿、提高"八字方针的贯彻执行，国务院于 1979 年 7 月 13 日同时批准颁发了《关于扩大国营工业企业经营管理自主权的若干规定》《关于国营企业实行利润留成的规定》等五个改革经济管理体制的重要经济法规。财政部、国家经委和人民银行也随之发布了相应的规章，从而进一步改革了国营企业的资金管理和利润分配制度，扩大了企业的财权。这一改革是先由各省、市、自治区选择有条件的企业组织试点，然后逐步推广到更多企业。此后，在农村多种形式经济责任制的启示和推动下，国营企业又开始试行多种形式的利润包干或盈亏包干责任制。到 1981 年底，国营企业已普遍实行利润留成、盈亏包干等多种形式的经济责任制，初步调整了国家与企业之间的利润分配关系，扩大了企业的财权，增加了企业的财力，进一步调动了企业和职工的积极性；这较之企业基金制度无疑又前进了一大步。但是，几年来的实践经验证明，利润留成还不是最理想的办法，尚有如下一些难以克服的不足之处：一是因企业之间的情况千差万别，所以利润分成的基数和比例很难定得合理，容易造成企业间不合理的分配不均现象；二是由于利润分成的基数和比例几年之内不变，不能适应不断发展的经济形势，也不利于充分发挥经济杠杆的作用；三是因为企业上缴利润同地方部门的经济利益挂得很紧，在物质利益上仍无法摆脱它们过多的、不必要的行政干预，影响企业遵循客观经济规律开展活动；四是因利润分成基数和比例不固定，企业同国家间的利润分配关系仍不稳定，并且缺乏强有力的法制保障，这就既不能保证国家财政收入的稳定增长，企业和职工的收益也不稳定可靠。由此可见，"利润留成"只是一种暂时的、过渡性的办法，不宜长期实行，因而必须另辟蹊径，寻找更好的改革办法。

社会主义建设的实践表明，经济管理体制的改革势在必行，但改革的具体方向和具体途径又有待于进行多方面的探索、比较和权衡后方能确定下来。正因为如此，自 1979 年以来，国家在实行企业基金、利润留成、盈亏包干等办法的同时，又先后在 18 个省、直辖市、自治区对 465 户不同类型的国营工交企业进行了利改税试点；财政部于 1981 年 3 月 10 日发布了《关于国营工业企业试行以税代利的几项规定》。尽管各地的具体做法不尽相同，但从获得的经济效益看，总的来说是比较好的。《关于第六个五年计划的报告》指出："参加试点的全部企业，销售收入的增长明显地高于总产值的增长，特别是实现利润和上交税费的增长，大大高于总产值和销售收入的增长，说明它的经济效益有了很大提高。而且，在企业实现利润增长的部分中，保证了大部分以税金和资金占用费的形式上缴国家，企业所得也增加了，对国家和企业都有利。因此，把上缴利润改为上缴税金这个方向，应该肯定下来。"综上可见，"利改税"是我国国营企业利润分配制度改革进一步深入发展的必然结果，是经过充分酝酿、几年试点和对比分析后选定的正确方向。利改税吸取了以前改革中的成功经验，并能较好地避免其他利润分配制度中的缺陷，因而较之其他办法具有更多的优越性。这主要表现在以下几个方面：

第一，实行利改税，国家以税法的形式明确规定国家同国营企业之间的利润分配关系，使这种关系法律化、制度化。这就既能以税的无偿性、固定性和强制性等固有属性，确保国家从国营企业实现的利润中拿到"大头"，保证国家财政收入的稳定增长；又能使企业的义务缴纳固定明确、简单易行，避免了各种形式的利润留成办法中容易产生的吵基数、争比例的问题，以及经常调整分成基数和比例等弊端。同时，国家还可以根据宏观经济管理的需要，通过调整税种和税率以及实行加征和免征等措施，充分发挥税收这一经济杠杆调节生产和分配的作用，做到有所鼓励、有所限制，以促进国家计划的实现和经济建设的平衡发展。

第二，利改税完成后，税后留利全归企业支配，这就进一步扩大了企业的财权，增加了企业的内在动力，使企业感到有奔头；企业纳税后要承担自负盈亏的责任，这又加重了企业的外部压力，使企业深感非努力便不能生存下去。有了这样的动力和压力，企业就增加了活力，就会促使企业努力改善经营管理、尽快建立和完善内部经济责任制，在发展生产、提高经济效益上狠下功夫，在为国家多创财富的同时多得收益。这就有可能从根本上解决吃大锅饭的问题，彻底冲破过去那种统收统支的管理体制的束缚，使国营企业真正成为内有动力、外有压力，权利、义务和责任分明，奋发上进，生机勃勃的相对独立的经济实体。

第三，实行利改税后，各级各类企业不论其隶属关系如何，都只向国家履行一种经济义务，即依法向中央和地方纳税。这就有可能使企业逐步摆脱对"块块"和"条条"的依附，大大减少不必要的行政干预，使企业可以根据计划经济为主、市场调节为辅的原则，合理安排自己的生产经营活动，按照专业化和协作化的原则组织经济联合，畅通流通环节，加速生产和交换的社会化进程；同时，也有利于国家按照客观经济规律调整企业结构，有利于经济管理体制的总体改革。

总之，利改税是国营企业利润分配制度改革的正确方向，必须坚决地推广实行。同时，由于这场改革直接涉及国家、企业和职工三者利益，在实行过程中还会不断提出新问题，因而必须坚持从实际出发、实事求是的原则，将革命精神同科学态度很好地结合起来，继续在实践中进行探索和总结，以求不断丰富和完善现行办法。

二

国营企业利改税是国家和企业之间分配关系的重大变革，是我国整个经济管理体制改革的一个重要方面。按照《关于第六个五年计划的报告》的部署，这场重大改革分两步进行。目前实行的是第一步，对国营大中型企业实行税利并存，即对企业实现的利润，先征收一定比例的所得税，再根据企业的不同情况，对税后利润采取多种形式在国家和企业之间合理分配；第二步，在经济体制改革基本配套、价格调整趋于合理以及企业管理水平逐步提高的基础上，再全部实行利改税。对国营小型企业，从现在起就实行利改税。国务院今年（1983 年）4 月批转的《利改税试行办法》是对前几年利改税试点工作经验的概括和总结，是党和政府关于利改税政策的第一步具体化、条文化和规范化，是指导和保障目前正在进行的这场改革的基本经济法规。对这个法规，本文着重阐明以下几点：

1. 关于实行利改税的指导思想。《利改税试行办法》前言中明确规定了国营企业实行利改税的原则，指明了这次改革总的指导思想和目的，即要"有利于促进国营企业建立与健全经济责任制，进一步把经济搞活，正确处理国家、企业、职工三者利益，保证国家财政收入的稳定增长。"这就是要管住两头：一头是保护企业的积极性，有利于把企业搞活；一头是要确保国家财政收入的稳定增长，做到国家得"大头"，企业得"中头"，个人得"小头"。这两者是相辅相成的。搞活企业，使企业内有动力，外有压力，感到大有奔头且又非奔不可，这是发展生产、增加利润、确保国家财政收入稳定增长的前提和基础。同时，国家拿大头，国家财政收入的稳定增长，是保证国家集中财力搞好重点建设、实现国家经济和社会发展计划的迫切需要。国家兴旺发达，企业搞活经济才有广阔天地，才谈得上企业的出路。所以从全局看，国家拿大头同企业生产经营状况的改善、生产效益的提高、企业和职工收入的增加，是密切相关、完全一致的。正因为如此，正确处理国家、企业、职工三者利益和确保国家拿大头的重要原则，贯穿于《利改税试行办法》的始终。吃透这条原则的精神实质，是正确领会《利改税试行办法》、搞好这次重大改革的关键。

2. 《利改税试行办法》是一个完整的税收法律规范，它包括征税对象、税种、纳税人、税率、减免税、征税办法、税务管理和违法处理等项规定，并体现了税收法律制度的固定性、强制性和无偿性的特点。

《利改税试行办法》适用于实行利改税中进行独立经济核算的有盈利的国营企业，这些企业都是纳税单位。这次利改税开征的税种主要是所得税，所得税的征税对象是企业实现的利润，即企业从自己生产经营活动中获得的纯收入以及其他合法收入。拿国营工交企业来说，其实现利润就是：企业产品销售利润，加其他销售利润，加（减）营业外收入（支出）。当然纳税单位的实际应征税额，要根据实现利润，减去国务院、财政部有关规定中允许扣除的不纳所得税项目的金额计算。在国营工交企业中，分给联营单位的利润、国务院和财政部规定留给企业的单项留利、国家安排的基本建设拨款改贷款项目投产后实现的利润用于归还基建贷款的部分，企业用专项贷款项目投产后该项目新增利润归还专项贷款的部分，均属从企业实现利润中扣除的免征额。《利改税试行办法》关于缴纳调节税的规定，适用于国营大中型企业所得税后的利润超过核定留利水平的一部分企业。国营大中型企业在交所得税后的利润，还应上交国家的一部分，可根据企业不同情况，采取递增包干上交、固定比例上交、缴纳调节税、定额包干上交等办法。

纳税单位向国家纳税，是向国家尽义务的法律行为，税金是国家无偿取得的财政收入。为了保证国家财政收入，税法上都要规定税率。税率是税额与征税对象的比值，是计算税额的尺度，直接关系到国家财政收入的稳定和纳税单位义务的多少，关系到税收杠杆对经济调节作用的发挥，因而是税制中的一个关键性要素。《利改税试行办法》对国营企业所得税规定了两类三种税率：一类是比例税率，即不分征税对象的数额多少，只规定一个百分比的税率。例如，国营大中型企业（包括金融组织）所得税的税率为55%；而营业性宾馆、饭店、招待所和饮食服务公司所得税的税率则为15%。另一类是八级超额累进税率，即根据征税对象的数额多少将其划分为八个等级，分别规定八个不同的比例税率：全年所得额在300元的，税率为7%，这是最低一级；全年所得额超过80 000元的部分，税率为55%，这是最高一级。国营小型企业和县以上供销社适用这种税率。至于国营大中型企业缴纳所得税后的利润应上交国家的部分，采取交调节税的办法处理，调节税的税率，则按企业应上交国家的利润部分占实现利润的比例确定。应纳所得税、调节税的国营企业，都应按规定的税率向国家尽纳税义务。《利改税试行办法》不但根据"区别对待、合理负担"的原则规定了税率，而且对企业的税后留用利润也明确了要合理分配使用，规定要用税后留利建立新产品试制基金、生产发展基金、后备基金、职工福利基金和职工奖励基金。并且规定，前三项基金的比例不得低于留利总额的60%，后两项基金的比例不得高于40%，由省、直辖市、自治区人民政府根据实际情况作出规定。上述税率和税后留利使用的规定，充分说明《利改税试行办法》贯彻了正确处理国家、企业和职工三者利益的总原则，具体落实了国家得"大头"、企业得"中头"、个人得"小头"的分配原则。

税法的强制性突出表现在违反税法的法律责任及其追究上，这是税收法律制度中的重要一环。由于此次利改税尚属第一步，即税利并存，所以《利改税试行办法》就交税和交利两个问题合并规定："国营企业应当根据财税部门核定的时间，按期预交所得税和上交利润。逾期不交的，财税部门应当根据滞纳数额，按日加收千分之一的滞纳金，由企业从留利中支付。对于屡催不交的企业，财税部门应当通知银行，将其滞纳税款和利润连同滞纳金一并在企业存款中扣交。"并且进一步规定："国营企业不得偷漏所得税和应当上交的利润。发现有弄虚作假行为的，应当处以相当于侵占国家收入一倍以下的罚款，由企业从留利中支付。对企业领导人员和直接责任者，还要追究行政责任。情节严重、触犯刑律的，由财税部门移送司法机关，追究刑事责任。"由此可以看出，《利改税试行办法》规定了两类相互联系的违法责任：一类责任是纳税单位的经济责任，这种制裁通过要求违法纳税单位缴纳滞纳金和罚款两种办法，直接减少其物质利益，使其受到惩戒和教育。这里的滞纳金实质上也是一种罚款，即逾期支付的罚款，不过比之企业间通过银行结算的逾期付款的罚款要重得多；前者每日加收税金的千分之一，后者每日偿付应付款的万分之三。这样规定是合理的。因为违反税法、影响国家按期如数得到财政收入，直接损害国家利益，这种违法行为，较之企业之间的违约行为显然严重得多，理应给以较重的制裁。对纳税单位的经济责任，直接由财税机关依法认定和追究，不需要通过法院、仲裁机关及其他管理机关。对于屡催不交的企业，可通知人民银行协助执行，在企业存款中扣交。另一类责任是违法纳税单位领导人员和直接责任者个人应负的行政责任和刑事责任，这种制裁由财税部门移交行政机关和司法机关依法处理。此种关于个人责任的规定对加强社会主义税制是十分必要的。此外，按财政部有关法规的规定，纳税单位不依照规定纳税，任何人都可以检举揭发，经税务机关查实处理后，可以对检举揭发人给予表彰或者适当的物质奖励，并为其保守秘密。这个规定体现了财税机关专门管理和群众监督相结合的原则，是鼓励群众同违反税法行为作斗争，以保障利改税工作顺利进行的一项重要措施。

此外，《利改税试行办法》对暂不或暂缓实行利改税的国营企业的具体范围、民族自治地区的利改税工作、对不同性质亏损企业有不同的亏损补贴办法和界限、所得税的上交和管理等重要问题，也都作了明确规定。

总之，这个《利改税试行办法》是经过充分调查研究之后、从我国具体国情出发制定的，是对全国几百个有各种代表性的国营企业进行利改税试点实践经验的概括、总结和提高，它体现了"三兼顾"和确保"国家得大头"的指导思想，贯彻了从实际出发、区别对待和合理负担的精神，坚持了原则性与灵活性相结合的立法原则，因而是指导和保障这次改革顺利进行的一个十分重要的基本性的经济法规。

三

实行利改税，并不改变国营企业所有制的性质。有人担心，国营企业实行利改税，以税代利，会改变国营企业生产资料所有制的性质。这是不必要的。因为：第一、利润分配形式的改变并不涉及生产资料所有制；第二、社会主义国家向国营企业征收的税金同其他税金性质是有区别的。实行利改税，所改变的仅仅是国营企业向国家进行义务缴纳的形式，涉及的仅仅是国营企业同国家之间的利润分配关系，并不涉及生产资料所有制的性质。其实，新中国成立三十多年来，国家提取国营企业纯收入的形式，一直是税、利并存的，既征收工商税，又收取利润。实践证明，这样做并不改变国营企业全民所有制的性质。现在实行利改税的第一步，对大、中型国营企业来说只是提高了交税的比例，即使以后完全以税代利也不会改变国营企业的所有制性质。因为社会主义国家，既是全民财产唯一的、统一的所有者，又是人民所赋予的全部政治权力的享有者和行使者，向国营企业提取利润的形式，既可以采用收利的形式，也可以采用征税的形式。国家向国营企业征收税金、聚集财政收入，这完全是同一所有者内部利润分配的问题，并不发生生产资料所有权的转移。国家向国营企业征收的税金，同它向集体企业以及其他中外合资企业、外资企业、公民个人等所征的税金在性质上是不同的，当然更不能将其与剥削阶级国家的税收性质相提并论，因为后几种都有财产所有权的转移问题。因此，切不可将国营企业利改税中的税同其他不同性质的税收混为一谈。实际上，实行利改税后：①不仅国营企业的原有固定资产和流动资金仍全部归国家所有，而且企业利用自己的留利新添的固定资产和流动资金也同样归国家所有；②企业的整个生产经营计划仍然要服从国家计划的统一安排，贯彻计划经济为主、市场调节为辅的指导方针；③企业自有资金的提取和使用仍然要受到国家计划、政策和法律的严格管理；④企业的工资总额及发放办法，职工福利基金和职工奖励基金的总额和使用办法，都仍然要严格符合国家的有关政策和法律。

总之，国营企业仍然是在新宪法第16条规定的范围内，即"在服从国家的统一领导和全面完成国家计划的前提下，在法律规定的范围内，有经营管理的自主权"。担心利改税会改变国营企业全民所有制的性质是没有必要的。

国营企业利改税目前正在《利改税试行办法》的指导下在全国范围内铺开。随着这项重大改革的深入发展，经验会越来越丰富，路子会越走越明确、越宽广。只要我们善于总结经验，注重法制建设，一个切合我国实际的、更为完善的国营企业税收法律制度，一定会伴随着这次改革的胜利而逐步建立和健全起来。

② 金融服务现代化与金融法治建设关系之研究

按语： 此文是笔者出席于 2002 年 10 月 10～11 日在黑龙江省哈尔滨市举办的"十三省市自治区法学会第十八次经济法研讨会"大会的发言稿，约 28 千字，获评其唯一的一等奖。此为全文首发，未做任何修改；但此文的部分内容曾以《关于我国金融法治重构的思考》为题首发于《中国法学》2002 年 8 月第 4 期第 74～81 页、并被收录于机械工业出版社 2004 年 1 月版《中国经济法学精萃（2003 年卷）》第 265～275 页，且获得第二届 WTO 研讨会二等奖。

中共中央、国务院于今年 2 月 5 日至 7 日再次在北京召开全国金融工作会议。江泽民同志在会上作了重要讲话，全面总结了 1997 年 12 月全国金融工作会议以来的金融工作，深刻分析了国内外经济金融的新形势和金融工作的重要性，明确提出了今后一个时期金融工作的指导方针和主要任务。会议指出，在新的发展时期金融工作的指导方针是，坚持以邓小平理论和江泽民同志"三个代表"重要思想为指导，进一步加强金融监管，深化金融企业改革，改进金融服务，整顿金融秩序，防范和化解金融风险，维护国家金融安全，促进国民经济持续快速健康发展。"十五"期间金融工作的主要任务是，进一步完善金融机构体系、市场体系、监管体系和调控体系，努力实现金融监管和调控高效有力、金融企业经营机制健全、资产质量和经济效益显著改善，金融市场秩序根本好转，金融服务水平和金融队伍素质明显提高，全面增强我国金融业竞争力[1]。从法治的角度看，这既为我国今后金融法治工作提出了新任务，同时也为如何健全金融法治指明了方向和重点。

一、适应社会主义市场经济和金融发展的金融法治框架已经基本形成

自从党的十四大和八届人大一次会议分别于 1992 年 10 月和 1993 年 3 月决定"实行社会主义市场经济"并分别载入新修改的《中国共产党章程》和《宪法》以来，我国经济管理体制的改革、开放、发展以及经济法治建设都驶入了快车道，获得了更加持续快速健康的发展。我国金融业的改革、开放、发展以及金融法治建设也是如此，并且更加突出。经过近十年的努力，我国金融法治建设已经取得长足的进展，已经初步构建了比较适合现阶段国情需要的金融法治基本框架，即分业经营、分业监管的金融法治框架，并为今后进一步健全金融法治积累了比较坚实的制度基础和经验基础。

（一）金融立法成效卓著

这集中表现在金融立法的多层次性和注重适用性上。我国现行《宪法》规定的立法体制具有多层次性，立法权的行使分工明确，层次清楚，配合得当。九届人大三次会议于 2000 年 3 月 15 日通过的《立法法》对现行《宪法》规定的多层次性立法体制作了进一步的归纳和细化。根据现行《宪法》和《立法法》的规定，各层次的有权立法机关都依据各自的法定职权，都在突出重点、注重适用的前提下，积极推进金融立法，共同为尽快解决金融业"有法可依"的

---

〔1〕 参见《人民日报》2002 年 2 月 8 日。

问题而努力奋斗。

1. 全国人民代表大会集中精力抓"龙头"，率先于 1995 年 3 月 18 日通过《人民银行法》这一"金融基本法"，从而为其他各种金融立法奠定了基础。

2. 全国人大常委会先后于 1995 年 5 月 10 日和 6 月 30 日通过了《商业银行法》《票据法》《保险法》和《担保法》，又于 1998 年 12 月 29 日和 2001 年 4 月 28 日分别通过了《证券法》和《信托法》，从而基本上解决了骨干金融机构的法律地位和基本金融市场的法律制度问题，即初步构建了分业经营、分业监管的现行金融法律体制。

3. 国务院依法陆续颁布和批准了一系列金融行政法规，以及时解决上述金融法律的实施问题以及金融领域新出现的具有全国性的重要法律问题。其中最突出的有《外汇管理条例》（1996 年 1 月 29 日发布，1997 年 1 月 14 日修正）、《中国人民银行货币政策委员会条例》（1997 年 4 月 15 日）（以下括号内均为施行日）、《票据管理实施办法》（1997 年 10 月 1 日）、《证券投资基金管理暂行办法》（1997 年 11 月 14 日）、《非法金融机构和非法金融业务活动取缔办法》（1998 年 7 月 13 日）、《关于骗购外汇、非法套汇、逃汇、非法买卖外汇等违反外汇管理规定行为的行政处分或者纪律处分暂行规定》（1999 年 1 月 25 日）、《金融违法行为处罚办法》（1999 年 2 月 22 日）、《期货交易管理暂行条例》（1999 年 9 月 1 日）、《中国证券监督管理委员会股票发行审核委员会条例》（1999 年 9 月 16 日）、《人民币管理条例》（2000 年 5 月 1 日）、《国有重点金融机构监事会暂行条例》（2000 年 3 月 15 日）、《个人存款账户实名制规定》（2000 年 4 月 1 日）、《证券交易所风险基金管理暂行办法》（2000 年 4 月 4 日）、《证券结算风险基金管理暂行办法》（2000 年 4 月 4 日）、《金融资产管理公司条例》（2000 年 11 月 10 日）、《关于减持国有股筹集社会保障资金管理暂行办法》（2001 年 6 月 6 日）、《金融机构撤销条例》（2001 年 12 月 15 日）、《外资金融机构管理条例》（2002 年 2 月 1 日）。

4. 中国人民银行、中国证券监督管理委员会和中国保险监督管理委员会以及国务院其他职能管理部门依法单独或联合制定了一大批有关对金融机构及其金融业务进行规范、管理和监管的部门规章。其中最具典型意义的有：①中国人民银行制定的规章，如《金融诈骗案件协查管理办法》（1997 年 5 月 15 日）、《加强金融机构内部控制的指导原则》（1997 年 5 月 16 日）、《防范和处置金融机构支付风险暂行办法》（1998 年 3 月 1 日）、《关于改革存款准备金制度的通知》（1998 年 3 月 24 日）、《农村信用合作社机构管理暂行办法》（1998 年 4 月 20 日）、《个人住房贷款管理办法》（1998 年 5 月 9 日）、《汽车消费贷款管理办法（试点办法）》（1998 年 9 月 11 日）、《政策性银行金融债券市场发行管理暂行规定》（1998 年 11 月 28 日）、《关于金融机构营业场所、金库安全防护暂行规定》（1999 年 1 月 1 日）、《关于加强彩票市场管理的通知》（1999 年 1 月 25 日）、《人民币利率管理规定》（1999 年 4 月 1 日）、《关于加强信用证管理的通知》（1999 年 4 月 16 日）、《基金管理公司进入银行间同业市场管理规定》和《证券公司进入银行间同业市场管理规定》（1999 年 8 月 19 日）、《关于金融机构在人民银行准备金存款科目下账户内资金性质有关问题的通知》（1999 年 9 月 11 日）、《金融机构高级管理人员任职资格管理办法》（2000 年 3 月 24 日）、《全国银行间债券市场债券交易管理办法》（2000 年 4 月 30 日）、《企业集团财务公司管理办法》和《金融租赁公司管理办法》（2000 年 6 月 30 日）、《外资银行并表监管指导意见》（2000 年 9 月 15 日）、《商业银行表外业务风险管理指引》（2000 年 11 月 9 日）、《行政处罚程序规定》和《行政复议办法》（2001 年 2 月 1 日）、《关于进一步加强和改进现金管理有关问题的通知》（2001 年 4 月 10 日）、《关于规范银行业协会管理的若干意见》（2001 年 6 月 19 日）、《网上银行业务管理暂行办法》（2001 年 6 月 29 日）、《商业银行境外机构监管指引》（2001 年 8 月 9 日）、《关于加强会计联行管理有关事项的通知》（2001 年 9 月 29 日）、《关于加强开办银行承兑汇票业务管理的通知》（2001 年 11 月 2 日）、《关于进一步规范非银行金融机构业务经营的通知》（2001 年 11 月 9 日）、《关于加强对农村信用社监管有关问题的通知》（2001 年 12 月 6 日）、《农村信用合作社农户小额贷款管理指导意见》（2001 年 12 月 7 日）、《关于全面推行贷款质量五级分类管理的通知》及其附件《贷款风险分类指导原则》（2001 年 12 月 19 日）、《统一境内中、外资金融机构的外币存、贷款利率管理政策》（2002 年 3 月 4 日）、《关于落实〈商业银行中间业务暂行规定〉有关问题的通知》（2002 年 4 月 22 日）、《关于落实〈网上银行业务管理暂行办法〉有关规定的通知》（2002 年 4 月 24 日）、《关于中资商业银行市场准入管理有关问题的通知》（2002 年 4 月 24 日）、《银行贷款损失准备计提指引》（2002 年 1 月 1 日）、《关于中资商业银行购汇补充外汇资本金的通知》（2002 年 4 月 14 日）、《信托投资公司管理办法》（2002 年 5 月 9 日修订并开始施行）、《商业银行信息披露暂行办法》（2002 年 5 月 15 日）、《股份制商业银行公司治理指引》和《股份制商业银行独立董事和外部监事制度指引》（2002 年 5 月 23 日），等等。②中国证券监督管理委员会制定和批准的规章，如《境内上市外资股（B 股）公司增资发行 B 股暂行办法》（1998 年 2 月

24 日）、《证券、期货投资咨询管理暂行办法实施细则》（1998 年 4 月 23 日）、《证券经营机构高级管理人员任职资格管理暂行办法》（1998 年 12 月 11 日）、《上市公司股东大会规范意见》（1998 年 2 月 23 日）、《外国证券类机构驻华代表机构管理办法》（1999 年 4 月 22 日）、《期货交易所管理办法》和《期货经纪公司管理办法》（1999 年 9 月 1 日）、《期货经纪公司高级管理人员任职资格管理办法》和《期货业从业人员资格管理办法》（1999 年 9 月 1 日）、《股票发行上市辅导工作暂行办法》（2000 年 3 月 16 日）、《证券交易所管理办法》（2001 年 12 月 12 日）、《亏损上市公司暂停上市和终止上市实施办法（修订）》（2002 年 1 月 1 日）、《证券账户管理规则》（2002 年 5 月 1 日）、《外资参股证券公司设立规则》和《外资参股基金管理公司设立规则》（2002 年 7 月 1 日起施行），等等。③中国保险监督管理委员会制定和批准的规章，如《保险机构高级管理人员任职资格管理暂行规定》（1999 年 1 月 11 日）、《保险业对外宣传管理暂行规定》（1999 年 1 月 19 日）、《保险监管报表管理暂行办法》（1999 年 2 月 23 日）、《机动车辆保险监制单证管理规定》（1999 年 4 月 1 日）、《保险公司购买中央企业债券管理办法》（1999 年 5 月 20 日）、《保险公司投资证券投资基金管理暂行办法》（1999 年 10 月 29 日）、《外资保险机构驻华代表机构管理办法》（1999 年 11 月 26 日）、《向保险公司投资入股暂行规定》（1999 年 12 月 24 日）、《保险公司管理规定》（2000 年 3 月 1 日）、《人身保险产品备案管理暂行办法》（2000 年 2 月 3 日）、《分红保险管理暂行办法》（2000 年 2 月 18 日）、《投资连结保险管理暂行办法》（2000 年 2 月 18 日）、《人身险法定分保条件实施细则》（2000 年 1 月 1 日）、《人身保险产品定名暂行办法》（2000 年 3 月 23 日）、《长期健康险法定分保条件》（2000 年 4 月 1 日）、《向保险公司投资入股暂行规定》（2000 年 4 月 1 日），等等。④联合发布的规章。如：中国人民银行和财政部于 1999 年 7 月 9 日联合发布的《凭证式国债质押贷款办法》，中国人民银行和中国证券监督管理委员会于 2000 年 2 月 2 日联合发布《证券公司股票质押贷款管理办法》，中国人民银行和财政部于 2000 年 7 月 14 日联合发布《会计师事务所从事金融相关审计业务暂行办法》，中国人民银行、财政部、国务院扶贫开发领导小组办公室和中国农业银行于 2001 年 6 月 11 日联合发布《扶贫贴息贷款管理实施办法》，中国人民银行、财政部、教育部和国家税务总局于 2001 年 7 月 27 日联合发布《关于进一步推进国家助学贷款业务发展的通知》，中国人民银行、国家经济贸易委员会、国家工商行政管理总局和国家税务总局于 2001 年 10 月 12 日联合发布《关于规范黄金制品零售市场有关问题的通知》，中国保险监督管理委员会和国家工商行政管理总局于 2002 年 2 月 1 日联合发布《保险公司营销服务部管理办法》，中国证券监督管理委员会、国家计委和国家税务总局于 2002 年 4 月 4 日联合发布《关于调整证券交易佣金收取标准的通知》，等等。

5. 地方金融法规和规章。如《广东省反假货币办法》（1997 年 2 月 1 日）、《上海市住房公积金个人购房贷款管理办法》（1999 年 10 月 1 日）等。

从上述所列部分金融法律、法规和规章的名称中即可看出，近十年来我国的金融立法不仅层次多，数量大，涉及面广，而且注重适用。这主要表现在三个方面：首先是集中力量优先解决金融业发展过程中最急需、最重要的金融立法问题；其次是根据问题涉及的层面不同而分别进行不同层次的金融立法。如具有全国性基本性的重大问题由全国人大及其常委会予以立法；而具有全国性的重要问题则由国务院行政法规予以解决；其他全国性的部门或行业或专门性问题则由部门规章予以解决；而地区性问题或者虽有全国性但因全国发展很不平衡而先在某个地区首先突出的则可由地方性法规或规章予以解决；最后是，无论哪个层次的金融立法都坚持民主性和科学性，都很严肃慎重，都十分注意在充分收集国内外广泛信息的基础上，在充分注意学习和借鉴国外有益经验的基础上，坚持立足国情，坚持能解决国内问题的适用性。适用性中既包括科学性，也包括民主性，而且是民主性和科学性的有机结合。实践证明，正因为始终注意贯彻了这种包括民主性和科学性的适用性原则，所以上述金融立法获得了很好的实施效果，为推动金融改革、整顿金融秩序、维护金融安全、促进金融发展，发挥了巨大的积极作用。

（二）依法分业监管，行政执法进展迅速

这主要表现在以下几个方面：

1. 到 1998 年底，金融分业监管体制基本构建完成。中国人民银行作为中央银行，主要负责全国商业银行（含境内外资银行和中资银行境外分支机构）、城乡信用社、邮政储蓄机构、信托投资公司、企业集团财务公司和金融租赁公司等金融机构的监管工作；中国证券监督管理委员会（以下简称"中国证监会"）统一监管全国的证券业和期货业；而新设立的中国保险监督管理委员会（以下简称"中国保监会"）则统一监管全国的保险业。政策性银行和金融资产管理公司由国务院直接监管（主要是通过财政、审计、计委等职能部门和派驻的监事会进行）。

2. 中国人民银行、中国证监会和中国保监会依法发布了一系列分业监管规章。前列金融规章中大多属于此类。

3. 从 2000 年 9 月开始，中国人民银行、中国证监会和中国保监会建立了金融监管联席会议制度，借以及时交流监管信息，协调解决相关监管问题，相互配合共同做好金融监管工作。

4. 中国人民银行、中国证监会和中国保监会依法实施分业监管，严格金融机构市场准入、退出和业务经营制度，督促各金融机构健全内部控制制度，指导各金融行业协会加强互助互律，以及查处各种金融违法行为，协助查处各种金融犯罪行为，为整顿金融秩序、防范和化解金融风险、推动金融发展和金融创新发挥了重要作用。近几年查处和协助查处的重大金融违法案件的突出案例主要有中国人民银行指导广东发展银行兼并收购中银信托投资公司（1996年），关闭中国农村信托投资公司（1997 年）、中国新技术创业投资公司和海南发展银行（1998 年），同意人民法院宣告广东国际信托投资公司破产（1999 年），以及撤销中国经济开发信托投资公司（2000 年 6 月）和中国光大国际信托投资公司（2002 年 1 月），等等。此外，2002 年 1 月 18 日，中国人民银行和美国货币监理署联合宣布，中国银行因其原纽约分行管理层在 1991 年至 1999 年期间的违规行为而应向美国货币监理署和中国人民银行分别缴纳 1000 万美元的罚款。这既体现了金融监管的严肃性，体现了两国金融监管机构的密切合作，也是对其他银行的警示，有利于促进银行业的审慎经营和健康发展[1]。需要特别指出的是，在这些重大金融案件中，金融机构的严重违规违法行为同有关人员的严重金融犯罪行为混杂一起，相互助恶，造成严重社会危害后果。金融监管机关依法查处这些重大金融案件，对防范和化解金融风险，维护金融业合规稳健

---

[1] 详见《金融时报》2002 年 1 月 19 日和 1 月 22 日。

运行起了很大作用。与此相关联的还有一事也很有意义，即今年（2002 年）2 月财政部决定吊销深圳中天勤会计师事务所的执业资格，并会同中国证监会吊销其证券、期货相关业务的许可证，同时吊销中天勤会计师事务所刘某荣和徐某文两人的注册会计师资格。其原因就是中天勤会计事务所及其注册会计师刘某荣和徐某文未能发现上市公司银广夏的严重财务问题，存在重大审计过失，严重损害了广大投资者的合法权益以及证券市场的公开、公平、公正原则，违反了《注册会计师法》和《中国注册会计师独立审计准则》。这一处罚对整顿金融中介服务秩序、重构金融信用制度起到了很好的震动和示范作用〔1〕。

（三）金融司法作用巨大

这主要表现在三个方面：

1. 查处金融犯罪，维护金融秩序，保护金融财产。司法统计表明，无论金融腐败犯罪和其他职务犯罪，还是破坏金融秩序犯罪以及金融诈骗犯罪，都很严重，造成的危害后果也是十分严重的，至今尚未得到有效遏制。例如，1999 年全国法院受理的破坏金融管理秩序的案件高达 7925 件，比 1998 年上升 69.3%，占所受理破坏经济秩序犯罪案件总数 14 409 件的一半以上；而受理的金融诈骗案件为 1661 件，比 1998 年上升 13.96%〔2〕。2000 年受理的这两类案件又分别上升 8.94%和 5%，即 8631 件和 1744 件。伪造、运输和贩卖假人民币的犯罪案件也呈上升趋势，2000 年审结的此类案件高达 4740 件，比 1999 年上升 12.14%，其中，卓某沅等 12 人制贩假人民币的犯罪数额高达 6 亿多元，是新中国成立以来最大的假币犯罪案

---

〔1〕 详见《金融时报》2000 年 2 月 28 日。
〔2〕 《中国法律年鉴（2000 年）》，中国法律年鉴社 2000 年版，第 123 页。

件[1]。在金融腐败和其他职务犯罪案件中，普遍数额巨大，有的职务很高，资格很老，如原中国国际信托投资公司副董事长金某琴贪污受贿案[2]。最高人民法院2001年1月21日下发的《全国法院审理金融犯罪案件工作座谈会会议纪要》指出："从法院受理案件的情况看，金融犯罪案件的数量在逐年增加；涉案金额越来越大；金融机构工作人员作案和内外勾结共同作案的现象突出；单位犯罪和跨国（境）、跨区域作案增多；犯罪手段趋向专业化、智能化，新类型犯罪不断出现；犯罪分子作案后大肆挥霍、转移赃款和携款外逃的情况时有发生，危害后果越来越严重。金融犯罪严重破坏社会主义市场经济秩序，扰乱金融管理秩序，危害国家信用制度，侵害公私财产权益，造成国家金融资产大量流失，有的地方还由此还引发了局部性的金融风波和群体性事件，直接影响了社会稳定。……依法打击各种金融犯罪是人民法院刑事审判工作一项长期的重要任务。"2001年，全国法院审结危害金融安全的犯罪案件共6650件，判处犯罪分子8906人。其中卢某群等人伪造货币5.6亿元案以及曹某飞等人集资诈骗3.2亿元案，主犯被依法严惩，震慑了犯罪分子[3]。司法机关依法查处这些金融犯罪案件，不仅打击了犯罪，维护了秩序，挽回了损失，而且为进一步健全金融法制，提供了反面素材、提出了建议。

2. 审理金融纠纷案件，维护当事人的合法权益。1999年全国审

---

[1] 《中国法律年鉴（2001年）》，中国法律年鉴社2000年版，第156、157页。

[2] 《中国法律年鉴（2000年）》，中国法律年鉴社2000年版，第15页。

[3] 经九届全国人大五次会议于2002年3月15日审议通过的《最高人民法院工作报告》。

结的各类经济合同纠纷案件共 141 万件，其中借款合同纠纷案件就近 60 万件，比 1998 年上升 11.33%；此外尚有股票、债券、票据、保险、金融租赁等其他金融合同纠纷案件共 12 578 件，比 1998 年上升 18.93%[1]。2000 年，全国共审结各类金融纠纷案件 486 543 件，比 1999 年下降 20.42%[2]。同时，最高人民法院还就金融纠纷案件作出了若干司法解释：《关于依法规范人民法院执行和金融机构协助执行的通知》（与中国人民银行联合发布，2000 年 9 月 4 日）、《关于审理票据纠纷案件若干问题的规定》（2000 年 11 月 14 日）、《关于冻结、拍卖上市公司国有股和社会法人股若干问题的规定》（2001 年 9 月 21 日）。金融关系的司法调节，为及时化解金融纠纷，维护当事人合法权益，进一步规范和促进金融业发展发挥了积极作用。

3. 审理金融破产案件，依法清除危机金融机构，维护金融业的系统安全。典型案例就是广东省高级人民法院于 1999 年 1 月 16 日依法宣告广东国际信托投资公司破产。

（四）金融法治知识迅速普及，金融法治意识正逐步确立

上述金融立法、金融行政执法和金融司法实践的迅速发展，再加上各种金融法治教育和金融法治宣传工作的有效进行，使得金融法治知识迅速在社会各界，首先是在金融业界不断地传播、普及起来，使人们开始逐步确立起金融法治的意识和理念，从而为金融法制的进一步健全奠定了很好的思想基础。

---

〔1〕 《中国法律年鉴（2000 年）》，中国法律年鉴社 2000 年版，第 126~128 页。
〔2〕 《中国法律年鉴（2001 年）》，中国法律年鉴社 2001 年版，第 162 页。

二、我国金融法治建设面临的新形势可以概括为金融服务现代化

金融服务业和金融法治都是不断发展变化的。二者关系的基本格局一般说来总是先由金融服务业的发展变化推动并决定着金融法治的变革方向和变革步伐；当然具有科学前瞻性的金融法治也能在一定程度上引导和促进金融业的改革和发展。无论属于哪种情况，摆在金融法治建设面前的首要任务，都是要正确认识和把握自己的规范对象，即认清当前金融服务业发展的新特点及其新趋势。那么，金融服务业当前发展的新特点及其新趋势究竟是什么呢？应该说，对于这个问题，国际国内的许多文献著述和演讲中都已有许多经典性的概括和描述。例如"金融全球化""金融自由化""金融网络化""金融综合化（混业化）"等。但笔者认为，上述这些概括虽然均具"经典性"，但均仅指出了金融服务业某一方面的特点和趋势，而没有对其进行整体概括。笔者认为：用"金融服务现代化"来整体概括金融服务业的发展新态势比较合适。

（一）WTO 已将金融业定义为"金融服务"

众所周知，金融业的发展源远流长，已经历了许多发展阶段。但从 20 世纪 70 年代，尤其是 90 年代以来，金融业的发展更有突飞猛进之势。其社会作用和社会地位迅速大幅度攀升。正如邓小平同志 1991 年视察上海时所说："金融很重要，是现代经济的核心。"这极大地提高了我国各级领导和全国人民对金融业的重视程度和金融意识，从而又极大地推动了我国金融业和金融法治前段时期的迅速发展。现在需要明确的首要问题是，从产业分类的角度看，金融业究竟属于第几产业？亦即金融业的产业属性是什么？对此 WTO 已有

明确规定。首先，WTO《服务贸易总协定》（GATS）第1条"范围和定义"第2款明确规定："就本协定而言，服务贸易定义为：（a）自一成员领土向任何其他成员领土提供服务；（b）在一成员领土内向任何其他成员的服务消费者提供服务；（c）一成员的服务提供者通过在任何其他成员领土内的商业存在提供服务；（d）一成员的服务提供者通过在任何其他成员领土内的自然人存在提供服务。"通常将上述这4种形式的服务贸易分别简称为（a）跨境交付；（b）境外消费（c）商业存在；（d）自然人流动。比较而言，其中的"商业存在"这种服务贸易更为重要。接着，该条第3款又明确规定："就本协定而言：……（b）'服务'包括任何部门的任何服务，但在行使政府职权时的服务除外；（c）'行使政府职权时的服务'指既不依据商业基础提供，也不与一个或多个服务提供者竞争的任何服务。"具体而言，《服务贸易总协定》（GATS）将其管辖的"服务"分为12个部门：①商业服务；②通信服务；③建筑和相关工程服务；④分销服务；⑤教育服务；⑥环境服务；⑦金融服务；⑧健康服务；⑨旅游服务；⑩娱乐文化和体育服务；⑪运输服务；⑫其他服务。其次，《服务贸易总协定》（GATS）的《关于金融服务的附件》进一步明确了金融服务领域如何适用《服务贸易总协定》的有关问题。尤其是该附件第5条明确规定："5. 定义：就本附件而言：（a）金融服务指一成员金融服务提供者提供的任何金融性质的服务。金融服务包括所有保险及相关服务，及所有银行和其他金融服务（保险除外）。金融服务包括下列活动：保险及相关服务：（i）直接保险（包括共同保险）：（a）寿险。（b）非寿险。（ii）再保险和转分保；（iii）保险中介，如经纪和代理；（iv）保险附属服务，如咨询、精算、风险评估和理赔服务。银行和其他金融服务（保险除外）：（ⅴ）接受公众存款和其他应偿还基金；（ⅵ）所有类型的贷款，包括消费贷款、抵押信贷、商业交易的代理和融资；（ⅶ）财务租赁；（ⅷ）所有支付和货币转移服务，包括信用卡、赊账卡、贷记卡、旅行支票和银行汇票；（ⅸ）担保和承诺；（ⅹ）交易市场、公开市场或场外交易市场的自行交易或代客交易：（a）货币市场工具（包括支票、汇票、存单），（b）外汇，（c）衍生产品，包括但不仅限于期货和期权，（d）汇率和利率工具，包括换汇和远期利率协议等产品，（e）可转让证券，（f）其他可转让票据和金融资产，包括金银条块。（ⅺ）参与各类证券的发行，包括承销和募集代理（无论公开或私下），并提供与该发行有关的服务；（ⅻ）货币经纪；（ⅹⅲ）资产管理，如现金或证券管理、各种形式的集体投资管理，养老金管理、保管、存款和信托服务；（ⅹⅳ）金融资产的结算和清算服务，包括证券、衍生产品和其他可转让票据；（ⅹⅴ）提供和传送其他金融服务提供者提供的金融信息、金融数据处理和相关软件；（ⅹⅵ）就（ⅴ）至（ⅹⅴ）目所列的所有活动提供咨询、中介和其他附属金融服务，包括信用调查和分析、投资和资产组合的研究和咨询、收购咨询、公司重组和策略咨询。（b）金融服务提供者指希望提供或正在提供金融服务的一成员的自然人或法人，但金融服务提供者一词不包括公共实体。（c）'公共实体'指：（ⅰ）一成员的政府、中央银行或货币管理机关、或由一成员拥有或控制的、主要为政府目的执行政府职能或进行的活动的实体，不包括主要在商业条件下从事金融服务提供的实体；或（ⅱ）在行使通常由中央银行或货币管理机关行使的职能时的私营实体。"

上述 WTO《服务贸易总协定》（GATS）及其《关于金融服务的附件》中关于"金融服务"的定义的内涵十分丰富，需要我们认真深入地研究和理解，以求准确而全面地把握其精神实质。其中如下两点无论对我国的金融改革、发展和创新还是金融法治的健全都尤为重要：一是WTO已将现代金融业明确定义为"金融服务"，即进一步明确规定了金融业属于服务业的产业属性，这就从根本上为我国的金融业改革、发展和创新指明了前进的方向，同时也为健全金融法治奠定了基础；二是WTO定义的"金融服务"的外延涵盖的范围十分广泛，大大超出了传统金融业的范围，反映了金融发展和金融创新的最新成果以及金融机构综合经营的最新发展趋势，从而为我国金融改革、发展和创新以及金融法治的健全指明了基本的发展框架。

为了进一步说明这个问题，现将美国1999年《金融服务现代化法》第一章"促进银行、证券公司和保险公司之间的联合经营"第一节"联合经营"第103条金融活动第（a）款概述第④项金融性质的活动中关于"金融服务"的规定引证如下："基于本款之目的，下列活动被视为金融业务：（A）借款、汇兑、转账调拨，为他人投资，货币或有价证券的安全保管；（B）在各州为预防损失、伤害、损害、疾病、残废、死亡而提供的保险、担保或赔偿业务，提供或发放养老年金，并且充当上述业务的委托人、代理人或经纪人；（C）提供金融服务、投资服务或经济咨询服务，包括（依照1940年《投资公司法》第3条之规定）为投资公司提供咨询服务；（D）发行或出售代表银行可以直接持有的资产集合基金利息的金融工具；（E）证券承销、证券交易或充当做市商；（F）从事联邦储备理事会在《金融服务现代化法》颁布之后以条例或命令确认的、与银行业或对银行的管理或控制密切相关的业务，可视同银行的辅助性活动（除非联邦储备理事会作出修改，否则，均以这些条例或命令的条文和条件为准）；（G）在美国从事以下任何活动：（ⅰ）银行控股公司可以在美国国外开展的活动；以及（ⅱ）联邦储备理事会依照上述条例或者对本条第（c）款第⑬项所作解释（在本《金融服务现代化法》颁布之日前生效的）所确认达到、与银行业或其他金融业务的国外交易有正常关系的业务。"

如果将美国 1999 年《金融服务现代化法》的上述规定同 WTO 的前述规定相比较就会发现，其相同之处在于：均将金融业定义为"金融服务"并且其含义同样十分广泛；不同之处在于：美国的法律规定更符合金融服务业内部的现实格局，即①虽已混业或综合经营，但银行、保险和证券的分别并未完全消失；并且②银行至今仍具主导地位，保险业与证券业虽然发展迅速但迄今为止尚未形成"三分天下"的鼎足之势。因为即使在金融最为发达的美国，无论从金融资产的占有比例，还是从企业融资比例来看，美国的银行机构均仍拥有 60% 左右的份额，占有明显的优势，并且这种基本格局在可预见的将来也难以打破。因为在同样都可以进行混业或综合经营的情况下，银行在资金实力、规模网点、发展经验、经营管理和创新能力等各个基本的方面，都仍然占有并将继续占有明显的优势。

（二）金融服务现代化的基本特征

前文已指出，自 20 世纪 70 年代尤其是 90 年代以来，在以美国为首的少数发达国家极力推动和主导之下，金融服务现代化的步伐明显加快，并呈现以下基本特征：

1. 金融政策自由化。其基本含义主要有两点：

第一，就本国（地区）而言，政府根据经济金融发展需要而调整金融政策，逐步放松对金融业发展的某些限制和管制措施，以促使金融业更自由地发展和创新。例如，美国 1933 年《银行法》（即

《格拉斯-斯蒂格尔法》）为防止 1929 年至 1933 年经济金融危机的重演，决定从 1933 年 6 月 1 日起实行银行、证券和保险的分业经营、分业监管的金融体制，即在银行、证券和保险之间设置防火墙实行隔离，使其分道行驶，"大路朝天，各走一边"。但从 1970 年《银行控股公司法修正案》开始，逐步拆除该法律隔离墙。该修正案的有关规定明确表示，任何业务，只要能够被合理地预期对公众和社会产生利益而没有危害，或者虽然有利益也有危害，但如果能够证明因开展该业务所产生的利益足以抵消可能产生的不良影响时，便被认为是适合银行经营的（美国《联邦储备公告》1972 年 12 月号表 A99）。美国 1980 年《存款机构管制放松与货币控制法》开始允许银行拓宽业务范围。1987 年、1992 年和 1996 年，美国中央银行（美联储）逐步将银行附属公司包销证券的限额分别放宽至 5%、10% 和 25%。直到 1999 年 11 月，美国《金融服务现代化法》第 1 条就开宗明义地从根本上彻底正式废除了格拉斯-斯蒂格尔的法律隔离墙，为美国金融服务现代化创造更自由更宽松的法律环境。

第二，就全球的范围而言，以美国为首的少数发达国家，凭借自己的经济金融的绝对优势，运用各种协商性和强制性的手段，通过双边、多边、地区和 WTO 等条约和组织，极力推行经济金融自由化措施，为其跨国金融集团抢占和扩大世界金融市场开辟道路。WTO《服务贸易总协定》（GATS）及其《关于金融服务的附件》就是金融自由化最新最高的成果和最为典型的集中表现。

为了准确把握作为金融服务现代化的首要基本特征的金融自由化的精神实质，还有以下两点需要特别指出：

第一，从金融机构经营范围的角度来观察，或者从金融服务消费者的消费需求的角度来观察，所谓金融政策自由化就是金融机构经营的"全能化"，即"全能银行""金融百货"或"金融超市"，以及经营的跨国化、国际化和全球化。前者就像《人民日报》2002年5月21日第7版丁刚先生的文章《提供"全能服务"》所描述的那样："走进遍布纽约曼哈顿的银行分理处，随手拿起一本介绍业务的小册子，只见那上面写道八大类私人业务服务：储蓄业务、保险、贷款和租赁、网上服务、证券投资、信用卡、住房抵押贷款和退休计划。每一大类里又列出了少则数种、多则几十种服务项目。走进这样的银行如同走进一家'超级市场'，全方位多功能的服务满足了老百姓各种不同的需要。'全能服务'如今成为发达国家商业银行业的主要特征。"

第二，无论就一国而言还是就WTO而言，金融自由化都只是相对而言。放松管制并不是取消管制，更不是放松监管，相反，它正是以加强法治、高效监管（又称"审慎监管"）为前提的。再以最为典型的美国和WTO为例。在美国，由于联邦制根深蒂固，其银行及其他金融机构的设立审批权也是联邦制式的分权制，迄今为止许多州照样实行严格的入市管制，即使全世界最著名的金融跨国集团——美国的花旗集团能够在全世界100多个国家和地区驰骋，却无法在美国的许多州设立分支机构，到2000年底为止，花旗集团只被允许在美国的18个州设立了分支机构。而美国另一家驰名世界的美洲银行是全美金融机构在美国覆盖率最高的银行，也只在22个州设立了分支机构。由此可见，美国的金融自由化旨在促使美国金融机构去"闯世界"，而不允许其自由地闯美国。

至于WTO《服务贸易总协定》及其《关于金融服务的附件》，则在规定放松管制、开放市场的同时，明确规定："尽管有本协定的任何其他规定，但是不得阻止一成员为审慎原因而采取措施，包括为保护投资人、存款人、保单持有人或金融服务提供者对其负有信托责任的人而采取措施，或为保证金融体系完整和稳定而采取的措施。如此类措施不符合本协定的规定，则不得用作逃避该成员在本协定项下的承诺或义务的手段。"[1] 之所以如此，根本原因在于，金融业除了具有其他各种服务业的共同的商业属性之外，还具有社会公共性和高风险性；与社会公众关系密切，与国计民生关系重大，其稳定与否，既关系经济稳定，也关系政治稳定和社会稳定，并且金融危机还具有特殊的迅速传染性，所以在逐步放松管制实行相对自由化同时，必须加强法治，实施审慎监管。并且事实已多次证明，无论对一国还是对全球，也无论是对富国还是对穷国，都必须如此。

2. 金融服务网络化。虽然从美国人毛琪雷（W. Mauchiy）于1946年发明世界上第一台电脑到现在才50多年，但电脑的更新换代则已进行了多次，由此引起的信息革命使人类社会生活发生着广泛而深刻的变化。在经济领域，信息革命使金融服务变化最快也最大。这种最快最大的变化的集中表现就是金融服务的网络化。以银行业为例，主要表现为银行已普遍开展了网上银行服务，同时也已产生完全意义上的网上银行。美国的网络化程度最高，网上金融服务也最发达。美国的大银行全都开展网上服务，其中开展最早也最好的首推富国银行。在富国银行开始网上服务不久，全球第一家纯网上银行——安全第一网络银行于1995年10月18日在美国亚特兰大市成立。富国银行自1995年起就与微软货币、直觉、快讯等网络服务商建立战略联盟，利用其软件广泛开展金融服务。其网上金融服务包括个人金融、小企业服务、商业银行服务及其

---

[1]《关于金融服务的附件》第2条"国内法规"第（a）款。

他相关服务共 41 个品种。美国最大的金融集团——花旗集团在这方面虽然起步较晚，但已加大投入，奋起直追，从 1997 年起开始实施一项要依网络技术在 10 年之内把现有 1 亿客户增加到 10 亿客户的宏伟计划。

金融服务网络化的历程还很短，还有一些安全技术问题，营销手段问题以及网络服务的法律问题均需进一步研究解决，但已经显示出的优势和发展前景也是十分明显的。其优势主要表现在四个方面：一是速度快。网络技术使各种金融服务的时间极大地缩短了。这不仅为消费者提供了更快捷的金融服务，也使金融服务提供者的各种资源的利用效率大大提高；二是成本低。由于网络技术使每次服务的时间大大缩短，从而极大地提高了服务效率，增加了营销总量，加之其他相关的节约，从而大大降低了金融服务的供给成本，提高了金融机构的服务收益；三是方便。网络技术可以使消费者无论在何时何地都可以轻轻敲几下电脑或手机的键盘就能享受到满意的金融服务，完成自己的各种金融服务交易；四是双赢。网络技术使各种原有的金融服务产品和创新的金融服务产品都能达到原先无法想象的"物美价廉"的程度，从而使金融服务的提供者和消费者都能从中获益，实现双赢。因此完全可以相信，金融服务网络化不仅不可逆转，而且必将加速发展。1996 年，微软公司董事长比尔·盖茨曾发出蜚声全球的"银行恐龙论"预言。他认为，由于网络技术的发展，已使任何非银行的公司都可凭借互联网将任何银行业务做得比银行做得更快、更省、更好，因而银行即将变成"行将灭绝的恐龙"。当然，现在的事实已经完全打破了比尔·盖茨的这一预测。究其原因，正如美国的美洲银行董事长迈克·科尔（Hughl. McColl）所言："如果美国银行界没有留意盖茨先生的预言，那么他的预言就会成真；如果我们没有听进他的警告并奋起直追，那么他的预言就会成真；如果我们不能突破他的限制，那么他的预言也会成真。"同样，还是这位迈克·科尔银行家说得对："美国的商业银行在电子商务时代面临着前所未有的机遇；未来的成功者一定是那些能够把银行的业务处理流程同信息技术有机结合并能针对客户需求而及时创新金融服务产品的商业银行。"

3. 金融企业巨型化。为了聚集力量迎接 21 世纪金融全球化的新挑战，20 世纪末发达国家的金融界掀起了"强强联合"的新浪潮，使金融企业的巨型化程度迈上了新台阶。首先是 1998 年 4 月 6 日，享誉全球的美国花旗银行与长于保险和投资银行业务的美国旅行者集团的合并。这次合并是优势互补、扩大业务范围的典型。这次合并涉及的资本总额高达 820 亿美元，是有史以来全世界最大的金融合并案。合并后的新企业定名为"花旗集团"，总资产高达 7100 亿美元，客户过亿，营业网点遍及 100 多个国家和地区。此次合并被社会各界都极为看好，使花旗股票在宣布合并的当日飙升 33.9 美元，当日以每股 176.8 美元收市。紧接着是美国的美洲银行和国民银行于 1998 年 4 月 13 日合并。此次合并涉及的资本总额也高达 593 亿美元。此次合并的最大意义在于实现了美国国内东、西部两大银行之间的平等联合。合并后的新美洲银行的总部从西部旧金山搬到东部夏洛特市，原董事长改任行长，新董事长则由原国民银行的董事长担任，以显示此次合并的平等性。合并后的美洲银行成为美国国内跨州最多（22 个），分行最多（5000 家）的银行。此后不久，即 1998 年 6 月 29 日，瑞士名列第一的瑞士联合银行和名列第二的瑞士银行为了避免在竞争中两败俱伤而宣布合并。此次合并既实现了优势互补、业务扩大，又避免了通常合并会带来的大幅裁员及其他社会震荡，有效增强了瑞士的金融竞争力。合并后的新瑞士联合银行在1999年7月公布的全球1000家银行排名中，以一级资本总额205.25亿美元排名第八位，以总资产6858.82亿美元排名第二位。第四起巨型金融合并案是德国的德意志银行于1998年11月30日以102亿美元收购了美国的信孚银行。此次合并不仅使德意志银行大规模地冲进了美国的金融服务市场，而且极大地扩展了德意志银行在全球基金市场和证券托管市场的地位（分别跃居全球第三位和第四位），而且使德意志银行跃上全球第一的宝座。但金融界的合纵连横诸侯争霸并未就此停止，虽不是直线式发展，但仍在不停进行，并已出现即将爆发新一轮金融大兼并的势头。1999年，全球并购活动总额高达3.3万亿美元，超过100亿美元的并购案也多达21起。2000年，美国两家久负盛名的银行大通和摩根合并组成了总资产高达6600亿美元的摩根大通银行。2000年9月29日，当时全球排名第六的日本排名第一的劝业银行和全球排名第九的日本富士银行及全球排名第十九的日本兴业银行宣布合并，组成全球新的最大金融集团"瑞穗金融集团"。该集团的一级资本高达631.76亿美元，比当时排名第一的花旗集团的一级资本额476.99亿美元高出154.77亿美元；其资产总额则高达13 942.42亿美元，比当时的德意志银行的资产总额8437.6亿美元高出5504.81亿美元。经过一年多的整合和准备，日本的"瑞穗金融集团"已于2002年4月1日正式运营。但令人遗憾的是，由于信息技术未能完全跟上业务迅速扩张的需要，致使开业第一天就出现ATM故障，对日本的经济和生活造成了一定的不良影响见[1]。2001年，日本的三井佳友银行、日本联合金融

---

[1] 《金融时报》2002年4月16日。

控股公司和东京三菱金融集团也相继成立。2002 年 4 月，日本明治生命保险公司和安日生命保险公司这两大寿险企业也已正式宣布合并。久负盛名的花旗集团为了重夺全球第一的宝座，已于 2002 年 2 月向德意志银行表明并购意向；法国巴黎银行今年以来已先后向比利时、荷兰、英国、德国及法国国内的多家大银行表明并购意向。看来，新一轮的金融并购浪潮即将开始，金融企业巨型化又将跃上一个新的更高台阶。

虽然并不是每次并购都能成功，也不是越大效益越好，但金融发展的历史和现实所表现出来的基本趋势的确是：①金融企业的大小划分的基本标准主要是总资产（资产规模）和一级资本这两项；②金融企业巨型化的基本动因主要是求生存和求发展这两条；③金融企业巨型化的主要益处在于具有以下比较优势：一是实力雄厚给人以信心，便于争取客户；二是增强自身抗风险能力，同时也减轻冒险违规经营的冲动；三是会受客户、政府、媒介等社会各方面更多的关注、关心和支持，甚至会获得任何一方都不允许其破产倒闭的各种特殊保护；四是作为本国的形象代表和竞争力代表而获得各方面更多支持，从而更快地提高其竞争力即"大者愈大"。当然，"大有大的难处"。但比较而言，大企业的创新力和竞争力会更大，克服困难的能力也会更强。当然这并不是说金融企业都将巨型化。这当然是既不可能也不必要的。实际上，即使在金融业最发达的美国、日本及欧洲等国，巨型化的金融企业虽然居于主导，但其数量还是极少数，占大多数的仍然是中小金融企业。大量的中小企业主要从事金融服务的普通零售业务；而各种批发业务和创新业务则主要由巨型化的金融企业予以提供。

4. 金融服务贸易全球化。根据 WTO《服务贸易总协定》（GATS）

第 1 条的定义，我们通常所说的"金融全球化"，实质上就是指金融服务贸易的全球化，并且是指服务贸易四类基本形态的前三类，即前文已引证并已简称的跨境交付、境外消费和商业存在。就金融服务贸易而言，其中的商业存在就是指金融服务企业的跨国化、国际化和全球化。就其发展到现阶段的情况而言，最典型的集中表现就是像花旗集团、德意志集团、瑞士联合银行、汇丰银行和瑞穗金融集团那样的全球性的巨型跨国金融集团。当然，金融机构的跨国化、国际化和全球化有一个产生和发展的漫长而又曲折的历史过程。但必须正视的历史事实是，近现代的金融发展史始终是由少数几个资本主义发达国家轮流主导的，因而金融机构跨国化、国际化和全球化的发展史不仅充分显示了金融资本比其他资本更具扩张性，而且也十分鲜明地刻上了少数几个发达资本主义国家以各种不同方式侵略扩张、瓜分世界和称霸世界的历史足迹。19 世纪的金融业几乎是英国独霸天下，高峰时其海外分行遍及世界各大洲多达 5000 多家，并且主要是由其当时的"四大银行"（巴克莱、劳埃德、国民西敏寺和渣打）瓜分。随着世纪更替和两次世界大战重新划分势力范围，美国后来居上，逐渐取代英国建立了自己的金融霸权，纽约也取代伦敦成了世界第一金融中心。这既是美国的综合国力逐渐压倒英国的必然结果，也是美国的法律和政策始终谨慎而不间断地鼓励其金融企业去海外扩张的成果，更是美国金融企业自身所具有并始终奋力坚持实行的敢于闯世界的经营胆略和经营战略的成功业绩。例如，花旗银行自 1812 年设立后不久就去伦敦设立分行，不断进军全世界，终于成为全世界最跨国化、最国际化、最全球化的金融集团。到 20 世纪末，美国的前 200 家大银行无一不在海外设立分行。在一定意义上可以说，美国今日的金融势力和金融霸权，与美国金融家一贯奉行的"去伦敦不去纽约""闯世界不闯美国""占领全世界不占领全美国"的经营理念和经营战略不无联系。

如果说日本和德国的金融跨国化和全球化同美国一样是以其经济实力和综合国力为后盾的,那么瑞士情况确有其特殊性,因为瑞士国土小(41 293平方公里)、人口少(683万人)、资源贫乏,而瑞士联合银行和瑞士信贷银行不仅其一级资本和资产总额常排在全球前10位,而且资产负债的80%均来自海外,可见其全球化程度之高。这就说明,即使实力不强,只要具有并坚持实行国际化、全球化的经营理念和经营战略,照样能够实现其跨国化、国际化和全球化的梦想。许多成功金融企业的发展史都表明,大型企业尤其是巨型企业固然有其跨国化的诸多优势,但并不是只有大型化或巨型化后才能实现跨国化,实际上并不乏中小企业跨国化的成功实例,关键是既要有经营胆识,又要有适当的经营策略。现实表明,金融企业跨国化和全球化的途径越来越多,既有传统的机构全球化(如花旗集团在100多个国家设立了几千家分行);也有比较新型的股东全球化(如德意志银行已在10国上市,其股东已遍及全球各国);以及业务全球化、客户全球化、雇员全球化、收益全球化和管理方式全球化等。总之,在金融服务贸易全球化的浪潮中,除了金融机构的全球化最具意义之外,另一个特别值得关注的现象就是金融资金和资本得以在全球范围内大规模地迅速地自由流动,即国际巨额游资的自由流动。受资本谋利动机所驱使,这种国际巨额游资的自由流动,所带来的经济和社会后果并非都是积极有利的,有时甚至是危害极大的,如其1997年诱发的亚洲金融危机和2001年末开始至今仍未结束的阿根廷金融危机就是巨额游资自由流动严重危害发展中国家的典型事例。这就已向世人表明,金融全球化是把双刃剑,对发展中国家来说既是机遇，更是挑战。国际金融界尤其是少数发达金融大国、有责任也有义务在推动金融服务贸易全球化的同时，加强对其负面作用的防止、约束和化解。

（三）金融法治变革是金融服务现代化的前提和条件

前述事实已经表明，从20世纪70年代开始并在90年代获得迅速发展的金融服务现代化浪潮，无论在当代三大金融中心的美、英、日，还是在其他国家，都是由金融法治的变革推动和保护的，即金融法治变革已经成为金融服务现代化的前提和条件，尤其是那些金融服务现代化得以健康快速发展的成功国家更是如此。先以美国为例，在美国金融业近30年的不断改革、创新和发展的现代化进程中，几乎每次大的行动都是法制先行的，并且一改以判例法为主的美国法制文化传统，总是先进行成文法的废、改、立，有了统一而明确的成文法规范和保障之后，才发生新一轮金融业的改革、创新和发展的高潮。单从立法的角度看，对美国金融服务现代化进程影响最大的金融立法主要有1970年《银行控股公司法修正案》、1980年《存款机构放松管制和货币控制法》、1987年《银行平等竞争法》、1989年《金融机构改革、复兴和实施法》以及1999年《金融服务现代化法》。如果说前几部法律涉及的还只是些局部性或方面性的问题，那么1999年的《金融服务现代化法》涉及的则是整个美国金融体系的全局性、根本性的问题。虽然其中对有些重要问题尚未决断，但从整体上说，确属一部美国金融现代化法典，不仅总结和概括了近几十年的美国金融改革、发展和创新的成功经验，而且为今后的现代化进程构建了很好的法律框架，因而将继续有效地规范、保障和促进美国金融服务业的改革、创新和发展。

再看英国。当时的英国首相"铁娘子"撒切尔夫人、为了振兴英国经济采取了一系列果断的改革措施。在金融领域，为了振兴伦敦的金融中心地位，她努力促成国会于 1986 年颁布了《金融服务法》，开始了被称为"大爆炸"的金融改革，首先从伦敦证券交易佣金制度即推行佣金自由化入手搞活英国金融。初见成效后，又不断进行金融法治改革。其中最重大的举措就是 1997 年的《英格兰银行法》和 2000 年《金融市场和服务法》，使英国的金融监管体制逐渐由自律为主，到成文法框架下的行业自律，再到由成文法统一规范的单一制监管机构，即依法设立单一制统一监管机构——金融服务局（FSA）。从 2001 年 4 月 1 日起，英国金融服务局（FSA）已将包括英格兰银行证券投资局、财政部在内的原有 9 个监管机构的金融监管职权集于一身，统一对全英金融机构和金融市场实行全面监管。

最后看日本，从 1990 年开始，曾盛行一时的日本泡沫经济开始破灭，经济从此步入低迷状态，至今尚未复苏。泡沫经济的破灭不仅使日本金融业遭受沉重打击，而且也充分暴露了日本金融的严重滞后状态。经过长时期的反省、争论、调研和比较之后，日本决心效仿英国"大爆炸"式金融改革的成功经验，于 1998 年 12 月通过了《金融体制改革法》，并组建了单一制的统一监管机构——金融厅，集全部金融监管职权于一身，希望通过一揽子改革，于 2003 年完全实现以自由、公平和全球化为目标的金融现代化。日本的金融法制改革和金融体制改革都还在进行中，效果如何尚有待观察。究其思路而言，同样也是法治先行，以法治促进金融现代化。

其实其他国家和地区也大致如此。如澳大利亚和韩国跟日本一样，效仿英国。更具典型意义的是欧盟。以欧元统一欧盟货币为核心内容的欧盟货币体制的建立，也是法治先行，再经过相当长时间的宣传、培训和教育逐渐使其深入人心，最终得以顺利实施的。现今的事实已经表明，无论原来是英美法系还是大陆法系或其他法系的国家，也无论是发达国家还是发展中国家或是区域性组织（如欧盟），金融服务现代化的进程都是以金融法治的变革为前提和条件的。

三、我国健全金融法治，应当明确将"推动金融服务现代化"规定为自己的根本任务，并应遵循"法治先行、服务为本、整体设计、重点推进"的基本方针

前述已经说明，金融服务现代化既是我国金融业和金融法治面临的新形势，也应是它们所追求的共同发展目标。这两个方面均由于我国已从 2001 年 12 月起成为 WTO 正式成员而变得更为突出并更为迫切。因为加入 WTO 已使我国的经济改革和对外开放进入了新的发展阶段。在金融服务领域，我国政府认真履行自己的承诺义务，及时放宽了对外资金融机构的业务限制，并在市场准入和市场统一等方面按 WTO 基本原则的要求采取了一系列重要举措，使我国金融服务业明显加快了融入金融服务贸易全球化的步伐。半年多的实践已使我国的金融服务业对自己面临的挑战和机遇有了初步切身的感受，并开始真正体验和认识到，只有加速我国金融服务业的现代化步伐，迅速大幅度地提升我国金融服务业的核心竞争力和国际竞争力，才是我们应对金融服务贸易全球化和现代化挑战的阳光大道。正因为如此，并根据前述金融发展和金融法治建设的国际经验，可以看出，我国的金融法治建设即健全金融法治工作，应当将"推动金融服务现代化"作为自己的根本任务，并应贯彻"法治先行，服务为本，整体设计，重点推进"的基本方针。

（一）健全金融法治应当明确将"推动金融服务现代化"规定为自己的根本任务和立法目的，并应当紧紧围绕"推动金融服务创新"这一重点进行制度创新和机制创新

前述金融发展的国际经验已经反复昭示世人，无论对单一金融企业还是对一国金融服务业的整体而言，只有金融服务现代化才是自救自强的正确之路。因为在由信息化和网络化已使金融服务领域的创新和竞争均已达到空前发展的现代化的形势下，任何的因循守旧、故步自封或小步慢行都将迅速落伍、萎缩甚至破产灭亡；相反，只有敢于创新，敢于用新技术新知识新经验不断进行服务创新、机制创新乃至体制创新，加速现代化的步伐，才能使自己奋起直追，由弱变强或强者更强，在激烈的竞争中生存下来并发展壮大。同时，实践也反复表明，金融服务领域里的竞争和"商战"较之任何其他经济领域都有过之而无不及，任何时候都不能对任何"外援"抱有不切实际的幻想，更不能把自己生存和发展的希望寄托在任何"救世主"身上，否则将势必落得个被兼并收购或"自取灭亡"的下场。正因为如此，我国的金融法治建设应当将"推动金融服务现代化"作为自己的根本任务和立法目的，并应开宗明义地予以明文确立，并努力全面贯彻于金融法治工作的始终。这样就能从法律制度上为举国上下共同奋斗，推动金融服务现代化、迅速提升我国金融服务业的核心竞争力和国际竞争力，提供坚实的制度保障和强大的法律武器。笔者认为，只要举国上下都认识到"推动金融服务现代化"的极端重要性和迫切性，并迅速将这种共识转变为共同的行动，就一定能够大大加快我国金融服务现代化步伐。"众心齐，泰山移。"其效果必然是现在只有业内极少数有志之士干着急的局面所无法想象的。进一步讲，从法治的角度看，"推动金融服务现代化"重在制

度建设。要从包括金融立法、金融行政执法（监管）、金融司法以及金融法治宣传教育的全方位的角度，努力构建成的确能够保障并推动金融服务现代化的一整套的法律制度和法治环境，从而将整个金融法治塑造成为以推动金融服务现代化为总体价值追求和根本指导思想的结构合理、配合默契的有机整体。至于金融服务现代化的具体含义，从法治的角度讲，不易下定义，也无法下定义。因为金融服务现代化同其他经济领域里的现代化一样，都是动态的，都是不断发展变化的，因而是无法用法言法语予以条文化和固定化的。本文第二部分所描述的基本特征仅仅是笔者个人对金融服务现代化的现状的一种主观概括；笔者相信金融服务现代化一定会有更新的发展和更丰富的内涵。笔者还认为，无论金融服务现代化如何发展，其本质不会改变，即现代化的本质就是创新；现代化永远意味着创新，永远意味着更先进。金融服务现代化包含的创新内容十分丰富，既包括服务创新，也包括组织创新，还包括体制创新，但其中最根本的是服务创新。因为只有服务创新（包括服务产品和服务方式的创新），才能更好地满足金融消费者的服务需求，才能为服务提供者——金融机构自己创造更好的效益，因而其他的各种制度创新应当围绕服务创新这个根本来进行，否则就会迷失方向。因此从这个意义上可以进一步说，金融服务现代化的本质就是金融创新，其核心是金融服务创新（包括服务产品和服务方式的创新，如网络银行等）。所以，金融法治建设在将"推动金融服务现代化"作为自己的根本任务的同时，还应当进一步明确，要将推动金融服务创新作为自己的基点和重点。至于金融服务领域的其他一系列问题，其中有些问题也具有基本性和重要性，例如是继续分业经营、分业监管还是改为综合经营、综合监管；金融监管和金融创新的关系；以及金融服务业内部的效益性和安全性之间的关系等；所有这些问题的法律处理都应当在坚持并贯彻"推动金融服务现代化"这一根本指导思想，在坚持并贯彻推动金融服务创新这一根本性的基点和重点的前提下，予以合理解决。实际上，也只有这样，问题才能得到正确的解决。

（二）国家在"推动金融服务现代化"时，应当根据依法治国的基本方略，贯彻法治原则，实行法治先行

本文第一部分已将我国金融法治建设的成就概括为"适应社会主义市场经济和金融发展的金融法治框架已经基本形成"。但同时也应正视，无论是与我国金融服务业发展的自身要求相比，还是与WTO《服务贸易总协定》（GATS）的相关规定相比，以及与发达国家的金融法治相比，我国的金融法治建设均仍有较大的差距。换言之，为了实现"推动金融服务现代化"、迅速提升我国金融服务业的核心竞争力和国际竞争力这一根本任务，我国金融法治建设的步伐应当加快，质量应当提高，即金融法治应当进一步健全。健全金融法治需要做的工作很多，但首要任务仍然是要在举国上下，首先是在国家的决策管理层中真正确立起"依法治国"的法治观念和法治原则，在对金融服务业进行决策、管理和监督时真正做到法治先行、依法决策、依法行政、依法监督，从根本上杜绝长官意志的随意性及其他一切有违"依法治国"基本方略的言行和做法。应当承认，在这方面，我们还存在着许多差距。首先，在立法方面的例子有：①我国的三大政策性银行已经运营近八年，但至今尚无任何法律或法规对其规范；②我国现在实行的是分业经营、分业监管的金融体制，并且在任何等级的金融法律法规中均无关于金融控股公司的规定，但在现实金融领域里却长期存在着一批在国内外均具一定影响

的事实上的金融控股公司，例如成立于 1979 年的原中国国际信托投资公司、2002 年 3 月经国务院批准正式更名为中信（集团）公司，同时成立了中国第一家金融控股公司——中信控股公司，其麾下有包括中信实业银行、中信香港嘉华银行、中信证券以及信诚人寿保险公司等在内的 40 家下属企业，横跨银行、证券、保险、期货、信托、租赁、房地产等金融各行业及其他实业[1]；再如成立于 1983 年的中国光大集团同样也是一个拥有全资、控股和参股共 60 多家企业并横跨金融业的银行、证券、保险、投资管理及其他实业的特大型金融控股公司，其中的光大银行截至 2001 年底的资产总额已高达 2600 多亿元人民币，在英国《银行家》杂志 2001 年 7 月最新评出的全球 1000 大银行中已排名第 210 位，而光大证券公司、光大永明人寿保险公司及其为第一大股东的申银万国证券公司也都是业内的知名企业，此外在香港还拥有光大控股、光大国际和光大科技等上市公司以及标准（亚洲）人寿有限公司和港基银行等[2]；其他还有一批此类性质的控股公司；③信托投资公司、财务公司和金融租赁公司等金融机构的法律地位都是由中国人民银行制定的相应"管理办法"分别予以规范的。这类部门规章性的"管理办法"不仅立法层次低，立法质量有限，权威性不足，而且也不符合市场经济所要求的平等对待的民主立法原则。其次，在金融行政执法即金融监管方面，最突出最典型的事例就是对信托投资公司的监管和处理。20 世纪 80 年代后期和 90 年代初期金融领域掀起一股信托投资公司热，最多时全国有近 400 家，其中迅速产生了一批在国内外都具有一定影响的大型信托投资公司，后经一系列清理整顿到现在大都已被兼

---

〔1〕 参见《金融时报》2002 年 3 月 7 日。
〔2〕 参见《金融时报》2002 年 5 月 17 日。

并、关闭或破产。其中比较突出的有中银信托 1996 年被广发行兼并，中农信 1997 年被关闭，中创 1998 年被关闭，广东国投 1999 年先被关闭后又被宣告破产，最近的是光大信托 2002 年 1 月被关闭和中经开 2002 年 6 月被关闭。应当说，对信托投资公司的清理整顿，对净化我国金融市场秩序、防范和化解金融风险起了积极的重要的作用。但若从法律角度进行观察和分析就会发现，这些行政执法性质的金融监管措施大都方法简单、程序不全、对被监管对象的合法权利尊重不够，总之可以说是行政味过浓而法律味不足，不完全符合法治原则。此外，还存在其他许多有悖法治原则的做法，不再一一赘述。上述已能充分说明，在我国的金融工作中，尤其是在金融决策和金融监管的过程中，迫切需要更加认真地贯彻"依法治国"的基本方略，切实增强法治观念，真正做到法治先行，不应让无法可依或有法不依或执法不严的状况继续下去。因为在法治观念淡漠的情况下，既不能健全法治，更无法推动金融服务的现代化。需要进一步强调指出的是，本文所说的增强法治观念、实现法治先行的另一层重要含义是指，国家在实行金融改革、推动金融服务现代化、提升金融竞争力时，应当先进行金融法治的变革与创新，即先进行新的金融立法，以代替或修订原有过时的金融法规，然后再根据新的金融法治推行金融改革和金融创新。这既是"依法治国，建设社会主义国家"基本方略的内在要求，也是本文第二部分所列举的美、英、日等发达国家的成功做法和普遍性的国际经验，归根结底则是为了充分发挥金融法治既能规范和确保金融改革、创新和发展沿着金融服务现代化的正确轨道健康有序地顺利进行，又能减轻由此引起的社会震荡、降低改革成本等方面的良好功效。

（三）金融法治建设应当确立并始终贯彻"服务为本"的基本原则，确保金融改革、创新和发展沿着正确的轨道进行

本文第二部分已经介绍，WTO《服务贸易总协定》（GATS）已明确将金融业的产业属性定义为"金融服务"。WTO 这一定义既正确揭示了金融业的本质属性，又反映了国际金融界的普遍认识。因此，我国健全金融法治、进行新的金融立法时，也应当将我国的金融业定义为"金融服务"；并且应在新的金融基本法的总则部分设立专条，明文规定金融机构是金融服务的提供者，应当坚持"服务为本"的原则，努力满足各种消费者正当的金融消费需求和金融投资需求；同时，还应当在其分则部分和其他各种专门的金融法规中规定确能体现并保障"服务为本"这一基本原则的各具特色具体制度，其中包括金融机构违反该原则的法律责任以及消费者相应权利被侵犯时的法律救济制度。这样就能从法律制度上帮助我国金融界破除至今仍然普遍严重存在并继续阻碍金融业发展的形形色色的"官商"观念和"官商"作风，帮助全体金融从业人员（从高层领导到柜台营业员）尽快确立金融服务意识并进而树立"服务为本"的职业理念和职业作风，借以保障我国金融的改革、创新和发展，能够沿着提高服务意识，增强服务能力，提升服务贸易的国际竞争力的正确轨道健康前进，推动我国的金融服务现代化。我国的全体金融从业人员必须迅速觉醒，只有搞好金融服务才是我们的生存发展之道，才是我们的自救自强之道。因为在金融服务贸易全球化的趋势加速发展的时代背景下，在中国已经加入 WTO，金融市场更加对外开放的新情况下，金融机构赖以生存和发展的真正实力，从根本上讲，就是服务能力；金融机构的核心竞争力和国际竞争力的集中表现，归根结底也是服务能力。因此，所有的金融机构和

全体金融从业人员，都应当围绕提高服务意识，增强服务能力这个中心下功夫、搞创新、求发展，绝不能偏离这一正确轨道而陷入歧途。

（四）健全金融法治，应当遵循"整体设计，重点推进"的方针，采用综合性法典式的金融立法的新模式，构建更能适应并推动金融服务现代化的法律新框架

1. 采用综合性法典式的金融立法新模式，用以保障金融法治变革和金融体制改革遵循"整体设计、重点推进"的方针健康有序地顺利进行，可能是一条具有普适性规律的新途径。本文第二部分已经介绍，美、英、日等发达国家和金融中心国在 20 世纪以来和 21 世纪之初，为了加速本国金融服务现代化、提升本国金融服务业的国际竞争力，都遵循法治先行的原则，即先立法后改革；并且都采用成文法典式的立法模式，实行"整体设计，重点推进"。这很值得我国深思和借鉴。尤其是美、英两国，其法治形式一向是以判例法为主，并且又都是典型的联邦制国家，立法权受其联邦制分割，那为什么在金融立法方面却先后发生并日益强化以成文立法为主、以集中立法为主等反传统现象，并进而衍生出各自的综合性法典式的金融服务现代化法案呢（美国 1999 年《金融服务现代化法》共 7 章 219 条，涉及美国现行金融体制的所有重要方面，确属一部典型的"金融法典"或"金融法重述"；而英国 2000 年《金融服务和市场法》共 30 章 433 条，另有附录 22 个，长达数百页，涉及的内容十分广泛，同样也是一部典型的"金融法典"或"金融法重述"）？笔者认为，这既是美、英、日等金融大国维护并扩张其金融霸权的欲望的法律表现，同时也是金融服务业发展规律尤其是金融市场的国内一体化和全球一体化规律的客观要求，因而具有一定的必然性

和合理性。实际上，美、英、日等国之所以在 20 世纪末都最终选择了"整体设计，重点推进"的 改革模式，都是在认真总结比较了近 30 年改革的实践经验并进行了广泛深入研究、辩论、综合分析、平衡之后，才先后作出这种创新性的制度决策和路径选择的。因此在一定意义上可以说，采用综合性法典式的金融立法新模式，用以保障金融法治变革和金融体制改革遵循"整体设计，重点推进"的方针健康有序地顺利进行，是在经济全球化和金融全球化背景下的金融服务现代化内在的规律性的客观要求，因而很可能是一种具有一定普适性的新模式或新路径。当然，美、英、日等国的"整体设计，重点推进"的具体含义和法律表现形式各有特点，但其中的共同性更多，并且更具根本性和基本性，即都是为了实现加速本国的金融服务现代化，提升本国的金融服务业的国际竞争力这一根本目标，并且都将放松管制，加强监管，推行经营自由化和综合化（混业经营）以及金融服务的信息和网络化、金融机构的跨国化和巨型化、金融服务贸易的全球化等现代化的重大举措作为制度创新并着力推进的重点。所有这些具有一定规律性、普遍性的重要经验，都值得我国进行深入研究并予以适当借鉴。

2. 我国也应当采用综合性法典式的金融立法新模式，以保障我国的金融法治变革和金融体制改革遵循"整体设计，重点推进"的方针健康有序地顺利进行，加速我国金融服务业的现代化步伐，提升我国金融服务业的国际竞争力。我国之所以也应如此，除上述应借鉴国际成功经验、遵循普适性规律的原因外，更重要的则是我国金融服务业的具体国情的自身要求。

（1）我国金融服务业已经具备追赶美、英、日等发达国家、加快现代化步伐、迅速提升其国际竞争力的经济金融实力和法制基础。

首先，经过 50 多年的积累，特别是改革开放以来 20 多年的持续快速发展，到 2002 年 4 月末，我国已经拥有 4 家国有独资商业银行、10 家股份制商业银行（其中 4 家即深圳发展银行、上海浦东发展银行、中国民生银行和招商银行已经上市）、108 家城市商业银行、43 000 家城乡信用社和邮政储蓄机构以及 185 家外资商业银行。这些金融机构的总资产已达 18.7 万亿元人民币，占全部金融资产的 88%〔1〕。另外，尚有 3 家国有政策性银行、4 家国有资产管理公司以及一大批证券公司、保险公司、基金管理公司、信托投资公司、大型企业集团的财务公司和金融租赁公司等商业性金融机构。此外还有前文已经简介过的中信（集团）公司和光大集团等一批大型金融控股公司。所有这些金融企业的金融总资产无疑早已突破 20 万亿元人民币，即已相当于我国 2001 年国内生产总值的 2.5 倍左右，由此可见，我国资产的货币化程度已达相当的高度，我国的金融机构体系也已基本形成。尤其令人惊喜的是，2001 年我国四大国有独资商业银行的不良资产的比例和绝对额首次出现双下降，资产质量和经营效益双提高，股份制商业银行驶入发展的快车道，致使在由英国《银行家》杂志每年 7 月主要按一级资本和资产规模指标定期评出全球 1000 大银行中，我国上榜的银行数由 2000 年 9 家增加到 2001 年的 14 家，并且名次大都有所提前。具体排名为：中国工商银行排第 7 名，中国银行排第 18 名，中国农业银行排第 21 名，中国建设银行排第 29 名，交通银行排第 108 名，中国光大银行排第 210 名，招商银行排第 276 名，中信实业银行排第 318 名，上海浦东发展银行排第 321 名，中国民生银行排第 376 名，广东发展银行排第

---

〔1〕 参见《金融时报》2002 年 5 月 24 日。

466 名，华夏银行排第 561 名，福建兴业银行排第 568 名，厦门国际银行排第 939 名。同时，我国金融机构的服务意识在逐步增强，服务品种在不断扩展，服务手段和服务方式也基本步入了信息化和网络化。更重要的还有我国金融服务业所处的宏观经济环境良好，国民经济长期持续快速发展，人民币币值保持稳定。所有这些都已表明，我国的金融服务业已经基本具备了追赶发达国家，加速金融服务现代化的现实金融实力和经济基础。其次，本文第一部分已经介绍，我国已经基本形成适应社会主义市场经济和金融发展的金融法治框架；由此构建的分业经营，分业监管的金融管理体制已经运行多年并已取得比较丰富的经验；此外，我国已于 2001 年 12 月成为 WTO 正式成员，并及时按 WTO 要求清理修订金融法规。总之，从法律制度的角度观察，我国同样也已具备了相应的法制基础。

（2）我国的金融服务业与美、英、日等发达国家相比仍然存在着较大的差距。首先从国家的立法、决策和监管方面看，我国的金融法治尚不健全，法治的质量即法治所体现的价值取向尚有许多不符合金融服务现代化要求的陈旧观念；不依法决策，长官意志性的随意性决策仍然存在；政府职能转变尚未完成，政企不分的现象仍较多，行政干预过多、过死以及监管不到位或监管理念、监管内容、监管手段落后等不良现象均同时存在。再从金融机构方面看，仍然普遍性地存在着"官商"作风浓厚，服务意识淡漠以及资本不充足，资产质量低，现代企业治理结构未形成，经营效益低下，内控机制不健全，潜在风险继续滋长，员工素质和技术条件不高，金融创新能力差等不良现象，因而也就未能产生像美国花旗集团那样的享誉全球的现代化的巨型金融集团及其那样具有全球战略眼光的金融家。为了说明这种差距，我们仅举 2000 年 7 月英国《银行家》杂志公布的在当年评出的 1000 家大银行中排名第一的花旗集团和排名第十的中国工商银行的有关统计资料：2000 年花旗一级资本额为 476.99 亿美元，工商为 219.19 亿美元，后者为前者的 46%多；总资产花旗为 7169.37 亿美元，工商为 4275.46 亿美元，后者为前者的近 60%；一级资本充足率，花旗为 6.65%，工商为 5.68%，相差不大；税前利润额花旗为 159.48 亿美元，工商为 4.98 亿美元，后者仅为前者的 3%多，差距太大了；平均资本收益率花旗为 35.6%，工商为 2.3%，差距太大了；资产收益率花旗为 2.22%，工商为 0.12%，相差近 20 倍；不良贷款率花旗为 1.4%，工商未报，但据今年（2002 年）正式公布的统计数据推算，工商应为 30%以上，相差 20 多倍。当然，这两组数据并不能如实反映我国金融服务业与发达国家差距的全貌，但也确能从一个侧面反映差距之大，尤其是经营效益差距之大。除此之外，还有其他方面的差距。例如，金融服务消费者或投资者的公民大众以及非金融机构的企业法人，在金融消费意识和投资意识、法治意识和维权意识等方面与发达国家相比也存在着较大差距。但需强调指出的是，所有这些差距的客观存在并不能否认上述事实，即我国金融服务业已经具备了加速金融服务现代化、提升国际竞争力和经济金融实力的法制基础。恰恰相反，正视这些差距才能使我们真正认识到我国金融服务业加速现代化，提升竞争力的必要性、重要性、艰巨性和迫切性，才能促使我们必须奋发图强，急起直追。

（3）我国更适宜采用综合性法典式的金融立法新模式，用以保障金融法治变革和金融体制改革遵循"整体设计，重点推进"的方针健康有序地顺利进行。主要理由有三：一是我国有数千年的法典式的立法传统；二是我国是单一制国家，立法权相对集中归属于全国人大及其常委会，很容易做到金融法治的统一和综合；三是我国属于后发展国家，可以吸取发达国家金融法治建设的经验教训，少走弯路，并且我国在 20 世纪 90 年代进行金融改革和金融法治建设时已经比较成功地借鉴了发达国家当时的成功举措，为这次的再学习再借鉴积累了基础和经验。

（4）我国采用综合性法典式金融立法新模式，用以保障金融法治变革和金融法改革遵循"整体设计、重点推进"方针进行的基本含义主要有：一是应由国务院有关领导牵头负责，组织成立具有广泛代表性和权威性的金融改革方案起草委员会，在充分调查、咨询、论证的基础上，向国务院全体会议提交经起草委员会全体会议民主通过的金融改革整体设计草案和金融基本法草案；经国务院全体会议审议通过后报送全国人大常委会；全国人大常委会在着重从立法角度另行组织咨询论证的基础上进行审议；经三审通过后，再交由全国人大会议主席团决定提交全国人民代表大会全体会议审议通过；经国家主席公布完成全部立法程序后再组织实施；二是新金融基本法应将"推动金融服务现代化"、提升国际竞争力明文规定为自己的根本任务和立法目的；应当明文重申国家对金融服务业的监督管理应依法进行，实行法治先行；应明文规定金融机构应坚持"服务为本"的原则，不断进行金融服务产品和服务方式的创新，努力满足金融服务消费者和金融投资者的正当需求，并规定相应的激励机制和约束机制，加大金融机构和金融从业人员的违法责任。此外，必须明文规定并应重点推进的还有：在货币政策方面如人民币利率市场化改革，人民币汇率的形成机制和人民币自由兑换的法定基本条件，以及防范和化解货币危机、保障国家金融安全的预警机制和危机紧急应对机制；在转变政府职能、放松金融管制、加强金融监管、推行金融经营相对自由化和综合化（混业经营）方面的重大改革举措和体制改革措施；在鼓励和推动金融服务信息化、网络化和透明化方面的重大举措；在金融主体方面创立金融控股公司法律制度、为尽快产生一批规范化、网络化、跨国化、巨型化的金融控股集团、提升我国金融服务业的国际竞争力提供相应的法治供给，同时也为众多的小型金融企业的生存和发展创造合适的法治环境；在为反对垄断、促进竞争、建立"全国统一、对外开放、公平竞争、健康有序的金融市场秩序"方面，创立符合WTO要求的统一标准、平等对待的市场准入制度和退出机制及其他监管制度；为保护金融资产和各金融服务当事人的合法权益，应加大对各类金融犯罪，尤其是对假币罪、金融诈骗罪、洗钱罪、金融网络犯罪以及金融界的腐败罪和渎职罪的打击力度等；三是依据新制定的金融基本法规定的任务、方针、原则、整体方案和重点内容以及相关程序，健康有序地推进金融法治变革和金融体制改革，推动我国金融服务现代化进程，提升我国金融服务业的国际竞争力，更好地满足国内外金融消费者和金融投资者的不断增长的正当需求。

附：两份获奖证书

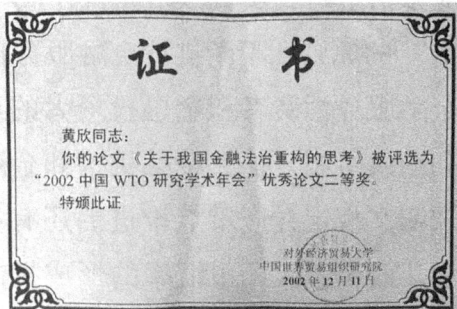

3 金融监管法若干问题研究

按语：此文首发于《经济法论丛》（第 4 卷），法律出版社 2003 年 12 月版，第 211~228 页、约 13.4 千字，署名黄欣、黄捷。此次重发内容未做任何改动，仅订正了个别字。

一、金融监管的产生和发展

（一）金融监管的产生

货币是伴随着商品交换而产生的，具有悠久的历史。在长期的奴隶制社会和封建制社会中，商品经济发展缓慢，货币经营业也不发达，一直未能取得重要的独立地位。资本主义开辟了商品经济发展的新阶段，银行也在原货币经营业的基础上应运而生。如果说 1580 年意大利威尼斯银行和 1595 年意大利米兰银行尚属资本主义萌芽时期或前资本主义银行的话，那么 1694 年成立的英格兰银行已属典型的股份制的资本主义银行。此后不久，银行业伴随着资本主义市场经济的迅猛发展而在资本主义各国蓬勃发展壮大起来，并迅速成长为资本主义各国具有独立性的新兴产业——金融服务业，简称金融业。在资本主义市场经济发展的第一阶段，资本主义社会制度因其与此前的奴隶制、农奴制和封建制相比具有巨大的优越性，从而对社会生产力的迅猛发展起了极大的促进和推动作用，显示出无比神奇的正面的积极效应。因此，马克思和恩格斯 1848 年在《共产党宣言》中曾赞誉道："资产阶级在它不到一百年的阶级统治中所创造的生产力比过去一切时代创造的全部生产力还要多，还要大。"正因为如此，这个阶段最著名最有代表性的经济学家亚当·斯密极力主张，资本主义经济的发展只需要市场这一只"看不见的手"，而政府只要放任不管就好，最多也只能充当"守夜人"的"夜警"角色。与此同时，以《法国民法典》和《法国商法典》为代表的资本主义法律也是只喊"自由"，不提管理。虽然到19世纪后期，尤其是到20世纪初期，自由资本主义制度的弊端已经日益暴露并已引发多起周期性经济危机，但此时的资本主义各国政府仍然沉迷于"自由放任"政策的梦幻之中，对金融业已经占据其社会经济的主导地位并与其国计民生和社会政治稳定关系极大的现状毫无知觉，因而对其金融业已被长期过度膨胀、过度投机和各种诈骗活动搅得混乱不堪的状况仍然放任不管，最终导致1929年美国纽约华尔街股市大崩溃，并迅速引起第一次世界性资本主义总危机的爆发。这次由金融危机引发的波及范围空前、持续时间空前、破坏程度空前的世界性危机，从根本上宣告了"自由放任政策"的彻底破产，迫使资本主义各国政府认真反思对策，寻找资本主义经济发展的新出路、新阶段。其中最重要的成果之一就是，各国政府迅速形成新共识，要对金融业实行新政策、新制度，即建立和加强金融监督管理法律制度，简称"金融监管"，从而导致了金融监管的正式产生，并将金融业的发展推进到新阶段。

综上所述，本文所称金融监管是一个现代金融概念和现代法治概念。它既不是与货币同时产生的，又不是与货币经营业同时产生的，也不是与银行业同时产生的。金融监管，或曰现代金融监督管理制度，是1929年至1933年第一次世界性资本主义总危机的直接产物之一，是罗斯福新政的重要内容之一，其产生的典型标志就是美国 1933 年的《格拉斯-斯蒂格尔法案》。在此之前的 200 多年里，资本主义金融业，一方面长期受益于政府的"自由放任"政策而获得迅速发展，并已逐步占据其经济中心地位；另一方面也同时受害于政府的"自由放任"政策而使问题和风险长期累积成灾最终导致危机爆发。从这个意义上可以说，资本主义政府长期"自由放任"的政策和制度，既是其金融业迅速发展的重要条件，也是直接导致其金融危机和经济危机爆发的重要原因，真可谓"成也自由放任，败也自由放任"。正因为如此，放弃自由放任，实施金融监管，就成了危机之后资本主义各国必然的共同选择。

（二）金融监管的演变和国别特点

1. 金融监管的演变。从 1933 年金融监管的正式产生到现在，主要经历了从分业经营、分业监管到混业经营、混业监管的演变。以美国为例，如果说 1933 年《格拉斯-斯蒂格尔法案》代表了金融监管的诞生，代表了分业经营、分业监管体制的诞生，那么 1999 年的《金融服务现代化法》则代表了美国的金融监管进入了混业经营、混业监管的新阶段。虽然大多数发达资本主义国家都经历了类似的演变，但因各国的国情有别而各具特色。

2. 主要发达资本主义国家金融监管的国别特点。

（1）美国金融监管的特点。在分业监管时期，美国金融监管的特点主要有三个：一是 1933 年的《格拉斯-斯蒂格尔法案》给商业银行和投资银行之间设置了隔离墙，禁止商业银行从事投资业务，同时禁止投资银行吸收存款，严格分业经营。二是 1933 年颁布《存款保险法》，设立联邦存款保险公司，保护存款人的利益，并有权对投保银行实行监管。三是 1935 年颁布新的《银行法》，加强联邦储备银行作为中央银行对其会员银行的监督管理。与此同时，货币监理署、证券与交易委员会等机构也都各依其职责分别实施金融监管。而到了混业监管时期，美国1999年《金融服务现代化法》的最大特点在于，在整体上用混业经营和混业监管的新体制取代旧制度的同时，保留了旧体制中仍然行之有效的具体制度。换言之，整体上讲，已进入混业经营和混业监管的新体制；但具体地讲，仍然保留了一些分业经营和分业监管的具体制度。例如，新法案允许通过银行持股公司或金融持股公司拥有分别从事不同业务的子公司来实现混业经营，但这些不同业务的子公司之间在经营上和法律上又都是彼此独立的。换言之，母公司混业经营，子公司分业经营。与此相适应，根据新法案设立的新监管机构有权实施混业全面监管，美联储作为中央银行在对混业经营的母公司实行全面监管的同时，必要时对其分业经营的子公司也拥有相应的裁决权；但同时也仍然保留了证券与交易委员会等各领域原有监管机构一定的优先监管执行权。

（2）英国金融监管的特点。在分业监管时期，英国财政部从整体上负责对全英金融体系的监管；作为中央银行的英格兰银行则负责银行系统的监管；证券投资委员会负责监管证券投资机构的经营；贸工部则负责监管保险业的运作。但从整体上看，这个阶段的英国金融监管主要依靠行业自律。为了适应金融全球化的需要并尽快改变英国金融业的颓势，英国于1986年颁布《金融服务法》率先取消分业经营壁垒，改行混业经营；并于1998年正式成立金融服务管理局，集全部金融监管权力于一身，统一对全英金融体系实施全面监管；其中央银行——英格兰银行也从此退出金融监管岗位而专司货币政策和最后贷款人等职责。

（3）日本金融监管的特点。在分业监管时期，日本的中央银行受大藏省的管辖，独立性较小，在全国实行的是以大藏省统管为主以中央银行——日本银行及其他监管机构分管为辅的分业经营、分业监管的体制。从1996年开始，日本实行一揽子金融改革，首先废除了分业经营的各种限制，允许成立金融控股公司，实行混业经营；接着改革金融监管体制。1997年，日本颁布《金融监督厅设置法》，1998年依法正式成立金融监督厅，集原大藏省中的金融监管机构及其他分业监管机构的组织和职能于一身，统一对全日本的金融体系实施全面混业监管。大藏省从此只负责制定监管政策和战略，而不再参与具体的监管工作。日本的中央银行也从此不再承担金融监管职责。

需要补充指出的是，日本与美英的国情差别甚大。例如，美英都是联邦制，日本则是单一制；美英的资本主义市场经济发展得早，具有原发性、历史长、自由度高的特点，因而一般都称其为自由市场经济的典型代表；而日本的资本主义市场经济则具有引进性、追赶性，政府主导作用一直比较突出的特点，因而一般称其为政府主导型市场经济的代表。这些不同的国情都会影响各自的金融监管体制。

此外，尚需强调指出的是，同样是发达资本主义国家，并被一般称为社会型市场经济代表的法国和瑞士，则始终坚持实行混业经营体制，并因其中央银行独立性大，强势有力，监管有效，反而未出现大的危机。这也说明，金融监管的演变历程中，虽呈共性，但也有呈个性，多样化共存，各具特色。

（三）金融监管的新发展——国际合作和国际规则

20世纪80年代以来，经济全球化和金融全球化的步伐明显加快，这既加速了金融业世界性的发展，同时也加大了世界性的金融风险。美国 20 世纪 80 年代的储贷机构危机导致 1142 家储贷机构破产，1984 年伊利诺伊大陆银行的倒闭，对全美乃至国际金融界都产生了不小的影响；英国的约翰·马西银行也于同年倒闭。进入 20 世纪 90 年代后，首先是北欧的瑞典、芬兰、挪威相继发生银行危机；接着便连续发生一系列震动世界的严重金融事件和金融危机：如 1991 年曾一度颇有名气的国际商业信贷银行因丑闻败露而倒闭；1994 年墨西哥爆发金融危机；1995 年已有 230 多年历史的英国巴林银行和 1996 年的日本大和银行均因海外员工违规越权操作而导致危机发生；尤其是 1997 年的亚洲金融危机，波及范围之广、持续时间之长、造成损失之大更是骇人听闻。进入 21 世纪之后，2001 年又爆发了阿根廷金融危机，至今仍未平息。所有这些都为金融监管提出了新挑战，为建立和加强金融监管的国际合作和国际规则提出了新任务和新要求。到目前为止，金融监管的国际合作和国际规则的主要代表就是巴塞尔银行监管委员会及其三个重要文件。

1.《巴塞尔协议》。《巴塞尔协议》是巴塞尔银行监管委员会 1988 年 7 月制定的《关于统一国际银行资本测量和资本标准的报告》的简称。其目的在于，确立公平性资本充足率标准，以消除国际银行间的不公平竞争，促使国际银行系统更健全、更稳定。其基本内容主要有三项：一是明确了商业银行的资本构成，将资本分为核心资本和附属资本，前者包括实收股本和公开储备（含未分配利润、盈余公积、资本公积等），后者包括普通准备金（如呆账准备金、投资风险准备金）和长期次级债务（如已发行的长期金融债券）等；二是确定了资产风险加权制，即根据不同资产的风险程度确定相应的风险权重，计算出加权风险资产总额；三是规定了银行的资本充足率（即资本净额与加权风险资产总额之比）为等于和大于 8%。由于该协议已被包括我国在内的 100 多个国家采用，所以它实际上已经成为金融监管的国际标准和国际规则。

2.《巴塞尔核心原则》。《巴塞尔核心原则》是巴塞尔银行监管委员会于 1997 年 9 月制定的《有效银行监管的核心原则》的简称。该原则高度概括了发达国家和巴塞尔银行监管委员会长期银行监管的经验成果，是第一次对银行监管的系统归纳。共 25 条，可以分为如下七个方面：一是有效银行监管的前提条件；二是对银行发照和组织机构的要求；三是银行监管的审查法规和要求；四是对银行持续监管的办法；五是监管的信息要求；六是监管者的权力；七是对跨境银行业的监管要求。这些原则对协调和提高各国的金融监管水平具有重要作用。

3.《巴塞尔新框架》。《巴塞尔新框架》是巴塞尔银行监管委员会于 1999 年 6 月发出的《资本充足性的新框架（征求意见稿）》的简称。该新框架根据金融发展的新要求，提出了银行资本充足性的新标准，以取代 1988 年的《巴塞尔协议》。其新意主要有四项：一是对银行资本监管的要求从单纯的资本金改变为"三管齐下"（又称"三大支柱"）：①仍然坚持原定的资本充足率的最低要求（即不低于 8%）；②增加了监管当局要对银行机构资本充足率及其内部评估程序进行监督检查的重要性的规定；③市场约束，强调要加强市场约束，以促使银行及时、准确地向市场披露资本结构、风险状况和资本充足率等方面的重要信息；二是修订了银行风险资产的计算方法；三是将风险范围从资产风险扩展到利率风险和操作风险；四是鼓励银行采用规避风险的有效手段。同时新框架还强调了完善会计制度和会计准则的重要性。该新框架将根据试行经验和收到的意见进行完善。

二、我国金融监管体制的现状及其发展趋势

（一）我国现行金融分业监管体制的形成和发展

改革开放后很长一段时期，我国的金融监管职能都是由中国人民银行统一行使的。虽然 1992 年设立了国务院证券委员会及其执行机构——中国证监会，但是 1995 年 3 月 18 日八届全国人大三次会议通过的《中国人民银行法》规定中国人民银行"对金融业实施监督管理"的职能和职责时，并未对其中的"金融业"作任何划分和限定。后来引起变化的直接外因就是 1997 年 7 月发端于泰国的亚洲金融危机。这场金融危机波及范围之广、持续时间之长以及破坏程度之重，在第二次世界大战之后的几十年里都是罕见的，并在有些国家（例如泰国、印尼等）引发了经济危机、社会危机和政治危机。这场严重的亚洲经济危机对我国的金融业乃至整个国民经济也是一次严峻的考验，虽其最终也未能（当然也根本不可能）撼动我国的金融安全和经济安全，但也确实向我国的金融业发出了严重的警报，给我国的金融监管作出了许多有益的提示。党中央和国务院及时总结经验教训，迅速作出一系列旨在深化金融改革、整顿金融秩序、防范金融风险的果断决策。实行分业监管，加强金融安全，就是其中的重大决策之一。因此，国务院先于 1998 年 6 月决定，将对证券期货业的监管职能和对保险业的监管职能从中国人民银行原有职能中划出；又于 1998 年 9 月决定，在国务院原证券委员会及其执行机构——中国证监会的基础上，重新设置中国证券监督管理委员会，作为直属国务院的正部级事业单位，授权主管全国的证券期货业，并建立统一的证券期货监管体系，按规定对证券期货监管机构实行垂直管理；还于 1998 年 11 月决定，设立中国保险监督管理委员会，

作为国务院的直属事业单位，主管全国的商业保险业，根据国务院的授权依法履行对全国保险业的统一监管职能。由此可见，我国现行金融分业监管体制，是在 1997 年亚洲严重金融危机爆发后，根据党中央和国务院的决策及决定，于 1998 年正式形成和确立的。2003 年 4 月 26 日，十届人大常委会二次会议通过《关于中国银行业监督管理委员会履行原由中国人民银行履行的监督管理职责的决定》。2003 年 12 月 26 日，十届人大常委会六次会议通过《银行业监督管理法》，并对 1995 年制定的《人民银行法》和《商业银行法》作了相应的修改。至此，我国金融业分业经营、分业监管的金融体制得到了进一步的健全和完善。

（二）我国金融分业监管的现状

经过近几年的改革和发展，我国现已基本形成由中国银行业监督管理委员会（简称"银监会"）、中国证券监督管理委员会（简称"证监会"）和中国保险监督管理委员会（简称"保监会"）等三大监管机构各司其职，相互协调，对银行、证券和保险实行分业监管的体制。

1. 银监会的监管对象和主要职责。银监会监管的对象分三类：（1）银行业金融机构，包括商业银行和政策性银行。其中的商业银行，既包括国有独资商业银行及其境内外的一切分支机构，也包括股份制商业银行、城市商业银行及国内适用《商业银行法》的其他金融机构（如城乡信用合作社和邮政储蓄机构），还包括我国境内的各种外资和中外合资合作银行机构；其中的政策性银行则包括国家开发银行、中国农业发展银行和中国进出口银行；（2）银行、证券期货和保险业以外的其他金融机构。主要包括：金融资产管理公司、信托投资公司、财务公司和金融租赁公司，以及银监会批准设立的其他金融机构；（3）参与或影响银行性金融活动和金融秩序的其他单位和个人，也都应纳入监管对象之列（如从事非法集资、放高利贷等活动的组织和个人）。银监会的主要职责是：依法制定有关银行业金融机构及其业务活动的监管规章、规则；依法审批银行业金融机构及其分支机构的设立、变更、终止及业务范围；依法对银行业金融机构的董事及高级管理人员实行任职资格管理；依法对银行业金融机构的业务活动及其风险状况进行非现场监管或现场检查；负责统一编制全国银行业金融机构的统计数据、报表并依法予以公布；负责建立银行业金融机构监管评级体系和风险预警机制以及突发事件的发现、报告制度，并会同有关部门建立银行业突发事件处置制度；负责国有重点银行业金融机构监事会的日常管理工作，以及对银行业自律组织的指导和监督；开展与银行业监督管理工作有关的国际交流、合作活动；承办国务院交办的其他事项。需要特别补充说明的是，新修订的《中国人民银行法》仍然保留了中国人民银行对银行业金融机构必要的监管职权（主要指银行间拆借、债券、外汇等市场和黄金市场）及其他监管职责，并且新增了反洗钱方面的监管处罚职权。

2. 证监会的监管对象和主要职责。证监会的监管对象主要包括：（1）上市公司；（2）证券交易所；（3）证券公司（含综合类证券公司和经纪类证券公司）；（4）证券登记结算机构；（5）证券交易服务机构；（6）证券业协会；（7）证券投资基金管理公司；（8）期货交易所及其他期货交易机构和服务机构；（9）证券期货从业人员；（10）其他参与或影响证券期货活动的单位和个人。证监会主要职责是：依法制定有关证券市场监管的规章、规则，并依法行使审批权或核准权；依法对证券的发行、交易、登记、托管、结算等活动进行监管；依法对证券发行人、上市公司、证券交易所、证券公司、证券登记机构、证券投资基金管理机构、证券投资咨询机构、资信评估机构，以及从事证券业务的律师事务所、会计师事务所、资产评估机构的证券业务活动，进行监督管理；依法制定从事证券业务人员的资格标准和行为准则，并予监督实施；依法监督检查证券发行和交易的信息公开情况；依法对证券业协会的活动进行指导和监督；依法对违反证券市场监督管理法律、行政法规的行为进行查处；以及法律、法规规定的其他职责。

3. 保监会的监管对象和主要职责。保监会监管对象主要包括：（1）保险公司（含财产保险公司和人身保险公司；除法律和行政法规另有规定外，亦含外商投资保险公司和境外保险公司的境内分公司）；（2）保险公司工作人员和保险代理人及保险经纪人；（3）投保人、被保险人或受益人；（4）其他以合法身份参与或影响保险活动的人员；（5）非法设立保险机构和非法从事保险业务的单位和人员。保监会的主要职责是：依法制定保险业监督管理的规章、规则；依法审批保险公司及其分支机构、中外合资保险公司，以及外商独资保险机构或代表处的设立，审批保险代理人、保险经纪人、保险公估行等保险机构的设立，审批境内非保险机构在境外设立保险机构，审批保险机构的合并、分立、变更、接管、解散和指定接收，参与保险公司及其他保险机构的破产清算；制定保险机构高级管理人员和其他保险从业人员的资格标准，并负责组织实施；依法对关系社会公众利益的保险险种，以及依法实行强制保险的险种和新开发的人寿保险的险种等保险条款及保险费率进行审批，并对其他险种的保险条款和保险费率实行备案管理；负责建立健全保险公司偿付能力监管指标体系，并对保险公司的最低偿付能力实行监控；有权依法检查保险公司的业务状况、财务状况及资金使用状况（含存款情况），并有权要求保险公司限期提交有关资料和报告；有权依法查处保险机构及其从业人员的违法、违规行为，以及非法保险机构、非法保险业务的组织和个人的违法、犯罪行为；依法对再保险业务、中资机构的境外保险活动以及境外机构的境内保险活动进行监督管理；依法管理保证金和保险保障基金；负责全国保险业的统计和信息发布以及保险业的风险评估体系和预警应对工作；会同有关部门审核律师事务所、会计师事务所、审计事务所以及其他评估、鉴定、咨询机构从事与保险有关业务的资格，并监管其有关活动；统一管理保险业的国际交流和合作活动；对保险业协会、保险学会进行指导和管理；承办国务院交办的其他事项。

（三）我国金融分业监管体制的发展前景

1. 对我国现行金融分业监管体制的基本评价。如前所述，我国现行金融分业监管体制，是在 1997 年亚洲金融危机的直接刺激和推动下正式形成和确立下来的。当然，这是仅就其外因而言的。几年来的实践情况和实践经验表明，现行金融分业监管体制符合我国金融业现实发展需要，取得了积极的效果；同时，现行金融体制中的"分业"是相对的，而不是绝对的，有分业，也有交叉，必然地要向混业经营、混业监管的方向发展。这也就是我们对我国现行金融分业监管体制的两点基本评价。

第一，现行金融分业监管体制符合我国金融业现实发展需要。其主要依据有二：

一是，我国金融业的发展现状可以概括为整体稳健但隐忧不少。整体稳健，既是现实，也基本上举世公认。这是金融改革和金融发展的了不起的成就，是来之不易的。其原因固然很多，但主要有三：

一是改革开放以来经济改革和经济发展为金融业提供了坚实的基础和良好的环境；二是在金融改革和金融发展中始终坚持了稳健的方针，并恰当地制定和执行了稳健的货币政策；三是恰当应对国内外重大的金融事件和金融危机。隐忧不少，也是事实。其主要表现在：一是金融机构，特别是四大国有独资商业银行因历史积累加之现实经营管理水平仍然不高而导致银行资产质量较差（虽然国务院曾于1999年将其巨额不良资产剥离移交给新设立的四家国有独资金融资产管理公司），不良贷款比例较高，企业欠息不断增加，隐藏着较大的信用风险；二是一些中小存款金融机构和非银行金融机构历史遗留问题较多，少数机构资本金不足，资不抵债，已不能完全按期支付到期债务，面临较大的流动性风险；三是有些地方和部门仍在擅自设立非法金融机构，名目繁多的非法金融活动也仍然存在，潜伏着支付危机；四是股票和期货市场违法违规行为大量存在，一些上市公司质量不高或业绩不佳，一些地方地下股市交易猖獗，隐患不小；五是一些金融机构和企业违规借入外债或变相举借外债或为外债担保，造成外债支付风险；六是一些单位和个人进行金融违法和金融犯罪活动，给国家或集体造成巨额财产损失。加之金融业本来就是高负债、高风险的产业，所以我国金融业的现状迫切需要有严格而有效的金融监管。

二是，我国金融监管的现状可以概括为进步很快但差距仍较大。改革开放以来，尤其是1995年《中国人民银行法》和《商业银行法》及《保险法》颁布施行以来，我国的金融监管，首先是主要也是中国人民银行的金融监管，始终注意及时借鉴吸收外国和国际最新金融监管的经验、规则和制度，并结合我国实际，抓紧制度建设、组织建设和实际操作，迅速提高监管水平。但与少数发达国家相比，仍有较大差距。证券期货和保险方面的监管差距更大。现实表明，分业监管尚未做好，混业监管更难胜任。现在的任务，就是要集中精力、各司其职、抓紧做好分业监管，及时总结经验、健全制度、培养人才、提高监管能力和监管水平，为向混业经营和混业监管过渡创造条件。

第二，现行分业经营和分业监管是相对的，而不是绝对的。这主要表现在以下两方面：（1）现行分业监管体制是 1998 年终才基本确立的，实行时间还很短，无论从法律制度上看，还是从实际操作上看，交叉配合得还很多。（2）近几年中国人民银行根据金融业发展需要制定施行的几项规章，更是顺应了混业经营的迫切需要和历史潮流。例如：1999 年 7 月 9 日发布《凭证式国债质押贷款办法》，1999 年 8 月 19 日发布《证券公司进入银行间同业市场管理规定》和《基金管理公司进入银行间同业市场管理规定》、2000 年 2 月 2日发布《证券公司股票质押贷款管理办法》。从 2001 年开始，养老保险资金也已经可以有条件地进入证券市场。加之，关于商业银行可以依法代理部分证券业务、部分信托投资业务和部分保险业务的原有法律规定现都仍在继续执行。分业监管与分业经营相互依存。交叉混业经营发展到一定阶段，必然导致某种形式的混业监管。尤其值得关注的是，2003 年修正的《商业银行法》第 43 条规定："商业银行在中华人民共和国境内……不得向……非银行金融机构和企业投资，但是国家另有规定的除外。"这就为国务院今后在适当的时候有条件实行混业经营做了法律准备。

2. 对我国现行金融分业监管体制发展前景的预测。简而言之，我们的预测是，我国现行金融分业监管体制的发展前景是向混业经营和混业监管体制过渡。主要理由或主要依据有：一是金融全球化已成不可阻挡的历史潮流。其重要表现和标志之一就是发达国家的原有大型金融企业乘势进行大规模扩张。这种扩张既表现为向其他国家、其他地区乃至向全世界各地进行地域扩张、大搞"圈地运动"、迅速占领各国市场，同时也表现为向各种金融领域的扩张，实行混业综合经营，并不断进行金融创新；二是我国已经加入世界贸易组织，已经进入对外开放的新阶段，已经更全面更深入地融入了世界潮流，并已向世界贸易组织作出一系列关于开放市场、实行国民待遇并与国际接轨的承诺，所以不仅不会自外于混业经营和混业监管的时代潮流，而只会更自觉、更坚决、更迅速地追赶并尽快融入这一潮流，否则不仅难以提高我国金融企业的国际竞争力，难以提高我国金融监管的能力和水平，而且也难以对已进入我国并实行混业经营的跨国金融集团实施有效监管，因而也就难以及时发现和防范它们可能制造的金融风险。在这方面，1997 年的亚洲金融危机已经给我们提出了严重的警示，其中泰国等的金融风暴都起源于美国的金融大鳄。这个沉痛教训我们千万不要忘记。总之，国内外的情势和正反两方面的经验均已要求，我国的分业经营和分业监管将向混业经营和混业监管过渡。

三、金融监管和金融监管法的概念辨析

（一）金融监管的概念

金融监管是个基本性、综合性的重要概念，具有历史性，含义越来越丰富，外延也越来越宽泛，可有广狭之分。为了全面而准确地理解和掌握这一重要概念的丰富内涵，至少应当明确以下两个方面的要点：

1. 金融监管是个历史性概念，有其产生和发展的演变历程，不

同历史时期的具体含义不尽相同。用现代典型的眼光看，在 1929 年至 1933 年第一次世界性总危机爆发之前，虽然世界上许多国家都已有金融立法，其中也不乏有关金融机构设立条件和程序等方面的规定，但由于当时的各国政府盛行"自由放任"政策，所以并没有规定金融监管制度，也没有设立专司金融监管的主管机关；因而还没有产生现代典型意义的金融监管概念，而当时立法中的有关规定和操作中的有关做法也只具有现代金融监管的萌芽特征。从 1933 年开始盛行了半个多世纪的分业监管，其核心是外部性和合法性（或合规性），即金融监管机关对金融机构及其业务活动是否合法（或合规）进行监管。从 20 世纪 80 年代开始不断发生的严重金融事件和金融危机日益清楚地表明，光有外部合法性监管是远远不够的；加之各国政府为应对经济全球化和金融全球化的严重挑战而纷纷改行混业经营的金融政策，促使金融机构并购之风骤起，原有大型金融企业迅速实行多维性的全方位扩张，从而迅速形成了几家具有全球性和综合性的巨型金融企业集团，给金融监管提出一系列新课题。为应对这些新形势和新课题，金融监管迅速获得了一系列重要的新发展：一是建立和加强金融监管的国际合作（如巴塞尔委员会），建立并不断完善加强金融监管的统一的国际标准和国际规则（如《巴塞尔协议》《巴塞尔核心原则》和《巴塞尔新框架》）；二是金融监管主管机关的强化和统一（如英国 1998 年设立的金融服务管理局，集全部金融监管权力于一身，统一对全英金融体系实施全面监管；日本 1998 年设立的金融监督厅亦然）；三是建立和加强金融企业的内控机制和金融各行业协会（或公会）的行业自律；四是在坚持合法（合规）性监管的同时，加大风险监管，其中特别关注对资本充足率和金融财务会计的监管，关注对利率风险、汇率风险和金融衍生工具操作风险的监管，关注对本国银行的境外分支机构业务运营风险的监管（1995 年英国巴林银行因新加坡分行职员违规操作和日本大和银行 1996 年因其美国纽约分行职员违规操作而导致严重后果的沉痛教训），关注对外国银行的境内机构业务运营风险的监管（1997 年亚洲金融危机中泰国等的沉痛教训）；因而产生了风险监管中两个重要的新概念和新制度，即审慎财务会计制度和并表监管；五是各国政府为应对基于金融全球化和金融自由化而产生的混业经营的新趋势，将分业监管体制迅速向混业监管过渡。当然，上述金融监管的新发展和新趋势，在不同国家和不同地区，或同一国家的不同时段，也都存在不同的区别。

2. 金融监管是个含义丰富、层次多级的综合性概念，有广义和狭义之分。狭义的金融监管，主要是指主管部门根据国家授权，依照法律、法规和规章的规定，对金融机构和金融活动实施监督管理，并依法查处各种金融违法行为和协助查处金融犯罪行为，以维护金融业合法、稳健运行，保障存款人和其他服务客户的合法权益，维护统一开放、公平竞争、规范有序的金融秩序。该定义突出了"主管部门"的主体地位，反映了"分业监管"的突出特征。因为金融分为不同行业，既为社会分工，亦为各国都无法改变的社会经济现实。但是同一金融机构可不可以同时经营不同行业（即允不允许混业经营），不同行业是否归属不同部门监管（即是分业监管还是混业经营）则都是由国家的金融政策和金融立法决定的。只有当不同行业被划归不同部门监管（即分业监管体制）时才会产生"主管部门"（当然对"主管部门"还可以作其他解释，不过那就离开了我们正在探讨的"金融监管"的主题了）。需要进一步指出的是，该定义中的一系列用词和用语，虽然已经充分注意到定义用词用意应具普遍性、标准性的要求，但同时也充分注意到我国的现实国情，因此应从普遍性和特殊性两个方面来理解其具体含义。例如：（1）之所以用"主管部门"而不用"主管机关"或其他词语，首先是因为《中国人民银行法》和国务院有关规定虽然确立了中国人民银行的"中央银行"法律地位，并且授予其一系列重要职权（含部分金融监管职权），但始终未用"机关""机构"或其他相应名词给中国人民银行定性（当然，从《中国人民银行法》第四章第46条关于可以对中国人民银行提起行政诉讼的规定中，可以将中国人民银行推定为"行政管理机关"或"行政机关"），而是将其定性为"国务院组成部门"和"宏观调控部门"；其次是因为银监会、证监会和保监会均已被定性为"国务院直属事业单位"（而非国务院的组成"机构"和"机关"），并且已分别成为负责银行业、证券业、保险业监管的"主管部门"；再次是国外负责分业监管的组织机构的性质更加复杂，既有国家行政机关，也有法律授权的其他社会组织。由此可见，使用"主管部门"一词，既反映我国现实也具有包容性，可以涵盖国外其他有关情况。（2）定义中之所以使用"国家授权"而不使用"法律授权""国务院授权"或其他近似提法，主要原因也在于"国家授权"更具包容性，涵盖面更宽广。（3）定义中"依照法律、法规和规章"，既反映了我国金融监管法的渊源现状，也能概括国外的一般情况。（4）定义中使用"对金融机构和金融活动实施监督管理"，而不用"对金融机构及其运营情况实施监督管理"，是因为前者符合我国《中国人民银行法》《商业银行法》《保险法》和《证券法》等法律和法规的现行规定，而且其含义要比后者广泛得多。（5）定义中使用"依法查处各种金融违法行为和协助查处金融犯罪行为"，完全符合上述我国金融立法和国务院发布的现行金融法规《金融违法行为处罚办法》和《非法金融机构和非法金融业务活动取缔办法》等法律和法规的规定，而且行政处罚权不仅是我国，而且也是世界各国金融监管机关的重要职权和实施有效监管的重要法律手段。（6）定义中"以维护金融业合法、稳健运行，保障存款人和其他服务客户的合法权益，维护统一开放，公平竞争，规范有序的金融秩序"，表述的是我国金融监管相互联系的三大目的，也完全符合其他各国金融监管的共同目的和共同要求。最后，需要补充指出的是，上述狭义定义虽然抓住了金融监管的核心，具有一定的典型意义，但它既未能完全反映我国现行法律规定的全貌，也未能反映当代金融监管现状的全貌。欠缺的内容主要有五个方面：一是除"主管部门"之外的其他外部性的监管机构及其监管活动（如财政监督、审计监督等）；二是被监管对象——金融机构的内控机制（或内部监督管理制度，具有基础性，且日显重要）；三是金融行业协会的自律性和相互监管；四是社会公众和媒体舆论监督；五是金融监管的国际合作（含多边性和双边性的各种监管合作）。此外还应注意，金融监管必然在宏观政策指导下进行；监管国际合作的目的是防范地区性和世界性金融风险。由此可见，广义的金融监管应当是指，在国家宏观经济政策和货币政策的指导下，金融主管部门和其他金融监管职能机构，根据国家授权，在重视并加强金融机构内控机制和金融行业自律机制的基础上，在社会公众和媒体舆论监督的支持下，依照法律、法规和规章的规定，对金融机构和金融活动实施监督管理，并依法查处各种金融违法行为和协助查处金融犯罪行为，以维护本国金融业合法、稳健运行，保护存款人和其他服务客户的合法权益，维护本国统一开放、公平竞争、规范有序的金融秩序，并积极参与金融监管的各种国际合作，共同防范地区性或世界性的金融风险和金融危机。

（二）金融监管法的概念

金融监管法和金融监管是两个关系十分密切的概念，但二者又有区别。金融监管法这一概念，是在对有关金融监管的现行法律规定进行全面概括的基础上产生的；因而它既无需追问历史，也无权顾此失彼，遗漏其他，没有广狭之分。所以，在对金融监管这一概念已作较详辨析之后，对金融监管法的概念即可略陈而止。所谓金融监管法，应当是指关于"对金融业实施监督管理"的现行法律规范的总称；亦即调整因"对金融业实施监督管理"而引起的各种社会关系的法律规范的总称。现在我国金融监管法的渊源主要有：（1）全国人民代表大会通过的基本性法律。如《中国人民银行法》，以及《合同法》和《刑法》中的有关规定；（2）全国人民代表大会常务委员会通过的法律。如《商业银行法》《保险法》《证券法》《信托法》《票据法》《担保法》和《公司法》中的有关规定；（3）国务院制定的行政法规。如《金融违法行为处罚办法》《非法金融机构和非法金融业务活动取缔办法》《国有重点金融机构监事会暂行条例》《金融机构撤销条例》和《外资金融机构管理条例》等中的有关规定；（4）中国人民银行、中国银行业监督管理委员会、中国证券监督管理委员会和中国保险监督管理委员会制定的有关规章、规则等。

❹ 宏观调控基本法研究

按语：此文是笔者在中国农业大学时任法学副教授的中国人民大学法学博士葛敏和国家开发银行时任处长、高级经济师的北京大学经济学硕士黄皓的帮助下、于 2007 年 5 月研究完成的、中国法学会 2006 年部级法学研究课题《宏观调控基本法研究》（立项编号 CLS［2006］YB17）的最终成果；在接连分别获得北京大学法学院教授、博导杨紫烜和张守文、中国人民大学法学院教授、博导徐孟洲以及中国政法大学教授、博导符启林等著名经济法学家的书面鉴定和赞扬之后、于 2007 年 9 月 25 日获得结项证书，约 25 千字。此为首发、内容未做任何改动、仅订正了个别字、但大大压减了原经济学注释。

前　言

　　本课题组全体人员经过认真、反复、深入分析讨论后一致认为，《宏观调控基本法研究》是一个应用性、时代性和地域性都十分突出的课题，因而在研究方法及其学风、文风上，虽然必将运用多种学术方法和分析框架，但是尤其需要严格遵循"理论联系实际、实事求是、解放思想、与时俱进、开拓创新"的思想路线和历史唯物主义的基本原理，不搞本本主义、不纠缠名词概念、不堆积旧有知识，将研究的重点集中放在我国决定"实行社会主义市场经济"之时起，实施宏观调控和宏观调控法治所取得的丰富经验上，并要及时跟踪研究实践中出现的新情况和新经验，力争在宏观调控基本法中若干基础性、总则性等重大性问题的研究上取得一些创新性成果，从而为国家制定《宏观调控基本法》和完善宏观调控法治，提供有一定参考价值的咨询服务意见。

一、制定宏观调控基本法的必要性和重大意义

（一）制定一部好的《宏观调控基本法》，是继续落实宪法任务、完善宏观调控法治的迫切需要

众所周知，"宏观调控"和"宏观调控法"都不是我国的发明创造（如德国 1967 年《经济稳定与增长促进法》、美国 1978 年《充分就业和平衡增长法》和法国 1982 年《计划改革法》都是外国最具宏观调控基本法属性的典型代表）；至于"宏观调控"被纳入我国宪法则更晚。虽然 1988 年 9 月 30 日通过的《中共中央十三届三中全会公报》曾使用"国家宏观控制"的概念，但直到党的十四大 1992 年 10 月 12 日 "明确提出，我国经济体制改革的目标是建立社会主义市场经济体制，以利于进一步解放和发展生产力"，并强调"同时也要看到市场有其自身的弱点和消极方面，必须加强和改善国家对经济的宏观调控"[1]之后，八届全国人大一次会议 1993 年 3 月 29 日通过的《宪法修正案》第 7 条前两款（即现行《宪法》第 15 条第 1 款和第 2 款）才明确规定："国家实行社会主义市场经济。""国家加强经济立法，完善宏观调控。"又经过十多年的实践检验，现在我们可以理直气壮地说，无论从逻辑上还是从经验上看，宪法修正案的上述明文规定，都科学地揭示了"国家加强经济立法，完

---

〔1〕 参见江泽民：《加快改革开放和现代化建设步伐　夺取有中国特色社会主义事业的更大胜利》，载《江泽民文选》（第 1 卷），人民出版社 2006 年版，第 226~227 页。

善宏观调控"与"国家实行社会主义市场经济"二者之间的内在联系和客观规律。换言之，市场经济需要国家宏观调控，完善宏观调控需要加强经济立法。这是一条已被全世界各国的经济实践长期反复证明了的客观规律。对于处在经济全球化进程明显加快的新世纪而自身又在加速转型之中的当下中国而言，尤其要时刻牢记并切实遵循这一客观规律。那么请问，"宏观调控"入宪迄今已经 14 年有余，宪法规定的上述任务完成的、实施的情况如何？换言之，我国宏观调控法治建设的基本现状应该如何评估？众所周知，虽然我国的"宏观调控法"应该首先是指"计划法"或"规划计划法"，但早期一般所言的"宏观调控法"，通常首指财税法、次指金融法；而后来的发展趋势则是不断有所扩展。为使研究得以集中、重点能够突出，这里仅对我国宏观调控法治建设的基本现状作简要评估。我们的总体看法可以概括为两句话：一是已经取得重要成果；二是任务还十分艰巨。

1. 先讲财税法。我国的宏观调控立法始于预算法。虽然此前，中共中央、国务院曾于 1993 年 6 月 24 日发布题为《关于当前经济情况和加强宏观调控的意见》的专门文件，针对当时经济生活中存在的突出问题，决定采取严格控制货币发行、坚决纠正违章拆借资金、灵活运用利率杠杆大力增加储蓄存款、坚决制止各种乱集资、严格控制信贷总规模、专业银行要保证对储蓄存款的支付、加快金融改革步伐，强化中央银行的金融宏观调控能力、投资体制改革要与金融体制改革相结合、限期完成国库券发行任务、进一步完善有价证券发行和规范市场管理、改进外汇管理办法，稳定外汇市场价格、加强房地产市场的宏观管理、强化税收征管堵住减免税漏洞、清理在建项目及严格控制新开工项目、积极稳妥地推进物价改革抑制物价总水平过快上涨和严格控制社会集团购买力的过快增长等 16 项加强和改善宏观调控的紧急举措；中共十四届三中全会于 1993 年 11 月 14 日通过的《关于建立社会主义市场经济体制若干问题的决定》也明确提出了"建立健全宏观经济调控体系"的任务和措施，并且都发挥了很重要的作用。但它们还都属于"政策"范畴。我国的首部宏观调控立法当属八届全国人大二次会议于 1994 年 3 月 22 日通过的《预算法》（自 1995 年 1 月 1 日起实施），因为该法（第 1 条）首度明确规定："为了强化预算的分配和监督职能，健全国家对预算的管理，加强国家宏观调控，保障经济和社会的健康发展，根据宪法，制定本法。"毫无疑问，该法在完成宪法任务、构建宏观调控法治体系中率先垂范，为国家加强宏观调控、保障经济和社会的健康发展发挥了开创性的作用。其他财税立法（如五届全国人大三次会议 1980 年 9 月 10 日通过并经八届全国人大常委会四次会议 1993 年 10 月 31 日、九届全国人大常委会十一次会议 1999 年 8 月 30 日和十届全国人大常委会十八次会议 2005 年 10 月 27 日等三次修正的《个人所得税法》，六届全国人大常委会三次会议 1983 年 12 月 8 日通过并经八届全国人大常委会十九次会议 1996 年 5 月 15 日修正的《统计法》，六届全国人大常委会九次会议 1985 年 1 月 21 日通过并经八届全国人大常委会五次会议 1993 年 12 月 29 日修正和九届全国人大常委会十二次会议 1999 年 10 月 31 日修订的《会计法》，七届全国人大四次会议 1991 年 4 月 9 日通过的《外商投资企业和外国企业所得税法》和国务院 1993 年 12 月 13 日发布的《企业所得税暂行条例》已被十届全国人大五次会议 2007 年 3 月 16 日通过的《企业所得税法》所废止并取代，九届全国人大常委会二十八次会议 2002 年 6 月 29 日通过的《政府采购法》，八届全国人大常委会九次会议 1994 年 8 月 31 日通过并经十届全国人大常委会二十次会议 2006 年 2 月 28 日修正的《审计法》，等等）及众多的财税法规，也都从各自的职责领域、为加强财税宏观调控发挥了配合协同作用。但《预算法》实施至今（2007）已经 13 年了，国情的变化和发展已十分广泛、深刻而重大，致使《预算法》的修订早已显得必要而迫切。此外，从加强和完善财税宏观调控体系的迫切需要的角度看，财税法治建设的任务还十分艰巨，其中的税收基本法、国有资产法、国债法和转移支付法等立法任务尤显重要而迫切。这些任务若不能尽快、较好完成，不仅使财税法治在宏观调控法治体系中的应有地位和作用难以继续，更严重的是将拖累宏观调控法治建设的后腿、削弱国家宏观调控的整体效益。

2. 次讲金融法。笔者认为，与上述财税法相比，无论从立法的数量及其质量还是法律实施的状况及其实际效果看，金融法治建设所取得的成果都明显更多更好一些。这首先表现在金融法的核心——中央银行法即八届全国人大三次会议于 1995 年 3 月 18 日通过并立即公布、开始施行的《中国人民银行法》上。该法不仅开宗明义地将"保证国家货币政策的正确制定和执行，建立和完善中央银行宏观调控体系"规定为其重要的立法目的（第 1 条），而且还首次以国家基本法的形式庄重地确立了人民币是"法定货币"的至尊地位（第三章），还明确规定了货币政策目标及其制定和执行的权限及程序（第 2、5、10、11 条），并具体地规定了中央银行可运用的货币政策工具的种类及其他业务调控措施（第四章）和相关违法责任（第七章）等，从而使其具有很强的权威性和较好的可操作性、得到了较好的实施效果。2003 年 12 月 27 日，十届全国人大常委会六次会议修订该法时，删去了中央银行监管金融机构的大部分职责，增加了其防范与化解金融风险和维护金融稳定的职能，并增加规定了"中国人民银行货币政策委员会应当在国家宏观经济调控、货币政策制定和调整中，发挥重要作用"，总之是大大强化了中央银行及其货币政策委员会在国家宏观经济调控体系的地位和作用。至于其他金融法律，如八届全国人大常委会十三次会议 1995 年 5 月 10 日通过并经十届全国人大常委会六次会议 2003 年 12 月 27 日修正的《商业银行法》、八届全国人大常委会十三次会议 1995 年 5 月 10 日通过并经十届全国人大常委会十一次会议 2004 年 8 月 28 日修正的《票据法》、八届全国人大常委会十四次会议 1995 年 6 月 30 日通过的《担保法》、八届全国人大常委会十四次会议 1995 年 6 月 30 日通过并经九届全国人大常委会三十次会议 2002 年 10 月 28 日修正的《保险法》、九届全国人大常委会六次会议 1998 年 12 月 29 日通过并经十届全国人大常委会十一次会议 2004 年 8 月 28 日修正及其十八次会议 2005 年 10 月 27 日修订的《证券法》、十届全国人大常委会五次会议 2003 年 10 月 28 日通过的《证券投资基金法》、十届全国人大常委会六次会议 2003 年 12 月 27 日通过并经其二十四次会议 2006 年 10 月 31 日修正的《银行业监督管理法》和十届全国人大常委会二十四次会议于 2006 年 10 月 31 日通过的《反洗钱法》等。上述这些金融专门法，虽然都不属于宏观调控法的范畴，但又都从各自的专业领域配合并协助中央银行法做好金融宏观调控工作。当然这并不表明笔者认为金融宏观调控立法及其实施效果已经很好。相反，笔者认为，由于当下正处在经济全球化日益加速发展的情势之中，金融在其中的领先地位及核心作用也是一把"双刃剑"，既会带来众多机遇和利益，也会增加许多风险和麻烦，从而也就加大了金融宏观调控及其法治建设的重要性、复杂性和艰巨性，向金融宏观调控法治建设提出了更高、更紧迫的要求。进一步说，从近十几年金融宏观调控的效率和效果看，金融宏观调控法治建设的成果是显著而重大的，但需要反思、总结、提高和完善的任务也是艰巨而紧迫的。尤其是如下两大发展趋势已使宏观调控法治建设的复杂性、艰巨性和紧迫性同时得以大大强化：一是国内金融的市场化（含利率）、开放化和一体化（含银行业、证券业和保险业等金融业经营的综合化或混业化以及国内金融市场和国际金融市场的一体化）的迅速发展，正不断加大国内金融的风险及其宏观调控的难度；二是我国经济整体实力及其对外贸易的迅速增长促使外贸顺差和外汇储备不断加大，致使外汇的管理、经营及其宏观调控、汇制改革和外汇法治建设的重要性和迫切性都在不断迅速加大。

3. 再讲其他宏观调控法。众所周知，我国的现代化建设、宏观调控及其宏观调控法治建设等各方面的实践均已反复表明，除上述财税法和金融法之外，宏观调控法治体系还不断增加着许多重要的新成员，如有关土地及其他稀缺自然资源调控、房地产调控、能源战略、生态保护、产业布局和结构调整、劳动就业、城乡建设规划、外贸平衡、价格、国民经济和社会发展五年或十年规划及其年度计划等方面的宏观调控法治建设。当然，相对而言，这些方面的成熟经验还少一些、探索性做法还多一些，因而立法的层级还低一些、数量也少一些、质量及其实施效果也不尽相同。但是，它们的地位和作用正在并必将迅速增长则是毫无疑义的。

4. 完善宏观调控法治，迫切需要制定一部好的《宏观调控基本法》。由上述可见，一是随着社会主义市场经济的快速发展壮大，宏观调控的任务、作用及其重要性和艰巨性也都在迅速增长和上升；二是宏观调控法治建设在不断取得新成果的同时，还远远满足不了宏观调控的迫切需要。在如此紧迫的情势下，如若仍旧只沿老路走、即仅让有关职能部门和业务主管部门分别起草并提交相关调控法案或修正案，就不仅难以解决其中势必会出现的"效率"和"撞车"问题，而且更难以抑制危害更甚的"将部门利益或特权固定化、扩张化"的错误倾向。因此必须另辟蹊径、走宏观调控立法的创新之路，即由全国人大常委会法工委亲自负责《宏观调控基本法》的组织、调研和起草工作，从而为全国人大制定一部好的《宏观调控基本法》奠定基础。笔者相信，一旦这样的《宏观调控基本法》制定出来，整个宏观调控法治体系就有了自己的统帅、核心和骨干，国家宏观调控职能的履行及其效能也必将因此而获得更有力、更有效的法治保障，取得更大、更好的实效。

（二）制定一部好的《宏观调控基本法》，是全面贯彻落实科学发展观、深化行政体制改革、进一步将宏观调控纳入规范化、程序化、制度化轨道，从根本上提高宏观调控质量和效益的迫切需要

1. 科学发展观的贯彻落实必须要有法治保障，并亟需制定出一部真正以科学发展观为指导的《宏观调控基本法》。首先，必须充分认识科学发展观的极端重要性。众所周知，自从中共十六届三中全会 2003 年 10 月 14 日通过的《关于完善社会主义市场经济体制若干问题的决定》，首次提出以"坚持以人为本，树立全面、协调、可持续的发展观，促进经济社会和人的全面发展"为内容的"科学发展观"以来，胡锦涛就科学发展观的极端重要性及其贯彻落实的具体要求发表了一系列重要讲话和文章。其中最具代表性的是：2005 年 12 月 15 日，他在青海考察工作结束时的讲话中概括性地指出："科学发展观是我们党坚持以邓小平理论和'三个代表'重要思想为指导，在准确把握世界发展趋势、认真总结我国发展经验、深入分析

我国发展阶段性特征的基础上提出的重大战略思想，是对经济社会发展一般规律认识的深化，是指导发展的世界观和方法论的集中体现，是推进社会主义经济建设、政治建设、文化建设、社会建设全面发展必须长期坚持的指导方针"。[1]2006 年 6 月 30 日，胡锦涛在《在庆祝中国共产党成立 85 周年暨总结保持共产党员先进性教育活动大会上的讲话》中又进一步明确提出："坚持以科学发展观统领经济社会发展全局，切实抓好发展这个党执政兴国的第一要务，推动经济社会又快又好发展，是我们这一代中国共产党人的神圣使命，是党的先进性在当代中国最重要最具体的体现，也是新的历史条件下加强党的先进性建设的重要着力点和衡量标准。要坚持用科学发展观武装全党，进一步把全党的思想统一到科学发展观上来，真正把科学发展观转化为全党的实际行动，转化为领导改革开放和社会主义现代化建设的工作能力，抓住发展机遇，转变发展观念，创新发展模式，提高发展质量，切实把我国经济社会发展转入科学发展的轨道。"[2]虽然从认识论的角度讲，对科学发展观的认识还必将随着社会实践的发展和理论研究的深化而不断与时俱进，但仅就目前的认识水平而言，胡锦涛的上述讲话无疑是十分精辟、非常到位的。正因为如此，十届全国人大四次会议 2006 年 3 月 14 日批准的《国民经济和社会发展第十一个五年规划纲要》（以下简称《"十一五"规划纲要》），在第一章准确分析把握保持经济平稳较快发展和社会和谐进步面临的有利条件以及前进道路上还存在着的不少困难和问题的基础上，紧接着就在"第二章　全面贯彻落实科学发展

---

〔1〕　参见胡锦涛：《全面贯彻落实科学发展观　推动经济社会又快又好发展》，载《求是》2006 年第 1 期。

〔2〕　参见《人民日报》2006 年 7 月 1 日。

观"中，严肃要求"以科学发展观统领经济社会发展全局"，并强调"发展必须是科学发展，要坚持以人为本，转变发展观念、创新发展模式、提高发展质量，落实'五个统筹'，把经济社会发展切实转入全面协调可持续发展的轨道"。质言之，这就将党的政策主张上升为国家的法定职责，从而具有了法定的权威和效力。进而言之，科学发展观对整个宏观调控法治体系的建设实践过程始终具有法定的统领地位和指导作用。换言之，包括《宏观调控基本法》在内的整个宏观调控法治体系的建设实践，都要始终自觉地以科学发展观为指导。如是方可制定出一部堪称"良法"的《宏观调控基本法》。同时也要认识到，科学发展观的贯彻落实要靠法治，并急需制定出一部堪称"良法"的《宏观调控基本法》。几年来的实践已经充分证明，科学发展观贯彻落实的关键在于提高认识、"转变发展观念"，但从根本上讲还是要靠法治、并亟需制定出一部真正以科学发展观为指导的《宏观调控基本法》。因为从本质上看，科学发展观之所以能够集"人民性""科学性"及其强大生命力于一身，根本原因就在于，其立足点是全国的大局、全局，是中华民族的伟大复兴和永续发展，是全国各民族人民的普遍的、长远的、根本的利益，而不是某个或某几个集团、阶层或地区、区域的特殊要求。应该说，这才是科学发展观与以往各种旧发展观的根本区别之所在。但也正因为如此，科学发展观的贯彻落实就必然要引起旧发展观长期施行所形成的利益格局的一系列重大调整。例如，科学发展观中关于"坚持以人为本……促进……人的全面发展"要求的贯彻落实，必将冲垮那些死抱着"见物不见人"的旧发展观不放，仍然企图"凭数字出官"的官员的幻想。又如，科学发展观中关于"全面、协调"发展要求的贯彻落实，就必然要引起全国发展思路、发展规划、发展布局的全方位、多层次、一系列的重大调整（《"十一五"规划纲要》已有所体现），并继而引起包括财政政策、货币政策、产业政策、区域布局、土地政策、能源政策、农村政策、教育文化卫生政策等在内的国家各项重大政策的调整，引起全国人、财、物等各种发展战略资源的重新配置，从而导致全国性、多层次、全方位、不同程度的利益调整，以更好地体现并实现全社会的公平和正义、达到全面发展和共同富裕的宏伟目标。这样的利益调整无疑是十分必要并且是非常重要的，但也势必会遇到形形色色的"既得利益"者和目光短浅的地方保护主义者及行业保护主义者的抵制和干扰。再如，科学发展观中关于"可持续发展"要求的贯彻落实，就必然会引起"人与自然"现存关系的重大调整和重新布局，就必然要求在全社会大大提升对自然生态环境极端重要性的认识、并切实普遍树立起生态意识和节约意识，就必然要求在全社会大力调整经济结构、加大科技投入和环保投入、着力发展循环经济、切实转变经济增长方式、尽快提升我国经济的整体素质，从而使我国的发展事业真正步入可持续发展、永续发展的科学发展轨道。这样的要求对我国的现实而言无疑具有极强的针对性和迫切性，但这样做的结果无论在宏观上还是在微观上都必将加大成本投入，因而就有可能会引起一些目光短浅而又唯利是图的企业人士和管理官员的直接抵制或变相抵制，从而给科学发展观的贯彻落实增添困难和障碍。

总之，科学发展观的贯彻落实，不仅需要人们思想认识的提高和发展思路的创新，而且必然会直接或间接地触及许多单位和个人的各种切身利益。这正是科学发展观贯彻落实的难点之所在。尚需进一步指出的是，由于改革开放已经进行了近三十年并正在进一步深化、经济市场化和社会多元化都处在快速发展的过程中，影响人们决策和行动的因素增多并仍处在多变之中，这些都可能给科学发展观的贯彻落实增加难度。例如，随着全球化的继续深入发展和我国融入程度的日益加深，以跨国垄断集团为代表的外资经济及其形成的外国势力在我国的经济和社会中的地位和作用正在明显增大，这也会加大贯彻落实科学发展观的难度。因为他们不可能像我们国内的党员、干部和公民大众那样听从党和政府的召唤，而且党中央为贯彻落实科学发展观而实施的思想、政治和组织工作方面的一系列保障措施也不能适用于他们。那么如何才能破解科学发展观贯彻落实中的这些难点或难题呢？笔者认为，必须靠法治、并亟需制定出一部真正以科学发展观为指导的《宏观调控基本法》。因为只有法治才具有普遍的、长期的权威和效力，只有这样的《宏观调控基本法》才能事半功倍地同时较好地解决我国宏观调控法治建设中存在着的数量短缺和质量不高等问题、促使宏观调控法治建设获得整体性提升，才能为科学发展观的贯彻落实提供强有力的法治保障。

2. 继续深化行政体制改革、进一步规范宏观调控、提高宏观调控的质量和效益，迫切需要制定一部好的《宏观调控基本法》。根据已经十届全国人大会第五次会议上审议批准的 2007 年 3 月 5 日《政府工作报告》和国家发改委时任主任马凯 2007 年 5 月初的报告得知，1978 年至 2006 年，我国国内生产总值年均增长率 9.67%，远高于同期世界经济 3.3%左右的年均增长速度；经济增长率现已连续四年达到或略高于 10%，2006 年的增长率又高达 10.7%。经过多年的发展，我国的综合国力大大增强，国际地位及其影响力显著提高，经济总量已跃居世界第四位；从 2004 年起已成为世界第三大贸易国，2006 年进出口贸易总额又比上年增长 23.8%，达到 1.76 万亿美元；从 1993 年起，我国已连续 14 年成为吸收外商直接投资最多的发展中国家，2006 年实际利用外商直接投资高达 695 亿美元，等等。当然，在充分肯定骄人业绩的同时，也要高度重视还存在和面临的严重困难，还应深入分析原因、总结经验教训、研究解决办法、创新体制机制。众所周知，近几年尤其是今年（2007 年，下同）"两会"以来，"宏观调控"已经逐渐发展成为我国经济、政治乃至社会生活领域中的一个"难点、热点、焦点和重点"问题，很值得我们重视和深思。今年的《政府工作报告》，无论是回顾总结 2006 年还是部署安排 2007 年的经济工作，首先着力阐述的都是"加强和改善宏观调控"，因此自然成为"两会"的热点乃至焦点之一。进入 4 月尤其是今年第一季度经济统计数字出来后，"宏观调控"问题更是大热起来乃至已成焦点。这不仅表现在中国人民银行继今年年初之后再次决定从 2007 年 5 月 15 日起，上调存款类金融机构人民币存款准备金率 0.5 个百分点，更为集中表现在温家宝先后于 4 月 18 日和 25 日连续两次主持召开国务院常务会议，分析一季度经济运行情况，部署当前经济工作，并决定把节能减排作为宏观调控重点，还于 4 月 27 日召开"全国节能减排电视电话会议"，发表题为《高度重视　狠抓落实　进一步加强节能减排工作》的重要讲话，予以部署落实。吴邦国也于 4 月 27 日会见参加 2007 年中华环保世纪行活动启动仪式的代表和记者时提出三点希望：一要广泛宣传和普及节约资源和保护环境的法律法规，提高全社会资源环境意识，让节能环保家喻户晓、深入人心，成为全社会的自觉行动；二要紧紧围绕节能减排目标，抓住社会普遍关注、人民群众反映强烈的问题开展活动，进一步增强活动的针对性和实效性；三要充分发挥舆论监督和群众监督的作用，注重采访报道的深度，宣传成功经验、弘扬先进典型，揭露违法案件、鞭挞不良行为，为节约资源和保护环境创造良好的社会舆论氛围。这就表明，"节能减排"已成为继"房地产"之后又一个更大的宏观调控的"难点、热点、焦点和重点"。同时，中国社会科学院学部委员、数量经济与技术经济研究所所长汪同三也在其新发表的经济学论文《积极解决经济社会发展中的矛盾和问题》中提出了一些针对性很强的建议[1]。汪文主张：经济结构矛盾突出，是我国经济运行中存在的主要问题。解决这一问题，必须以科学发展观为指导，坚持加强和改善宏观调控，在优化结构中促进经济总量平衡；应结合结构调整，对节能降耗和污染减排目标进行更科学的规划和分解，制定更加完善的配套政策措施并抓紧落实；加快构建社会主义和谐社会，应高度重视人民群众不满意的现实问题，妥善解决损害群众利益的问题，使广大人民群众共享经济社会发展的成果等。

为什么会发生这些现象？原因肯定是复杂的、多方面的。但笔者研究后认为，除了我国基本国情中的客观因素（如人均拥有的土地、水、石油等自然资源的数量相对较少、节能环保等方面的科学技术还相对落后等）之外，现行行政体制及其管理机制还存在着的不少弊端也是亟需解决的重要原因。众所周知，十多年尤其是近两年来，建设部、国土资源部、中国人民银行、国家税务总局、发改委乃至国务院，已为调控房地产而发布了难以计数的"红头文件"[2]，但却收效甚微甚至出现与现行法律规定相左的嫌疑，是一

---

〔1〕 参见《人民日报》2007 年 4 月 25 日。
〔2〕 参见新华网 2006 年年终报道·财经编：《中国 2006 年房地产调控大事记》。

个需要深入反思的典型案例[1]。其中决策权以及执行权的分割、脱节以及由此而引起的冲突和相互抵消，不能说不是重要的体制机制原因[2]，此类问题若不解决，调控措施的民主性、科学性、权威性及其执行力则均难以提升。而要解决这类问题，则必须进一步深化行政体制及其管理机制改革、理顺宏观调控的决策权和执行权、使宏观调控进一步规范化、程序化、制度化。显然，这又只能通过制定《宏观调控基本法》、创新宏观调控的体制机制才能获得妥善解决。

小结：综上可见，制定一部真正以科学发展观为指导的《宏观调控基本法》，对于继续落实宪法任务、有效完善宏观调控法治、提高宏观调控的质量和效益、促进经济和社会全面、协调、可持续地科学发展是十分必要和非常重要的；而且，我国宏观调控及其法治建设实践已经取得了丰富经验和经济学界、经济法学界的众多学术研究成果，也已使这项艰巨任务的完成具备了可能性和可行性。

---

〔1〕 详见《上海证券报》2007年4月20日发表的《当前楼市目睹之"怪现状"房价涨幅不降反增》；陈承堂发表在2006年第5期《法商研究》上的《宏观调控的合法性研究——以房地产市场宏观调控为视角》一文认为，建设部、发改委、监察部、财政部、国土资源部、中国人民银行、国家税务总局、统计局、银监会等部门于2006年5月24日联合出台的《关于调整住房供应结构稳定住房价格的意见》"有不少条款与现行的法律规范相抵触"。

〔2〕 参见《人民日报》2007年1月22日第9版，所载经济学家张卓元的《加快形成落实科学发展观的体制机制保障》一文。张文主张：完善社会主义市场经济体制，必须推进行政管理体制改革，加快转变政府职能；应从全能型政府向公共服务型政府转变，真正履行经济调节、市场监管、社会管理和公共服务职能，特别是强化社会管理和公共服务职能。

二、宏观调控基本法的指导思想、价值追求、立法目的和基本原则

（一）制定《宏观调控基本法》必须以科学发展观和构建社会主义和谐社会的理论为指导

关于制定《宏观调控基本法》必须以科学发展观为指导的必要性和重要性，因前文已做简要论述故不再赘述。而关于制定《宏观调控基本法》必须以构建社会主义和谐社会的理论为指导的原因，则只要认真学习中共十六届六中全会 2006 年 10 月 11 日通过的《关于构建社会主义和谐社会若干重大问题的决定》便可了然于胸。因为该决定不仅精辟地分析了构建社会主义和谐社会的重要性和紧迫性，还明确提出了构建社会主义和谐社会的指导思想、目标任务和原则，并且按照"坚持以科学发展观统领经济社会发展全局——推动社会建设与经济建设、政治建设、文化建设协调发展"的总要求，从坚持协调发展、加强社会事业建设，加强制度建设、保障社会公平正义，建设和谐文化、巩固社会和谐的思想道德基础，完善社会管理、保持社会安定有序，激发社会活力、增进社会团结和睦等五大方面做出了全局性的战略部署，所以对《宏观调控基本法》的制定具有特别重要的指导意义。

（二）《宏观调控基本法》应以"公平正义"为其根本的价值追求

概而论之，此处所讲"价值追求"，是指"指导思想"的普遍性与具体实践的特殊性相结合的产物，是科学发展观和构建社会主义和谐社会的理论在社会主义法治实践中的具体化和凝聚化；它比立法目的和基本原则更具概括性、抽象性、根本性和终极性，因而成为包括宏观调控法在内的整个社会主义法治的精髓和灵魂。质而

论之，《宏观调控基本法》的价值追求应该是"保障在全社会实现公平和正义"，可以简称为"公平正义"。这不仅是因为法学界向来大多将其视为法治的永恒追求，更重要的是它从来就是我国社会主义法治的价值追求。这首先表现在我国宪法明文规定并注重落实："中华人民共和国公民在法律面前一律平等"，"国家尊重和保障人权"（第33条第2、3款）；而且自2002年11月党的十六大开始，党和国家重要文件都明确将"公平正义"宣布或规定为整个中国特色社会主义社会建设及其社会主义法治的价值追求，如2002年11月8日，江泽民在中共十六大报告《全面建设小康社会，开创中国特色社会主义事业新局面》中指出："社会主义司法制度必须保障在全社会实现公平和正义"〔1〕；2005年2月19日，胡锦涛在省部级主要领导干部提高构建社会主义和谐社会能力专题研讨班上的讲话中指出，"维护和实现社会公平和正义，涉及最广大人民的根本利益，是我们党坚持立党为公、执政为民的必然要求，也是我国社会主义制度的本质要求"，并将我国现阶段"公平正义"的主要含义概括为4个"公平"（即"权利公平、机会公平、规则公平、分配公平"）和4个"都能够"（即"逐步做到保证社会成员都能够接受教育，都能够进行劳动创造，都能够平等地参与市场竞争、参与社会生活，都能够依靠法律和制度来维护自己的正当权益"）〔2〕；2006年3月14日，十届全国人大四次会议批准的《"十一五"规划纲要》要求"更加注重社会公平，使全体人民共享改革发展成

---

〔1〕 《江泽民文选》（第3卷），人民出版社2006年版，第556页。

〔2〕 详见中共中央宣传部理论局编：《社会主义社会建设理论的丰富和发展——构建社会主义和谐社会理论文章选》，学习出版社2005年版，第17、25~27页。

果"〔1〕；2006 年 10 月 11 日，中共十六届六中全会通过的《关于构建社会主义和谐社会若干重大问题的决定》中"四、加强制度建设，保障社会公平正义"部分不仅明确提出"社会公平正义是社会和谐的基本条件，制度是社会公平正义的根本保证。必须加紧建设对保障社会公平正义具有重大作用的制度，保障人民在政治、经济、文化、社会等方面的权利和利益，引导公民依法行使权利、履行义务"，而且决定从"（一）完善民主权利保障制度，巩固人民当家作主的政治地位""（二）完善法律制度，夯实社会和谐的法治基础""（三）完善司法体制机制，加强社会和谐的司法保障""（四）完善公共财政制度，逐步实现基本公共服务均等化""（五）完善收入分配制度，规范收入分配秩序""（六）完善社会保障制度，保障群众基本生活"等方面进行制度创新。正因为如此，2006 年 4 月 11 日，中共中央政治局时任常委、中央政法委时任书记罗干在北京举办社会主义法治理念研讨班的讲话中，明确而简洁地提出"公平正义是社会主义法治的价值追求"，并作了精辟论述〔2〕。总而言之，无论从经济法的思想渊源还是从经济法整体价值追求的发展趋向上看，《宏观调控基本法》也理应将"公平正义"作为自己的价值追求。因为堪称经济法思想渊源的法国空想社会主义者摩莱里 1755 年匿名公开出版的《自然法典》、就洋溢着对"公平正义"的渴望和法制设想〔3〕。而且，自经济法实体产生并付诸实践的一百多年来，无论

---

〔1〕 本书编写组编著：《十届全国人大四次会议文件辅导读本》，人民出版社 2006 年版，第 7 页。

〔2〕 参见《人民日报》2006 年 4 月 14 日《罗干在社会主义法治理念研讨班上强调深入开展社会主义法治理念教育 切实加强政法队伍思想政治建设》的报道。

〔3〕 详见［法］摩莱里：《自然法典》，黄建华、姜亚洲译，商务印书馆 1982 年版。

从何视角看均可发现：虽然从微观上看，每个具体的经济立法和经济法实施行为都有各自具体而特殊的目的，但若从宏观上进行比较和归纳即会发现，经济法治价值追求的整体趋向是明朗的也是趋同的，这就是越来越普遍、越来越清醒地把在全社会实现和维护公平和正义作为经济法治最根本的价值追求目标[1]。当然，"公平正义"的内涵是发展变化、有同有别的，我国现阶段"公平正义"的主要含义、已由前述党和国家的重要文件和文献所阐明。综上可见，制定《宏观调控基本法》的实践过程理应始终自觉地以"公平正义"作为其最根本的价值追求目标，使制定出来的《宏观调控基本法》真正成为名副其实的贯彻落实科学发展观、在全社会实现和维护公平正义的好法律、好制度。

（三）《宏观调控基本法》的立法目的

概而言之，"立法目的"通常是多元的，具有多层次性；可分为"直接目的"和"终极目的"两个层次。"直接目的"讲的是该项法律理应承担和履行的主要职能，具有直接性和基本性；而"终极目的"则是指作为上层建筑的该项法律通过并付诸实施后理应对其经济基础和市民社会发挥的实际效用，因而具有深层性和终极性。当然，这里的"终极目的"尚处于"期望"和"理想"状态，能否变成现实既取决于立法质量，也取决于其实施状况。《宏观调控基本法》的"立法目的"也不例外。《预算法》和《中国人民银行法》的"第1条"规定便是明证。前者规定的是："为了强化预算的分配和监督职能，健全国家对预算的管理，加强国家宏观调控，保障经济和社会的健康发展，根据宪法，制定本法。"后者修改后的规定

---

[1] 详见黄欣、黄勃：《关于经济法创新和发展的几点看法》，载《法学》2005 年第 11 期。

是："为了确立中国人民银行的地位，明确其职责，保证国家货币政策的正确制定和执行，建立和完善中央银行宏观调控体系，维护金融稳定，制定本法。"实践表明，此类表述结构言简意赅、符合国情，有一定的科学性，可以作为研究和表述"立法目的"的路径及其范式。如是便可先研究《宏观调控基本法》的"直接目的"亦即其理应承担和履行的主要职能。这个问题的研究进路不少，论证透彻确需长文，限于本文的结构布局自然不应如此。因此只能质而言之，《宏观调控基本法》的"直接目的"可以表述为"为了从根本上规范和完善宏观调控、提高宏观调控的能力和效益"。这里首先要指明的是，其中的"完善宏观调控"是宪法为整个宏观调控法治体系规定的共同的"直接目的"（现行《宪法》第15条第2款），当然也理应成为《宏观调控基本法》的"直接目的"；而且，"完善宏观调控"的内涵可以作十分广泛而丰富的解释，当然也能将其前面的"规范"乃至"从根本上"包括进去。笔者之所以主张增加它们，一是为了突出《宏观调控基本法》对宏观调控，尤其是对宏观调控权力主体的"规范"功能，而且还包括要强调对宏观调控决策的科学化和民主集中制程序制度的"规范"功能；二是为了突出《宏观调控基本法》不同于宏观调控法制体系中其他所有专门法或特别法、而具有"从根本上""规范和完善宏观调控、提高宏观调控的能力和效益"的能力和作用。因为它是"基本法"，理应统领全局、"从根本上"解决其中攸关整体提升的数量和质量问题。其次要指出的是，其中"提高宏观调控的能力和效益"，既是承上启下的连接语，也具有独特的内涵和重要的作用，因而也是不可或缺、应予保留的。

现在来谈《宏观调控基本法》的"终极目的"。根据党和国家十六大以来的重要文件尤其是科学发展观、和谐社会及《"十一五"规划纲要》的明确要求，笔者建议将《宏观调控基本法》的"终极目的"表述为："保持社会供求总量基本平衡、避免经济大起大落，促进经济社会科学、全面、协调、可持续发展，促进人的全面发展，促进社会公平正义。"显然，这样的表述文字较长、又具有层次性和递进性，但比较完整地概述了其"终极目的"应有的丰富内涵。对此笔者仅想特别指出的是，其中的"保持社会供求总量基本平衡、避免经济大起大落"，既是《"十一五"规划纲要》的明文要求，更是宏观调控的必要性、重要性及其效用的集中表现，因而也是其后三个"促进"的"终极目的"能否实现的基础和关键；至于三个"促进"的"终极目的"本身则是科学发展观及和谐社会理论的一种综合性的表述方式，而且也都是转述的原文，其理由上述已论证过，故此不再赘述。

综上可见，《宏观调控基本法》的"立法目的"可以概述为："为了从根本上规范和完善宏观调控、提高宏观调控的能力和效益，保持社会供求总量基本平衡、避免经济大起大落，促进经济和社会科学、全面、协调、可持续发展，促进人的全面发展，促进社会公平正义，根据宪法，制定本法。"

（四）《宏观调控基本法》的基本原则

关于宏观调控法的基本原则，经济法学界已经做过大量研究，但学者们的看法各有不同。其中比较典型的观点主要有：认为宏观调控的原则为间接调控、计划指导、公开、合法、适度、稳定性与灵活性相结合等的"六原则说"[1]；认为宏观调控法的基本原则为

---

〔1〕 参见杨紫烜主编：《经济法》，北京大学出版社、高等教育出版社1999年版，第267~268页。

决策集权、权力制约、维护受控者权利、保障宏观调控理性化运行和调控手段法治化等的"五原则说"〔1〕；认为宏观调控法的原则为平衡优化、有限干预、宏观效益和统分结合等的"四原则说"〔2〕；认为宏观调控法的基本原则应是宏观调控职权和程序法定、维护国家宏观经济利益、宏观调控主体分工和协调等"三原则说"〔3〕，等等。所有这类研究都为我们的研究奠定了基础、开拓了思路，值得我们重视并借鉴。但笔者认真研究后认为，宏观调控法的基本原则，应该是指也只能是指那些整个宏观调控法治都应始终遵循并应贯彻落实的总则性的高级规则，如"依宪配权、依法调控"的法治原则和"尊重市场、尊重规律"的科学原则等两项原则。

1. 先简要阐述"依宪配权、依法调控"的法治原则。认为宏观调控应纳入法治轨道、遵循法治原则，这已经基本上成为此类研究的共识；但对其含义的深入理解和阐述就出现了差别〔4〕。笔者之所以突出"依宪配权、依法调控"这两句话、八个字，首先是要强调"宏观调控权的配置必须依据宪法、符合宪法，而不能违反宪法规定的权力结构秩序"。根据现行《宪法》第 2 条关于"中华人民共和国的一切权力属于人民。人民行使国家权力的机关是全国人民代表大会和地方各级人民代表大会。人民依照法律规定，通过各种途径

---

〔1〕 参见李昌麒、胡光志：《宏观调控法若干基本范畴的法理分析》，载《中国法学》2002 年第 2 期。

〔2〕 参见徐孟洲：《略论宏观经济调控法》，载《法学家》1994 年第 4 期。

〔3〕 参见谢增毅：《宏观调控法基本原则新论》，载《厦门大学学报（哲学社会科学版）》2003 年第 5 期。

〔4〕 参见张守文：《宏观调控权的法律解析》，《北京大学学报（哲学社会科学版）》2001 年第 3 期；邢会强：《宏观调控权运行的法律问题》，北京大学出版社 2004 年版，第 32 页，等等。

和形式，管理国家事务，管理经济和文化事业，管理社会事务"和第3条关于"中华人民共和国的国家机构实行民主集中制的原则。全国人民代表大会和地方各级人民代表大会都由民主选举产生，对人民负责，受人民监督。国家行政机关、审判机关、检察机关都由人民代表大会产生，对它负责，受它监督。中央和地方的国家机构职权的划分，遵循在中央的统一领导下，充分发挥地方的主动性、积极性的原则"等规定可知，"宏观调控权"是人民主权亦即国家权力的一部分，人民依照法律规定、通过人民代表大会制度、按照民主集中制的原则予以行使，因此"民主""公众参与"自是其应有之义。根据现行《宪法》第57条关于"中华人民共和国全国人民代表大会是最高国家权力机关。它的常设机关是全国人民代表大会常务委员会"，第62条关于"全国人民代表大会行使下列职权"，第67条关于"全国人民代表大会常务委员会行使下列职权"，以及第85条关于"中华人民共和国国务院，即中央人民政府，是最高国家权力机关的执行机关，是最高国家行政机关"，第89条关于"国务院行使下列职权"等规定可知，作为"最高国家权力机关"的全国人民代表大会及其常务委员会，享有宏观调控的"最高决策权"或"最终决定权"和"最高监督权"；而作为"最高国家权力机关的执行机关"亦即"最高国家行政机关"的国务院，则享有宏观调控的"最高执行权"；至于地方人大及其政府在宏观调控中的具体职权则应依据《宪法》第3条第4款和第三章第五节的规定予以合理配置。当然也不应讳言，从现实情况看，全国人大及其常委会所享有的宏观调控"最高决策权"和"最高监督权"的行使及其效力还远远没有到位。这就从另一方面再次表明，通过制定《宏观调控基本法》这一重要契机，按照"依宪配权"的原则，科学设计宏观调控的权力架构，尤其要设计出既能保证"最高国家权力机关"享有并能发挥宏观调控的"最高决策权"和"最高监督权"、又能解决"最高国家权力机关的执行机关"内部因职权配置不合理和部门利益冲动而引起的争权、越权及揽权诿责等问题、还能调动并发挥中央和地方两方面积极性的体制和机制，理顺宏观调控中的权利、义务及其责任关系，确系十分必要而且非常重要。在明确了宏观调控权这一重点和难点问题的解决路径即应遵循"依宪配权"原则之后，其中另一个问题即"依法调控"就比较容易阐述了。因为按照"法治"原则的内在要求，宏观调控的法治化，除了宏观调控的职权要法治化外，宏观调控政策工具的种类及其决策程序、宏观调控职权机关之间的协调和配合、宏观调控决策执行主体的职权、义务和责任、调控受体的义务、权利、责任及其被侵权后的救济程序等事项，也都需要法治化，即由《宏观调控基本法》予以明确。因为只有如此方可实现"依法调控"。进而言之，需要再次强调的是，无论是《宏观调控基本法》的制定，还是其他宏观调控的立法活动，都必须遵循现行《宪法》第 5 条关于"国家维护社会主义法制的统一和尊严。一切法律、行政法规和地方性法规都不得同宪法相抵触"的规定。这不仅是因为我国的政体是"单一制"而不是"联邦制"，更重要的是其调整对象及其调整目的这两方面的共同属性——宏观性和整体性所要求的。最后要特别进一步强调的是，宏观调控的法治化原则，说到底，它是现行《宪法》第 5 条第 1 款关于"中华人民共和国实行依法治国，建设社会主义法治国家"的必然要求，其灵魂和精髓仍然是现行《宪法》第 2 条关于"人民主权"的规定。这是千万不能忘记的。因为离开了"民主"这一核心，徒有其表的法治不仅将变得毫无意义，甚至可能更坏，20 世纪 30、40 年代的德国法西斯便是个极坏的典型。我们不仅在政治上需要牢记这一点；在法治上尤其是在宏观调控的法治化问题上也同样必须牢记这一点。换言之，宏观调控的法治化，就是要将宏观调控纳入规范化、程序化、制度化轨道，依法组织并发挥人民的力量和智慧及其民主的形式，及时而有效预防和制止政府在宏观调控中越权、滥权及其他不当行为，以加强和完善宏观调控。

2. 再简要阐述"尊重市场、尊重规律"的科学原则。"尊重市场"和"尊重规律"这二者关系密切，但也有区别。为什么要"尊重市场"？为什么现行《宪法》第 15 条第 1 款先规定"国家实行社会主义市场经济"，而第 2 款才规定"国家加强经济立法，完善宏观调控"？质言之，"市场经济"既是"宏观调控"及其法治得以产生并发挥作用的根本原因、前提和基础，也是其作用对象和服务目标。离开了"市场经济"，"宏观调控"及其法治就必将失去一切根据和价值。因此必须"尊重市场"。众所周知，"市场经济"的共同属性及其优势，就在于其主体的多元性和经营中的竞争性，并因而得以不断提高效率、促进生产力向前发展。当然，"同时也要看到市场有其自身的弱点和消极方面"，因而会发生"市场失灵""必须加强和改善国家对经济的宏观调控。但这不能变成"因噎废食"的借口，不能因此而否定或贬低"市场在资源配置中的基础性作用"及其"提高资源配置效率"的功能[1]；而且还应牢记，政府也不是万能的，也会发生"政府失灵"，同样需要民众通过法治和市场予以规范、矫正和防治，因而更需要"尊重市场"[2]。正因为如此，

---

[1] 参见《"十一五"规划纲要》"第二章 全面贯彻落实科学发展观"。

[2] 关于"市场失灵"与"政府失灵"的案例，请参见新华网 2005 年 11 月 2 日刊载的《从矿难看"市场失灵"与"政府失灵"》一文。

《"十一五"规划纲要》第四十六章"建立分类指导的实施机制"、在将全部规划任务目标分成五类基础上首先明确规定:"本规划提出的农业、工业、服务业等的发展方向,利用外资、对外贸易等的发展重点,是对市场主体的导向,主要依靠市场主体的自主行为实施。各级政府要维护公平竞争,严禁地方分割和部门保护,不得直接干预企业经营活动,不得干预市场机制正常运行";紧接着又指出:"本规划确定的保持经济平稳较快发展、转变经济增长方式、调整优化经济结构、增强自主创新能力、建设社会主义新农村、促进区域协调发展、促进城镇化健康发展、建设资源节约型和环境友好型社会等重点任务,主要通过完善市场机制和利益导向机制努力实现[1]。政府要通过体制机制创新和完善政策,为激发市场主体的积极性、创造性营造良好的制度和政策环境。国有企事业单位要发挥带头和示范作用。"由此可见,《"十一五"规划纲要》已经为"尊重市场"作出了表率。关于"尊重规律",首先要指出的是,此处所讲应予尊重的"规律",的确大多属于"市场经济"的运行规律及其派生规则(如价值规律及其引发的经济周期性等),但也有些则是不依赖"市场经济"而相对独立存在并发挥作用的"规律"[2]。毫无疑问,只要是"宏观调控"及其法治运行过程涉及和可能涉及的"规律"都必须"尊重",否则即有可能受到"规律"的制裁乃至严厉的惩罚。应该说,在这方面我们既有丰富经验,也有不少教训。认真总结吸取这些经验教训,对于我们正确理解和贯彻落实科学发展观,

---

〔1〕 着重号为引者所加。

〔2〕 如在"市场经济"产生之前就早已存在、在非市场的"计划经济"时代照常存在的人类与自然之间相互关系的发展规律以及人类自身繁衍发展规律和各种科学技术发展规律,等等。

切实遵循"尊重市场、尊重规律"的科学原则，加强宏观调控法治建设、完善宏观调控，十分必要、大有好处。进而言之，遵循"尊重市场、尊重规律"的科学原则，首先就要在《宏观调控基本法》及其他宏观调控法的立法过程中秉持审慎的态度和科学的精神，竭力构建出足以保障宏观调控决策正确、执行有效、纠错及时、救济得当的制度、程序、体制和机制；授权时尤其是对特殊重大事项的决策授权时更应慎之又慎；其次是要确保宏观调控的立法的实施，既有效又不走样，确保宏观调控的执行者和执法者同样秉持审慎的态度和科学的精神、为公执法、公正执法，而不"添油加醋""假公济私"，确保市场主体的合法权益受到侵害后得以及时通过合法程序获得合理救济[1]。

综上可见，宏观调控基本法的指导思想、价值追求、立法目的和基本原则的内涵都很丰富，它们之间的相互关系也十分密切、彼此贯通；正确把握它们的丰富内涵及其相互关系，对于制定一部好的《宏观调控基本法》不仅是必需的而且是重要的。

三、宏观调控基本法的适用范围和宏观调控政策

（一）宏观调控基本法的适用范围

由于按照法治原则的要求，宏观调控的领域也应由法律明确规

---

〔1〕 关于遵循"尊重市场、尊重规律"科学原则深入的经济学分析，请参见［美］理查德·A. 波斯纳：《法律的经济分析》，蒋兆康译，中国大百科全书出版社 1997 年版。该书作者运用以古典经济学为基础的价格理论学说对美国的法律理论、法律史、宪法、财产权法、契约法、侵权法、刑法、反托拉斯法、劳工法、公司法、证券法、税收法、国际贸易法、法律程序规则等问题进行了全面的经济分析，为法律经济学的研究提供了学术向导和成果总结，使此书成为美国乃至全世界法律经济学领域中最为杰出的经典著作和教科书。

定，因此"宏观调控的领域"与"宏观调控法的适用范围"理应一致。换言之，要明确"宏观调控法的适用范围"，就应厘清"宏观调控的领域"。这里我们首先对两个典型案例进行实证分析。一是八届全国人大二次会议1994年3月22日通过的《预算法》第19条第3款关于"预算支出包括：（一）经济建设支出；（二）教育、科学、文化、卫生、体育等事业发展支出；（三）国家管理费用支出；（四）国防支出；（五）各项补贴支出；（六）其他支出"的规定，以及第20条关于"预算收入划分为中央预算收入、地方预算收入、中央和地方预算共享收入。预算支出划分为中央预算支出和地方预算支出"等规定；二是十届全国人大四次会议2006年3月14日批准的《"十一五"规划纲要》，在用八篇的巨额篇幅（即第二~第九篇）重点全面规划"经济建设"的同时，对"社会建设""民主政治建设""文化建设"和"国防和军队建设"也都设专篇（即第十一~第十三篇）予以规划。而且在其最后两章即"第四十七章　调整和完善经济政策"和"第四十八章　健全规划管理体制"中还明确规定："根据公共财政服从和服务于公共政策的原则，按照公共财政配置的重点要转到为全体人民提供均等化基本公共服务的方向，合理划分政府间事权，合理界定财政支出范围。公共财政预算安排的优先领域是：农村义务教育和公共卫生、农业科技推广、职业教育、农村劳动力培训、促进就业、社会保障、减少贫困、计划生育、防灾减灾、公共安全、公共文化、基础科学与前沿技术以及社会公益性技术研究、能源和重要矿产资源地质勘查、污染防治、生态保护、资源管理和国家安全等。重点支持的区域是：限制开发区域和禁止开发区域，中西部地区特别是革命老区、民族地区、边疆地区、贫困地区，三峡库区，资源枯竭型城市等。""加强统筹协调。继续做好总需求与总供给的平衡工作，特别要加强制度协调、规划协调和政策协调。统筹协调政策目标和政策手段，搞好财政政策、货币政策、产业政策、区域政策、社会政策和政绩考核间的配合，防止国家政策部门化。统筹协调长期发展与短期发展，近期措施要有利于解决长期性发展难题，改革体制、制定政策、安排投资、确定发展速度，都要充分考虑可持续性，防止急于求成。"此外，中共十六届六中全会 2006 年 10 月 11 日通过的《关于构建社会主义和谐社会若干重大问题的决定》对此做了更全面、更完整的决定，但因篇幅所限具体内容不再赘述。所有这些均已清楚地表明，"宏观调控的领域"亦即"宏观调控法的适用范围"，应该是指包括"经济建设""社会建设""民主政治建设""文化建设"和"国防和军队建设"在内的"国民经济和社会发展"的全局和整体。当然，"经济建设"是其中永远的"基础"和"中心"。这是不能动摇的。否则便背离了马克思主义历史唯物论的基本原理，背离了中国共产党的基本路线。为什么"宏观调控的领域"亦即"宏观调控法的适用范围"要如此地宽泛而宏大？进而问之，为什么"宏观调控的领域"亦即"宏观调控法的适用范围"要包括那么多"非经济的"领域？质言之，这既是贯彻落实科学发展观和构建社会主义和谐社会的必然要求，也符合人类社会发展的普遍规律，而且业已经过近几十年兴起的西方经济学的新流派——法律经济学的多方详细论证[1]。简言之，所有那些看似"非经济的"领域，其实也都程度不同地具有"经济性"：首先，它们都离不开"经济基础"和"物质载体"，不可能在"真空"中生存和发展，因而对经济都具有很强的"依赖

---

[1] 参见［美］理查德·A. 波斯纳：《法律的经济分析》，蒋兆康译，中国大百科全书出版社 1997 年版。

性"；其次，它们自身的生存、履职和发展都需要"人、财、物"，都需要"投资"和"消费"，都需要"预算"和"决算"，都会有"成本""产出"和"绩效"得失，而且也都是可"测量"、可"计算"的，总之是都需要并且可能进行"经济核算"和"经济分析"的。由此可见，将这些看似"非经济的"领域纳入"宏观调控的领域"亦即"宏观调控法的适用范围"，既是非常必要的，也是完全可能的。当然，宏观调控及其法治对这些领域关注的切入点和着重点，仍然是它们之中的经济部分和经济问题。

（二）宏观调控政策

宏观调控靠什么？简言之，靠"政策"。靠哪些"政策"？根据前面刚引述的《"十一五"规划纲要》"第四十八章　健全规划管理体制"的有关规定可知，靠的是"财政政策、货币政策、产业政策、区域政策、社会政策"等各项"政策"。这里需要说明的是，此"政策"非彼政策，即不是通常所讲的"党的政策"的简称，而是由法律明文规定的各项"宏观调控政策"的总称。由此可见，"宏观调控政策"是宏观调控及其法治体系中的一个非常重要的概念和范畴。如何理解"宏观调控政策"，就我国现行法律规定而言，能够作为其解释根据的应首推《中国人民银行法》的有关规定。根据该法第1、2、3、4、5、6、7、12、23、31等条规定可知："宏观调控政策"的内涵通常包括"政策目标""政策工具"的种类及其"决定执行权限和程序""组织机构"、绩效评估及报告"监督""属性类别"等项。而仅就其"货币政策"而言：（1）其"政策目标"就是"保持货币币值的稳定，并以此促进经济增长"（第3条）或曰"防范和化解金融风险，维护金融稳定"（第1、2条）；（2）其"政策工具"有"（一）要求银行业金融机构按照规定的比例交存存款准备金；（二）确定中央银行基准利率；（三）为在中国人民银行开立账户的银行业金融机构办理再贴现；（四）向商业银行提供贷款；（五）在公开市场上买卖国债、其他政府债券和金融债券及外汇；（六）国务院确定的其他货币政策工具"等六种，并且"中国人民银行为执行货币政策，运用前款所列货币政策工具时，可以规定具体的条件和程序"（第23条第1、2款）；（3）其"决定执行权限和程序"分别是："中国人民银行就年度货币供应量、利率、汇率和国务院规定的其他重要事项作出的决定，报国务院批准后执行"，而"中国人民银行就前款规定以外的其他有关货币政策事项作出决定后，即予执行，并报国务院备案"（第5条）；（4）其"组织机构"是："中国人民银行设立货币政策委员会。货币政策委员会的职责、组成和工作程序，由国务院规定，报全国人民代表大会常务委员会备案"，"中国人民银行货币政策委员会应当在国家宏观调控、货币政策制定和调整中，发挥重要作用"（第12条第1、2款）。需要特别说明的是，其中的"第2款"是2003年12月27日十届全国人大常委会六次会议《关于修改〈中华人民共和国中国人民银行法〉的决定》增加的规定。这无疑表明，"最高国家权力机关"——全国人民代表大会的常务委员会已经正式决定提升中国人民银行货币政策委员会的法定地位，以使其能"在国家宏观调控、货币政策制定和调整中，发挥重要作用"；（5）关于其绩效评估及报告"监督"制度的直接法律根据，就是第6条关于"中国人民银行应当向全国人民代表大会常务委员会提出有关货币政策情况和金融业运行情况的工作报告"及全国人大的其他有关决定；（6）关于其"属性类别"，从历年的《政府工作报告》及其他权威性文件看，近十多年来我国实行的货币政策分为两类：即1999年前实行的是"适度从紧的"货币政策，而此后至今则是"稳健的"货币政策。前者是为了治理通货膨胀，而后者是为了扩大内需、促进经济较快发展。当然，其具体内容也是针对经济发展状况而不断调整的，如近两年来央行就已多次上调存款准备金率、利率和汇率，以防止经济过热[1]。综上可见，《中国人民银行法》的上述规定虽不应被"生搬硬套"，但对研究和确定《宏观调控基本法》中的"宏观调控政策"，无疑具有重要的借鉴作用。同时也要注意并高度重视，我国迄今虽然还没有制定出中长期规划及其年度计划、财政、产业发展、区域发展和社会发展等方面的基本法，但是这些方面的实践经验还是十分丰富而宝贵的，尤其是中长期规划及其年度计划和财政方面的实践经验就更为突出[2]，应该尽快组织必要的力量进行认真深入的总结，推动这两方面的基本法律早日出台。因为这两方面的宏观调控政策在整个"宏观调控政策"体系中占有十分重要的地位、也发挥着十分重要的作用。若不能尽快妥善解决，不仅《宏观调控基本法》中的"宏观调控政策"难以确定，而且势必严重拖累《宏观调控基本法》的立法进程。当然这并不是说现在就不能探讨这个问题。恰恰相反，现在探讨这个问题既是必要的，也是可能的。为此暂就其中若干重

---

〔1〕 参见近几年的《政府工作报告》《货币政策执行报告》，以及周小川：《加快金融体制改革》，载本书编写组编：《〈中共中央关于制定国民经济和社会发展第十一个五年规划的建议〉辅导读本》，人民出版社2005年版，第339~352页。

〔2〕 关于中长期规划及其年度计划政策方面的实践经验，请参见温家宝：《关于制定国民经济和社会发展第十一个五年规划建议的说明》和马凯：《关于"十一五"时期国民经济和社会发展的目标》，载本书编写组编：《〈中共中央关于制定国民经济和社会发展第十一个五年规划的建议〉辅导读本》，人民出版社2005年版；关于财政政策方面的实践经验，请参见金人庆：《积极推进财政税收体制改革》，载本书编写组编：《〈中共中央关于制定国民经济和社会发展第十一个五年规划的建议〉辅导读本》，人民出版社2005年版，第326~338页。

要问题作如下简要分析。

1. 宏观调控政策的目标。首先要指出的是，此处所讲"宏观调控政策的目标"，指的是《宏观调控基本法》中的"宏观调控政策的目标"，亦即各方面宏观调控政策共同追求的总目标，通常又称为"宏观调控的目标"或"宏观调控的主要目标"。它们虽具相对稳定性，但也不是长期不变的。从1992年党的十四大决定"建立社会主义市场经济体制"到2002年，宏观调控的目标的具体内容虽有不同，但数目一直是八个（如1997年宏观调控八大目标为：（1）经济增长率，（2）固定资产投资，（3）价格，（4）财政收支差额，（5）货币发行量，（6）外贸进出口总额，（7）人口自然增长率，（8）城镇登记失业率。1998年以后，这八个目标的体系被称为"国民经济和社会发展的主要预期目标"）。党的十六大，为了转变和完善政府职能，在总结、借鉴国内及国际经验的基础上，决定"把促进经济增长、增加就业、稳定物价、保持国际收支平衡作为宏观调控的主要目标"[1]，迄今未变。显然这就为我们进一步研究和确定"宏观调控政策的目标"奠定了很好的基础。这个问题目前虽尚不能最终解决，但如下三点现在可以明确：一是"宏观调控政策的目标"与"国民经济和社会发展规划或计划的目标"是不同的、是两码事，千万不可将其"混为一谈"；二是"把促进经济增长、增加就业、稳定物价、保持国际收支平衡作为宏观调控的主要目标"已经有五年实践经验，每年的侧重点均有所不同，尤其是中间又发生了科学发展观、《"十一五"规划纲要》和构建社会主义和谐社会等三件大事，这些都需要认真而深入地进行研究；三是"宏观调控政策的目

---

[1] 参见《江泽民文选》（第3卷），人民出版社2006年版，第549~550页。

标"与上述"宏观调控基本法的立法目的"之间具有密切联系和内在一致性，即前者应符合后者、后者可以包容前者。

2. 宏观调控政策的政策工具及其决定执行权限和程序。前已指出，宏观调控政策包括或曰分为规划计划、财政、货币、产业、区域、社会发展等各个方面的调控政策，又都有各自的"政策工具"及其决定执行权限和程序。当然，它们之间既有个性也有共性，也可以进行多种分类研究。从调控的范围大小看，显然是规划计划和财政、尤其是其中的预算的调控范围最大，以至于完全可以将其他各个方面，尤其是其中的产业、区域、社会发展都包括进去；若从其使用并发挥作用的时机早晚和次数多少来看，显然要数货币政策工具使用次数最多并且几乎是贯彻始终的，而其他政策工具则主要是事前调控使用的、具有相对的稳定性和周期性，尤其是其中的规划计划和预算更是如此。上述这些特点对其决定执行权限和程序的确定也都会发生直接的影响作用。所有这些都应反映并体现在《宏观调控基本法》的有关规定中。总之，宏观调控靠"政策"，进而言之是靠各方面的"政策工具"；而所有的"政策工具"及其决定执行权限和程序也都应按照法治原则的要求，由法律明文规定之。由此可见，站在法治立场上看，关于"宏观调控依靠或曰运用经济手段、法律手段和行政手段"这类流行提法并不科学，因为它们有可能造成其中的"经济手段、法律手段和行政手段是并列关系，而经济手段和行政手段又是超越法律或不受法律约束的"这样的不良影响，明显不符合法治原则的要求，所以应予调整和纠正。因此，笔者主张用"宏观调控政策"和"宏观调控政策工具"这两个经济法概念取而代之。简言之，宏观调控靠"宏观调控政策"，靠"宏观调控政策工具"或曰靠"政策"，靠"政策工具"。

此外，尚需强调指出的是：《宏观调控基本法》在规定制定和执行宏观调控政策的组织机构及监督问题时，在遵循"依宪配权"原则的基础上，为统筹解决宏观调控中的效率性和科学性这两大类问题，应进行体制和机制创新，如创设宏观调控委员会或宏观调控统筹委员会及其常设的并有一定权威性的咨询委员会等。

后　语

学术研究无止境，课题结项有限期。本课题的研究工作即将结束。虽说上述研究成果堪称本课题组近一年来辛劳的结晶；但理性地讲，《宏观调控基本法》这一课题中应该包括的不少重要问题尚未予以研究，而已研究并在上述文字中表达出来的看法也可能存在不少差错，甚至谬误。这自然应归咎于我们，尤其是本课题的主持人的主观努力不够和研究能力有限。但是，我们有勇气虚心听取专家学者的批评指正，并决心将此课题持续研究下去。此时，我们要诚心感谢其研究成果为我们提供了参考和启发的专家学者，感谢所有帮助和关心过本课题的研究工作的领导和同志们。

最后，本课题组全体人员以十分负责任的态度郑重声明：本成果论文严格遵守学术规范，对所有参考资料均已注释，没有任何形式的侵权行为，因而享有完整的著作权，愿意并敢于接受任何形式的异议或质疑。

第三部分

反垄断立法

1 WTO、经济全球化、知识经济与我国反垄断立法关系研究

按语：笔者虽然此前已先后在《中国法学》2001 年第 3 期和《法制日报》2001 年 9 月 16 日第 3 版发表《行政垄断与反垄断立法研究》和《反垄断法应当具有的先进性》两文、并且按领导要求摘要成中国法学会机密内刊《要报》文件、通过机要交通上报中央机关；但此文确是笔者当时继续利用双休日苦战月余才完成的一份研究报告，并及时上报给中国法学会时任党组书记、常务副会长的佘孟孝审阅，得到他的充分肯定、赞赏并批示给《中国法学》时任主编的周国钧同志要他"尽快发表"。周主编立即转批给专门负责经济法学的编辑同志，该编辑告诉周主编：该杂志内部有一传统规定，任何人不能在同一年内发表两篇及以上文章，而黄欣老师则在当年第 3 期刚发表过论文，所以当年不能再发。因此周主编只得借助老关系，使此文得以及时首发于《政法论坛（中国政法大学学报）》2001 年 10 月版第 5 期第 15~23 页、约 11 千字；后又被法律出版社 2002 年 5 月版《经济法论丛》第 3 卷和安徽大学出版社 2006 年 7 月版《安徽大学法律评论》等收录。此次重发内容未做任何改动、仅订正了个别字。

2001 年 3 月九届全国人大四次会议审议批准的《中华人民共和国国民经济和社会发展第十个五年计划纲要》（以下简称《"十五"计划纲要》）和朱镕基同志的报告都明确要求："打破部门、行业垄断和地区封锁，反对地方保护主义，尽快建立和完善全国统一、

公平竞争、规范有序的市场体系。"九届全国人大常委会已按李鹏同志"要重点制定反垄断法"的要求，将反垄断法列入了近期的立法规划。据此，国务院法制办已将反垄断法草案列入今年计划，现正督促有关职能管理机关抓紧调研草拟工作。近来，媒体关于反垄断的报道和讨论明显增多，说明反垄断问题确已成为我国法律界、经济界乃至社会公众关注的一个新热点。既然抓紧制定反垄断法已成为我国社会的共识，那么需要继续集中深入研究的问题就是，我国应该制定一部什么样的反垄断法？当然，这里涉及的问题很多，确需广泛发扬民主，充分集中民智。笔者认为，法律作为上层建筑的一部分，无论其是否具有"滞延性"或"超前性"，总是随着经济和社会的发展而不断前进的。换言之，法律同样具有"与时俱进"的品格。我国的反垄断法是在 21 世纪之初制定的，当然应当具有新世纪的先进性。也就是说，我国的反垄断法应该在认真总结我国反对垄断、发展社会主义市场经济丰富经验的基础上，广泛收集、分析并及时吸取国外反垄断的有益做法，从而成为一部真正既能切实有效防治垄断、积极推动我国经济和社会持续快速发展，又能给全国的消费者和广大民众增进福利的先进的法律。为了实现这一良好愿望，笔者认为，应该特别关注 WTO、经济全球化和知识经济这三个相互关联的战略性的经济大势对我国反垄断立法的影响。

一、加入 WTO 促使我国加快反垄断立法步伐，要求我国加大反对行政垄断的力度和进度

世界贸易组织（WTO）是适应经济全球化的需要而逐步设立的、多边经济体系中的三大国际机构之一（其余是世界银行和国际货币基金组织）。其前身为关贸总协定，开始实施于 1948 年 1 月 1

日，至 1995 年 1 月 1 日被正式生效的 WTO 取代。我国于 1986 年申请复关，从 1995 年 1 月 1 日起转变为入世谈判。前后已经历了 15 年的谈判、15 年的期待，终于将在今年（2001 年）11 月多哈会议后正式成为 WTO 成员。这当然是整个中华民族的又一大盛事。

加入 WTO 将有力推动我国进一步改革开放，首先将"使我国对外开放出现三个重要转变：由目前有限范围和有限领域内的开放，转变为全方位的开放；由以试点为特征的政策主导下的开放，转变为法律框架下可预见的开放；由单方面为主的自我开放，转变为与世贸组织成员间的相互开放"〔1〕。从法律角度讲，加入 WTO 将对我国的民主法制建设产生广泛的、深远的影响。这既是一次很好的机遇，也将面临严重的挑战。因为加入 WTO 就意味着，我国已经向全世界庄重地承诺要履行 WTO 规则的义务，意味着我国必须抓紧清理和修订有悖于承诺义务的法律法规，并尽快建立健全符合 WTO 国际规则的涉外法规体系和社会主义市场经济法律体系。就反垄断法而言，加入 WTO 就意味着，我国必须加快反垄断法立法步伐，必须加大反对行政垄断的力度和进度。众所周知，WTO 涉及包括货物、服务和知识产权等有关国际贸易的各个领域和所有环节，几乎涵盖了经济和社会生活的绝大部分，具体规则众多。但其基本原则主要包括最惠国待遇、国民待遇、透明度和法制统一等项。

最惠国待遇原则是 WTO 的首要基本原则，在 WTO 所辖《1994年关贸总协定》《服务贸易总协定》和《与贸易有关的知识产权协定》及其他相关多边协议中都有明文规定。其共同性的基本含义是指，在 WTO 中一成员给予另一成员的任何利益、优惠、特权或豁

---

〔1〕 中共中央政治局时任候补委员、国务委员吴仪 2001 年 8 月 13 日在 APEC 海关与商界对话会上的主旨发言，参见《人民日报》2001 年 8 月 15 日。

免，均应立即无条件地向 WTO 全体成员提供，一视同仁，平等对待，除非有 WTO 许可之例外。需要进一步指出的是，最惠国待遇原则的适用范围不仅涵盖了 WTO 管辖的所有领域，而且包括其有关过程。例如，货物贸易中最惠国待遇的适用范围就包括：①关税；②关税附加费；③与进出口相关的任何费用（如手续费、检验费等）；④对与进出口有关的国际支付收取的费或税；⑤征收上述税、费的标准、程序和办法；⑥与进出口相关的所有政策、法规和办法；⑦国内征收税、费的标准和办法；⑧影响产品在国内销售、供应、购买、运输和分销等方面的所有法规和政策。

国民待遇原则是 WTO 又一重要基本原则，在《1994 年关贸总协定》和《与贸易有关的投资措施协议》及其他货物贸易协议中，在《服务贸易总协定》和《与贸易有关的知识产权协定》中，都有明文规定。虽然其中的具体规定各有差异，但其共同性的基本含义都是指，在 WTO 中，任何一成员的"国民"（含自然人和法人）提供的商品、投资、服务或知识产权，在根据最惠国待遇原则平等地进入另一成员的辖区后，应该享受到与本地"国民"（含自然人和法人）提供的同类商品、投资、服务或知识产权相同的待遇，而不能有任何歧视，除非 WTO 已有例外规定。很显然，国民待遇原则和最惠国待遇原则的"精髓"都是非歧视，都是平等对待、公平竞争，不同的只是适用范围，二者具有互补性。

透明度原则是 WTO 又一重要基本原则。其基本要求是，WTO 任何成员都必须及时公布其有关对外货物贸易、服务贸易以及与外贸有关的投资和知识产权等方面的现行全部法律、法规、行政措施和司法制度，及其参加的双边和多边国际性协定和协议，以使 WTO 其他成员得以完全知晓，除非有 WTO 许可的例外。很显然，透明度原则是最惠国待遇原则和国民待遇原则得以贯彻实行的前提和保障，同样体现了非歧视、平等对待、公平竞争的"精髓"。

法制统一原则是 WTO 又一基本要求。其基本含义是，WTO 成员有关对外贸易的法律制度应当具有统一性，应当在其管辖范围内统一制定、统一实施，无论是实体法还是程序法都实行统一的标准、统一的规则，不因地区不同、行业不同、主体不同、层级不同而差别对待。如我国现行《宪法》第 5 条和《对外贸易法》第 4 条，都明文规定了这一基本原则。法制统一原则的实质，就是平等，就是非歧视，就是按符合 WTO 基本原则和规则的精神，统一法律标准和法律程序，实行公平竞争，发展市场经济。

综上可知，这些基本原则的"精髓"都是非歧视，都是平等对待和公平竞争。这说明，WTO 规则，特别是它的基本原则，基本体现了市场经济发展的内在规律和客观要求。为了有效地履行这些基本原则，建立和完善全国统一、公平竞争、规范有序的市场体系，我国应当吸收世界大多数国家行之有效的反垄断的经验教训，加快反垄断法的立法步伐。中国入世后，具有显著市场优势的跨国公司抢占我国市场的速度和力度必然加强，其垄断我国市场的行为必然增多，这也促使我国必须加快反垄断立法步伐，以尽快为我国市场上业已发生并将迅速加剧的跨国垄断行为得到应有遏制提供法律依据。但鉴于我国目前阻挠公平竞争和经济发展的主要障碍仍然是形形色色的行政垄断的具体国情，故我国反垄断法的首要任务应当仍然是反对行政垄断。为此，笔者建议：

1. 由于我国《"十五"计划纲要》关于"建立和完善全国统一、公平竞争、规范有序的市场体系"的目标设计与 WTO 基本原则的"精髓"完全一致，所以应将这一目标设计纳入我国反垄断法的立法目的和任务之中，即写入第 1 条之中，并切实将其精神贯穿全法始终。

2. 以专章的篇幅，用列举加概括的方式明令禁止各种形式的行政垄断（含部门的和地区的、具体的和抽象的）行为。这里特别希望借鉴俄罗斯 1995 年 3 月《关于竞争和在商品市场中限制垄断活动的法律》第 2 条第 1 款、第 4 条第 8 款、第 7 条、第 8 条和第 9 条等项规定。

3. 完善行政垄断的责任制度，加大对行政垄断主体的处罚力度。

4. 创设足以制止行政垄断的反垄断主管机构。

5. 修订《行政诉讼法》等相关法律，将抽象性行政垄断纠纷纳入受案范围，扩大对行政垄断受害人的司法救济。

二、经济全球化要求我国的反垄断立法奉行新思路：摒弃结构主义，贯彻效益优先原则，将制裁的重点放在滥用市场优势限制竞争造成效益低下的垄断行为上，并应将反对国际垄断涵盖其中

在市场经济及其发展规律的内力驱动下，在以信息、生物、生命、材料、空间及海洋开发等方面的高新科学技术为主要内容的知识经济的牵引下，在以跨国公司、各国政府和多边经济体制（全球性的如 WTO、世界银行和国际货币基金组织等，地域性的如欧盟、北美自由贸易区和亚太经合组织等）为主的全球各种社会力量的共同驾驭和推动下，经济全球化不仅已经发展成为当今世界经济最突出的特征和不可抗拒的时代潮流，而且已显出将加速发展的强有力态势。经济全球化正日益广泛而深入地影响着各国社会物质生活和精神生活的巨大变化，也已经引起并将继续引起各国国内法和国际法的深刻变革。例如，自 20 世纪 90 年代初兴起的新一轮国际性企业并购浪潮，特别是其中的巨型并购大潮，作为经济全球化的一个突出的新表现和新动力，就已经对各国政府的竞争政策和反垄断立法提出了强烈的挑战。完全可以预计，加入 WTO 之后，我国必将日益广泛而深入地融入经济全球化及其新一轮的国际性企业并购浪潮之中，受到类似甚至更大的冲击和挑战。对此，我国新世纪的反垄断立法，应该恰当应对、奉行新思路，努力创制出能够有效趋利避害的良性法律机制。

（一）摒弃结构主义，奉行效益优先原则，将制裁的重点设在各种市场上因滥用优势限制竞争造成效益低下的垄断行为上

1. 结构主义应当摒弃。

（1）结构主义的经济学理论缺乏足够的说服力，并且直接阻碍规模经济的发展。所谓结构主义，主要是指创立于 20 世纪 30 年代并对美国的反垄断立法和司法产生指导和影响作用长达半个多世纪的哈佛学派的经济理论。哈佛学派的主要代表人物是贝恩（J. S. Bain）、凯夫斯（R. E. Caves）、梅森（E. S. Mason）和谢勒（F. M. Scherer），其结构主义经济理论的最主要的含义就是，强调市场结构对市场行为和市场绩效的决定性作用，即认为市场结构决定着企业的市场行为，而企业的市场行为又决定着市场运行的质量（即市场绩效），因而认为市场上必须保持足够的竞争主体的数量，以维持竞争性的市场结构，并为此创建一个简称为 SCP 的分析框架[1]。由于至今尚无一人充分证明市场结构同市场行为和市场绩效之间存在着内在必然性的因果联系，尤其没有证明市场主体数量同市场绩效

---

[1] 其中的 S 为市场结构"Market Structure"的简称，C 为"Enterprise Conduct"的简称，P 为"Market Per-formance"的简称。

之间的必然性的比例关系，所以结构主义的经济理论一直因缺乏足够的说服力而面临着挑战和抨击。有人甚至将哈佛学派的结构主义理论简单地概括为"大的就是坏的"，以揭示并批判其对规模经济的反对和阻碍的立场和效果。

（2）结构主义的反垄断制度已遭时代淘汰。美国司法部和联邦贸易委员会于1997年4月8日公布了对《横向并购指南》的第五次修正案（前四次分别是1968年、1982年、1984年和1992年）。这不仅标志着结构主义对美国反垄断法指导地位的终结，而且标志着结构主义的反垄断制度已在全世界遭到历史性的淘汰。因为现行各国反垄断法中，虽然尚存日本《禁止私人垄断及确保公正交易法》是典型的结构主义反垄断制度，但因其从未付诸实施、迄今尚无一案例，因而也就不足为据了。结构主义反垄断制度之所以遭受淘汰，原因之一是其自身先天不足。例如理论依据不足，判断标准主观武断（市场份额），制裁措施过严、成本过高（多为分割或解散），结果严重阻碍规模经济的发展。原因之二，也是更主要的原因，就是结构主义反垄断制度已经完全不能适应经济全球化和高新技术飞速发展的客观要求。众所周知，经济全球化和日新月异的高新技术不仅使诸如商品、市场、竞争等传统基本概念的内涵和外延发生了巨大的变化，而且正在使市场经济的基本要素、基本条件和基本规律发生着深刻的新变化，产生了一系列新特征。其一是典型的市场主体已不再是提供单一商品或单一服务的工厂或商社，而是提供多种商品和综合服务的大型公司；其二是巨型企业追求的已不再是"规模经济"，而是新的"范围经济"（economies of scope）；其三是市场的"空间范围"在迅速而广泛地拓展，使得任何一种商品和服务的市场范围的界定都变得十分困难，更难于准确计算其具体的市场占有率；其四是市场的"时间维度"因高新技术的日新月异和信息的全球化和运输的便捷而导致的"替代性"加强和"潜在竞争"加剧而日益重要；其五是各国政府和多边经济体制为顺应经济全球化需要而主动放松管制、拆除壁垒，因而大大改善市场竞争的法律环境，拓宽市场主体的经营空间等。这一系列重大变化使得结构主义反垄断制度完全丧失了经济基础和继续存在的条件。

2. 应当贯彻效益优先原则。

（1）效益优先原则已被越来越多国家的反垄断法采纳，已经成为经济全球化背景下的各国反垄断法的新的普遍性原则。例如，美国司法部和联邦贸易委员会于 1992 年 4 月 2 日首次联合公布的《横向并购指南》，第一次积极肯定了并购可以提高效益或带来新的效益。经过五年实践后，上述两机构又于 1997 年 4 月 8 日联合公布了对《横向并购指南》的第五次修正案，再次确认并购能产生"特有的效益"，并进一步指出，即使某项并购对竞争有危害，但只要能证明并购的最终结果在改进生产和服务以及降低价格方面的"效益"能抵消上述危害，这项并购即可被允许。显然，这已表明美国反垄断法已改行效益优先原则。又如，德国 1998 年《反对限制竞争法》在第 1 条规定"禁止卡特尔"之后，紧接着一连 7 条（第 2 条~第 8 条）规定"豁免适用"的例外情况和条件。这些例外情况和条件都直接或间接地体现出效益优先的原则。其中第 5 条规定的"合理化卡特尔"，指的就是能够提高效益的卡特尔；第 8 条"部长特许"的根本理由就是"出于整体经济和公共利益的重大事由必须对竞争进行限制"。再如，俄罗斯 1995 年《关于竞争和在商品市场中限制垄断活动的法律》第 5 条第 2 款和第 6 条第 3 款均在列举规定经济实体的垄断行为之后，紧接着又明确规定，如果该经济实体能够证明其行为的"正效益"（含社会经济整体效益）大于"负效益"，则将"被视为合法"。此外，随着经济全球化的迅速发展，许多国家的反垄断法中的"效益"的内涵和外延也在日益丰富和扩展。如前所述，不仅已经从经济实体的微观效益扩展成为社会整体利益（尤其是广大消费者利益），而且又进而将"国际竞争力"涵盖其中。例如，法国1987年《公平交易法》第41条"竞争危害与利益评估"中就明文规定："竞争审议委员会评估结合计划，是否对经济进步带来充分贡献，而能弥补对竞争所造成的损害。该委员会对涉案企业面对国际竞争的竞争力，应予考虑。"

（2）效益优先原则符合市场经济发展的客观规律，符合经营者、消费者和国家的共同利益要求。效益优先原则之所以能够取代结构主义而被世界各国的反垄断制度所采纳，归根结底是因为它符合市场经济发展的客观规律，尤其符合当今经济全球化的客观要求。众所周知，当今各国的市场经济体制虽因国情不同而各具特点，并可划分为不同类型（如美、英的自由型，日、韩的政府主导型，德、瑞的社会福利型等），但其共同的本质特征都是：市场在资源配置中起基础性、决定性的作用，并且主要是通过公平竞争，优胜劣汰实现的。市场竞争中的"优"和"劣"，归根结底是指效益的"高"和"低"（含正和负）。当然，这里的"效益"首先是指市场竞争主体的微观效益，同样也可以扩展为一个国家的宏观整体效益。在经济全球化的现实条件下，市场竞争中的效益高者胜出，继续生存并发展；而效益低者特别是长期亏损者则必然会遭到淘汰。国内市场如此，国际市场也如此。再用历史的观点看，企业如此，国家也如此。这正是"国际竞争力"已被纳入"效益"概念之中并已成为各国特别是发达国家反垄断法新视点的现实性的根本原因。需要进一步指出的是，反垄断法中"效益"的内涵，除了基本性的经济含义（即经济效益）之外，还包括社会效益和环境与生态效益。这不仅因为当今社会中经济与社会（如文化、体育、卫生等）和环境或生态之间的相互影响、相互交融已形成"你中有我、我中有你"而"难分难舍"的整体现象，而且还因为现在已是人类同居"地球村"，经济行为特别是重大经济行为，既可能影响到一国的经济、社会和生态平衡，甚至也可能影响到整个人类的生存环境和持续发展。尚需再进一步指出的是，经济行为的宏观效益，不仅关系着一国的整体经济实力，而且可能直接影响着一国甚至全世界的亿万消费者的利益。例如，供水、供电、供气、邮政、交通、电信等公用领域，尤其是现在的信息技术领域，就是这样的典型。所以说，效益优先原则也最符合广大消费者的利益要求。

（3）效益优先原则对我国有更迫切的重要性。主要原因有：一是我国市场经济发展时间不长，市场集中度还较低，许多行业（如汽车行业）尚未产生规模效益所必需的大型或巨型企业，急需通过公平竞争，加速优胜劣汰，造就这样的企业，以提高行业效益；二是面对全球化和入世带来的新挑战，我国迫切需要打造一批具有国际竞争力的"航母"型优良企业；三是我国是社会主义国家，实行的是社会主义市场经济，国际竞争力、经济实力和经济安全对国家和人民都有更为密切更为重要的意义。

3. 应将反垄断的重点放在制裁滥用市场优势限制竞争造成效益低下的垄断行为上。市场经济是竞争经济。但没有规范指导和约束的竞争不可能是公平竞争；既会出现恶性不正当竞争，也会产生限制甚至排除竞争的垄断，即发生"市场失灵"，因而需要国家制定竞争法予以规范和调整。实行市场经济各国的普遍经验已经证明，反垄断法是竞争法中的基本法，能起到很重要的作用。同时，正如"市场失灵"一样，也会出现"政府失灵"，因而必须"依法治国""依法行政"。反垄断也是这样。一部好的反垄断法应当既能防治"市场失灵"，又能防治"政府失灵"。这就要求它既要有好的指导思想、目标设计和基本原则，同时还要有能将这些好的指导思想、目标设计和基本原则予以贯彻落实的一系列具体的实体制度和程序制度，以使良法便于实行，收到好的效果。其中关键之一，是要明确将我国反垄断的重点放在制裁滥用市场优势限制竞争造成效益低下的垄断行为上。

（二）将反对国际垄断纳入我国反垄断法的规制范围

入世后，经济全球化对我国经济的影响将空前广泛且深入，国际垄断问题也必将更为突出。为此，我国的反垄断立法，既要反对国内垄断，也要反对国际垄断。为了有效防治国际垄断，笔者认为至少应创设并实行以下几项法律制度：

1. 对进入我国市场的境外投资者和贸易者（含自然人和法人等组织）及进口的货物和服务，在反垄断政策上实行国民待遇原则，即平等对待、不给予其特殊优惠。我国反垄断法是规范和维护市场竞争秩序的基本法律，公平竞争是基本原则，不应该也无必要沿用涉外税法等对外商投资企业实行超国民待遇的特殊优惠，而应当按国民待遇原则实行同等规制。实际上，进入我国市场的境外投资者和贸易商中，不少都是实力雄厚的巨型外国企业或跨国公司，或者是它们的子公司。有些已经实施了抢占和霸占我国市场份额的垄断性的不法行为。其中既有歧视性垄断高价，也有倾销性低价，还有价格国际卡特尔；既有故意横向并购，也有垄断性纵向并购，还有共谋分割市场等。这些垄断性不法行为者，虽然大多取得了中国的法人资格，但其凭借的实力和靠山往往还是境外的巨型母公司，即有"国际背景"。对此类有"国际背景"的垄断行为，我国反垄断法应当按照国民待遇原则进行平等的规范、坚决的制裁。

2. 借鉴"域外效力原则"，将影响我国国内市场竞争的域外垄断行为纳入我国反垄断法的管辖范围。所谓"域外效力原则"，又称"效果原则"或"影响原则"，其基本含义是指，发生在域外的法律行为，只要其"效力"或"效果"影响了国内的市场竞争，不管其主体的国籍如何，受害国的反垄断主管机构和司法当局都可以依据本国的反垄断法对其行使管辖权和处罚权。这项原则源于美国联邦最高法院 1945 年对 Aluminum 一案的判决。原意是指，任何发生在美国境外而与美国反托拉斯法的精神相抵触的行为，不管行为者的国籍如何，只要该行为对美国的市场竞争产生了影响，美国法院就有管辖权。该原则实行之初，被许多国家视为霸权主义而予以谴责和抵制，但后来又逐步被许多国家仿效和借鉴，现已随着经济全球化的发展而更为盛行。例如，波兰 1991 年《反垄断法》第 1 条规定，"本法旨在确立制止在波兰境内造成影响的经营者或者经营者联合体的垄断行为的基本原则和基本程序"（着重号为引者所加）。俄罗斯 1995 年《关于竞争和在商品市场限制垄断活动的法律》第 2 条"本法的适用范围"第 1 款中就明确规定，"本法适用于影响俄联邦各商品市场的竞争的各种商务关系。这些商务关系是指俄罗斯和外国的法人、联邦行政权力机构、俄联邦各部门的行政权力机构和各市政当局以及自然人参与的商务关系。当上述主体在俄联邦领土之外所从事的活动或所签订的协定，可能对俄联邦市场中的竞争产生限制或其他负面效果时，本法也将适用"（着重号为引者所加）。保加利亚 1998 年《竞争法》第 2 条第 1 款规定："该法适用于保加利亚境内或者境外开展经营活动的所有企业，只要它们公开或秘密地妨碍、限制、破坏这个竞争。"德国反垄断法权威专家梅斯特梅克教授在解释德国《反对限制竞争法》的"域外适用效力"时正确地指出："正是坚持市场开放、防止跨国限制竞争的反限制竞争法，才会出现域外适用的效力。这种效力不取决于立法者的期望与否，或规没规定。因此，也就谈不到放弃卡特尔禁止法的域外适用问题。因为如果放弃了域外适用效力，国家就不能对企业的行为规定一个有效的原则。"[1]综上可见，我国反垄断法应当遵循"他山之石，可以攻玉"的古训，借此原则以自卫。

3. 积极参与缔结关于反对国际垄断的双边和多边国际协定或国际条约，加强在平等互利基础上的国际合作，以共同遏止国际垄断行为。到目前为止，反垄断方面的国际协定已正式缔结且生效的还主要是双边协定。其中最有影响的是美国 1991 年同欧共体订立的以及美国 1999 年同日本订立的两个反垄断国际合作协定。今后，我国参加的此类国际协定和国际条约，应属于我国反垄断法的一个构成部分。其法律地位，应在我国反垄断立法中予以明确。

三、知识经济要求我国反垄断立法在规定"适用除外"保护制度的同时，创设足以对滥用知识产权限制竞争性垄断行为实行有效监督和制裁的新制度

在 WTO 协调推动下的经济全球化潮流中，知识经济不仅已是最受注目的"主角"，而且还是前途无量的"新星"。甚至可以说，21世纪的世界经济将是知识经济时代。同时，我们也清醒地知道，与

---

〔1〕 参见王晓晔：《竞争法研究》，中国法制出版社 1999 年版，第 476~477 页。

少数发达国家相比，在知识经济方面我国还有很大的差距。因此在知识经济方面，我国反垄断立法就肩负着双重任务：一方面要履行WTO 规则义务，规定"适用除外"制度，对知识产权实行双重有力保护，以保护知识产权人的合法利益，推动知识经济的发展；另一方面，要及时充分借鉴 WTO《与贸易有关的知识产权协定》第 7 条"目标"和第 8 条"原则"以及美国司法部和联邦委员会 1995 年 4 月 6 日联合发布的《知识产权许可的反托拉斯指南》、欧盟 1996 年 1 月 31 日《技术转让规章》和日本公正交易委员会 1999 年 7 月 3 日《专利和技术秘密许可证合同中的反垄断法指南》等法规中的、有关规定及相关司法实践经验，结合我国的实际和已有经验[1]，创设出足以对我国市场上已经出现并将加剧的各种滥用知识产权限制竞争的垄断行为、并进行及时有效监督和制裁的新制度，为我国知识经济的健康快速发展和广大消费者的利益提供有效的法律保障。实际上，上述双重任务是完全可以兼顾的，并且只要我们研究深入并设计得当，也是完全可以兼顾得很好的。因为，知识产权制度和反垄断制度，虽有侧重点的差别，但其根本的目的和宗旨是完全一致的。知识产权制度是通过设置保护知识产权人的合法利益的制度来激励人们争先恐后地进行知识创新、技术创新和生产力创新，以推动经济和社会发展，增进全社会的公共福利；而反垄断制度则是通过设置排除非法垄断以确保公平竞争的市场秩序和各项制度，为知识经济和其他经济的经营者创造平等竞争、健康发展的良好环境，最终目的同样是推动经济和社会发展，增进全社会的公共福利。当然，

---

　　[1]　例如，实施《专利法》、原《技术合同法》和现《合同法》第 329 条关于"非法垄断技术、妨碍技术进步或者侵害他人技术成果的技术合同无效"的规定等方面的经验。

如何才能使二者在互补基础上实现其上述共同的根本宗旨，要靠我国反垄断立法者们的共同努力。笔者认为，为了实现上述共同宗旨，完成上述双重任务，关键是要用现代法权理念正确看待知识产权，而不能将其片面化、绝对化。其实，知识产权作为一种无形财产权，虽然有其"法定独占性"的一面，同时还有其"法定地域性"和"法定时效性"一面，并且受到"法定合理使用""法定权利用尽"及"法定强制许可"等许多制度的"内部限制"；知识产权作为一种"私权"，既有应受社会和公权保护的一面，又有应受公益制约和公权监督的一面，即同时受到"外部限制"，而不得肆意滥用。总之，现代法治中关于"权利义务相互平衡""权利应受监督"等正义理念，同样适用于知识产权。至于市场经济对公平竞争秩序的本质要求，当然也应同样适用于知识产权。由此可见，我国的反垄断立法既应理直气壮地规定对知识产权的"适用除外"制度，也应理直气壮地创设出足以对滥用知识产权限制竞争性的垄断行为、实行有效监督和制裁的新制度。我国反垄断立法应当关注专家的如下提示："与 TRIPS 协定中有关强化知识产权保护的规定相比，我国知识产权法律还存在不小差距；与 TRIPS 中有关对限制竞争行为进行控制的规定相比，我国的法律法规也存在差距。这两种差距的不同之处在于：对于前一种差距，如果我们不设法弥补，就会导致发达国家的指责，有可能因此而产生纠纷，遭受报复；对于后一种差距，即使我们没有制定有关法律法规，外国人也不会有什么意见。例如，在我国与美国政府进行的知识产权谈判中，美国就从来没有指责我国没有进行反垄断控制。"[1]笔者认为，为使我国反垄断立法在知

---

[1] 参见尹新天：《TRIPS 协议与制止知识产权的滥用》，载《科技与法律》2000 年第 2 期。

识产权问题上充分适应知识经济和经济全球化的发展要求，正确应对专家上述提示的重要问题，应当十分重视并认真借鉴 WTO《与贸易有关的知识产权协定》（TRIPS）第 7 条"目标"和第 8 条"原则"的如下规定："知识产权的保护和执法应当有助于技术创新以及技术转让和传播，有助于技术知识的创造者和使用者的互利互惠并且是以增进社会和经济福利的方式，以及有助于权利和义务的平衡。"WTO 成员："（1）可在其国内知识产权法律和条例的制定及修订中，采取必要的措施保护公众的健康和营养，以促进对其社会经济和技术发展至关重要的部门的公共利益；（2）可以采取适当的措施，防止权利人滥用知识产权，或用不正当手段限制贸易或对国际技术转让施加不利影响，但以符合本协定为限。"TRIPS 上述规定不仅对我国知识产权立法和反垄断立法有重要借鉴意义，同时也应引起我国有关司法实践的足够重视和借鉴。

诚然，我国反垄断立法面对的国际环境和具体国情是十分丰富和复杂变化的，要解决的具体问题也是多层次、多方面的。本文仅就新世纪的我国反垄断立法应如何应对 WTO、经济全球化和知识经济这三大相互关联的全球性、时代性的经济大趋势问题，简述了笔者的若干粗浅看法，以求教各位读者专家，并希望能对我国反垄断立法有所助益。

2 黄欣2007年2月3日对《反垄断法（一审稿草案）》的若干书面修改建议

按语：此文于2007年2月3日成稿后通过内部机要交换呈交给全国人大常委会法工委，约2.2千字。事后发现，此建议虽未被全部采纳、但确有不少内容反映在十届全国人大会常委会2007年8月30日通过的《中华人民共和国反垄断法》条文之中。此次首发未做任何改动。

笔者从网上查阅到《中华人民共和国反垄断法（草案）》（全国人大常委会会议一审稿）及其相关资料，欣喜之余继续作了些研究和推敲，现有如下修改建议供参考并请批评指正：

1. 建议将第1条原文："为了保护市场竞争，防止和制止垄断行为，提高经济运行效率，维护经营者、消费者的合法权益和社会公共利益，促进社会主义市场经济健康发展，制定本法。"修改为："为了防治垄断行为、维护竞争秩序，以提高经济效率和消费者福利、促进社会主义市场经济健康发展，制定本法。"

其理由主要是：（1）如是方能更科学地显示我国反垄断法的直接"职责"或"任务"与其深层"目的"之间的多层次的纵深关系；（2）此处的"防治垄断行为"和"维护竞争秩序"是其同一"职责"的两种表述，都是反垄断法的主要任务，并且这样的表述较前更为准确、简练；对《反垄断法》来说，当然应将"防治垄断行为"置于首位，否则便易同《反不正当竞争法》相混淆，而且用"防治"代替原文的"防止和制止"，既避免了"止"的重复，又保持并扩大了其含义；用"维护竞争秩序"代替原文的"保护市场竞争"显然更符合《反垄断法》的功能及其价值追求；（3）"经营者合法权益"的维护问题已经包含在"防治垄断行为、维护竞争秩序"之中，不需要也不应该另予表述；（4）"社会公共利益"的维护问题（如经济安全等），也完全可以包含在"促进社会主义市场经济健康发展"这一概括性的深层"目的"之中，因为如若"社会公共利益"得不到"维护""经济安全"发生危机，何谈"促进社会主义市场经济健康发展"？（5）"提高经济效率和消费者福利"比原文的表述也可能更为准确、简练，并且更为国际化、现代化和人本化；因为反垄断法对"提高经济效率"的推动作用不仅将表现在改善经济"运行"的机制和"效率"方面，同时还将表现在提高经营者和全民的竞争意识和法治观念、推动经营者着力提高其自主创新能力和综合经营能力等方面；而且"消费者福利"的"提高"不仅是反垄断法的重要"目的"和必然归宿，因而也将必然成为推动反垄断法治实践发展和"提高经济效率"的持久的强大动力。

2. 建议将第 2 条第 2 款原文"对本法规定的垄断行为，有关法律、行政法规另有规定的，依照其规定"删除，因为它明显不符合法律优于行政法规、后法优于前法、特别法优于一般法等项法律效力原则，并可能造成降低反垄断法的地位和效力、阻碍经济体制改革和行政体制改革向前推进等不良后果。即使从全局和中长期的角度看确实必须排除反垄断法适用的，也应当放在"附则"中作出特别规定，而不应占据"总则"中的重要位置。

3. 建议将第 5 条共 3 款的原文："国务院设立反垄断委员会。国务院反垄断委员会负责领导、组织、协调反垄断工作。""国务院规定的承担反垄断执法职责的机构（以下统称国务院反垄断执法机构）依照本法规定，负责反垄断执法工作。""国务院反垄断执法机构根据工作需要，可以授权省、自治区、直辖市人民政府相应的机构，依照本法规定负责有关反垄断执法工作。"分别修改为："国务院设立公平竞争委员会。国务院公平竞争委员会主管全国的反垄断工作，统一领导、组织和协调具有法定反垄断行政执法职权的机构的行政执法工作。""反垄断行政执法工作遵循依法、公开和公正的原则，不受其他行政机关、组织或个人的干涉。""任何单位、组织或个人都有权举报涉嫌垄断的行为。受垄断行为侵害的个人、企业或其他组织可以直接向人民法院起诉。"

其理由主要是：（1）"公平竞争委员会"比"反垄断委员会"更符合其由"国务院设立"的法定地位及其首要职责，与第33条的规定也更为一致，也有利于将反垄断和反不正当竞争等两方面的竞争政策统筹起来，而且还有利于创造条件、积累经验、为今后两法合并奠定基础；（2）"国务院公平竞争委员会"不应仅为临时性的议事机构，而应是常设的、具有法定相关决策和执法职权的权威机构；（3）"具有法定反垄断行政执法职权的机构"比"国务院规定的承担反垄断执法职责的机构（以下统称国务院反垄断执法机构）"更为科学、准确，而且"反垄断行政执法职权"应尽可能适度集中，尤其不应继续扩散，因而上述第2款的原文规定应予删除；（4）上述第3款的原文规定不符合现行宪法关于中央政府和地方政府相互关系的有关规定，而且有可能带来新的不公和新的地方保护主义、不利于全国统一大市场及其公平竞争秩序的形成，因而应予删除。"国务院公平竞争委员会"及其他"具有法定反垄断行政执法职权的机构"工作中若遇地方性需要，既可临时指定地方政府有关部门给予支持，必要时也可设临时性的派出机构，但都不应将"反垄断行政执法职权"授予地方；（5）新改第 2 款意在保证"反垄断行政执法"的公平性、权威性及其效率；（6）新改第 3 款意在保证"反垄断行政执法"的民主化和人本化，为"防治垄断行为、维护竞争秩序"构建最强大的民众力量和最深厚的法治基础。因此后面的有关规定都应做相应修改。

4. 建议在第 53 条原文"行业协会等组织实施的排除，限制竞争的行为，适用本法"。的下面增加关于"体育社会团体的活动和在竞技体育活动中发生纠纷的解决办法适用体育法的有关规定"的规定作为该条的第 2 款，因为体育法的有关规定体现的是包括我国在内的全世界各国现在及今后相当长时间内都必须遵守的国际竞技体育的共同规则。

中国法学会机关干部　黄欣

2007 年 2 月 3 日

第四部分

其 他

1 试论经济合同的概念

按语：此文首发于《北京政法学院学报》1982 年第 1 期第 55~59 页共 5 页，约 6.1 千字。此次重发，内容未做任何修改，仅订正了个别文字。

《经济合同法》（1981 年 12 月 13 日由第五届全国人民代表大会第四次会议通过，共七章 57 条，1982 年 7 月 1 日起施行）是我国第一部比较系统、完整、专门性的经济合同法。它是适应我国国民经济发展的迫切需要，在总结我国 30 多年来各方面经济往来经验的基础上，根据我国现行的经济制度、经济政策，并参考了外国经济合同法方面一些成功经验，按照民主立法程序制定出来的。这部《经济合同法》实施以后，必将对保护经济合同当事人的合法权益，维护社会经济秩序，提高经济效益，保证国家计划的执行，促进社会主义现代化建设的发展起到重要作用。这部《经济合同法》主要规定了它的立法目的和适用范围，明确了经济合同的概念，规定了订立经济合同的原则和形式，以及经济合同的履行、变更和解除，违反经济合同的责任，经济合同纠纷的调解或仲裁，经济合同管理的一般原则等。同时，它还对购销、建设工程承包、加工承揽、货物运输等十种重要的经济合同的订立、履行和违约责任作了比较具体的规定。依据本法规定，联系客观实际，深入研究并力求正确理解经济合同这个基本概念，是学好、用好这部经济合同法的关键。本文拟就这个问题谈几点体会。

一、经济合同是法律中的一个新概念

众所周知，合同，无论就其所反映的法律行为还是法律制度而言，都是一个相当古老的法律概念。它经历了不同的发展阶段，并在现代各国普遍地表现出了迅速发展的明显趋向。在社会主义国家中，合同早已突破了民法的框架而逐步扩展到劳动法、商法、经济法、国际经济法、行政法、环境保护法等一系列的法律部门之中，越来越具有普遍的性质。凡合同都是当事人之间明确特定的权利义务关系的协议，都是双方（或多方）的法律行为，都是合法的法律行为，因而都具有法律约束力。这是一切合同之共性。但不同时期、不同国度、不同法律部门的合同又各有自己的特殊性。经济合同作为一种独立的法律制度，在我国开始施行至今已有 32 年的历史了。1950 年 9 月 27 日政务院财经委员会公布的《机关、国营企业、合作社签订合同契约暂行办法》，实质上就是我国第一个关于经济合同的专门性的规范文件，但那时尚未出现经济合同这个概念。1961 年 9 月中共中央制定的《国营工业企业工作条例（草案）》（即《工业七十条》）第 1 条第 3 款中规定：国营工业企业"有权同别的企业订立经济合同"，这是第一次使用了"经济合同"这个概念；1962 年 12 月 10 日中共中央、国务院《关于严格执行基本建设程序、严格执行经济合同的通知》第一次在规范性文件的名称中使用了"经济合同"这个概念。十一届三中全会以来，经济合同制在我国重新受到重视，并得到了更加广泛的实行，取得了显著的成效。但是直到这部经济合同法颁布之前，还没有任何一个法规给"经济合同"下过定义。去年（1981 年）12 月公布的我国第一部《经济合同法》，第一次把经济合同上升到法律的高度，第一次用法律规范的形式给经济合同下了明确的定义。由此可见，合同是法律中的一个相当古老而又不断发展、日趋普遍的概念，而经济合同则是伴随着社会主义经济制度的建立、巩固和发展而产生并逐步通用起来的一个新概念。

《经济合同法》第 2 条规定："经济合同是法人之间为实现一定经济目的，明确相互权利义务关系的协议。"该定义的精神贯穿于全部法条之中，其含义在以后各条规定中得到了进一步的明确。所以，这个定义及其在整部法律中的体现，全面地揭示了经济合同的各项法律特征，从而也就把经济合同同其他各种合同、特别是一般的民事合同明确地区别开来了。

二、经济合同是法人之间的平等协议

《经济合同法》第 2 条明确规定，经济合同是法人之间的协议。这就告诉我们，经济合同是法人之间的协议；社会组织之间订立经济合同的当事人，都必须是法人。只有具备法人资格的社会组织才能充当经济合同的当事人，这是新中国成立以来发布的有关法规中的一贯主张，也是其他大多数公有制国家法律中的通行做法。例如，1950 年 9 月 27 日我国政务院财经委员会公布施行的《机关、国营企业、合作社签订合同契约暂行办法》第 5 条就曾明确规定："合同或契约之签订，必须以法人为对象，以其主管人为代表，不得以个人为对象……"这就从主体上把经济合同同其他各种非经济合同，例如同一般的民事合同、劳动合同、商事合同等明确地区别开来，因而这也就成了经济合同的第一个基本的法律特征。但是，鉴于个体经济作为国营经济、集体经济的必要补充，目前正在恢复和发展，城镇个体经营户同国营、集体经济单位的联系不断增加；随着农村生产责任制的推广，公社社员同国营、集体经济单位的经济往来也在增加；因此，《经济合同法》在其"附则"第54条中又规定了："个体经营户、农村社员同法人之间签订经济合同，应参照本法执行。"至于目前正在国营、集体经济单位内部为推行各种形式的经济责任制而签订的各种合同，由于它们不是法人之间的协议，所以不属于经济合同，也不在《经济合同法》的调整范围之内。

经济合同法中所指的法人，是指具有一定的组织机构、独立的财产或独立预算，能够以自己的名义进行经济活动、享受权利和承担义务，依照法定程序成立的企业、农村社队、国家机关、事业单位、社会团体等。其中，拥有独立的财产或独立预算这个条件特别重要。因为只有拥有独立的财产或独立预算的法人组织才有可能履行经济合同所规定的经济义务，才有可能承担因违反经济合同而带来的经济责任。这完全是由社会主义经济制度的根本属性所决定的。因此，非法人组织无权同其他法人组织签订经济合同；法人组织内部的非法人组织同法人机关之间以及非法人组织之间为推行经济责任制而签订的各种合同就都不属于经济合同的范畴。

法人订立经济合同的权利和职责，只能由法人的法定代表人或代理人在其权限范围内行使。《经济合同法》第10条规定："代订经济合同，必须事先取得委托单位的委托证明，并根据授权范围以委托单位的名义签订，才对委托单位直接产生权利和义务。"任何一个代理人都只能代理经济合同的一方当事人；而任何一个经济合同都是双方法律行为，其当事人至少必须有两个法人。所以，《经济合同法》第7条第1款第3项明确规定，"代理人超越代理权限签订的合同或以被代理人的名义同自己或者同自己所代理的其他人签订的合同"为无效。"经济合同订立后，不得因承办人或法定代表人的变动而变更或解除"（第31条[1]）。

　　法人订立经济合同时，在共同遵守国家法律、政策和计划要求的前提下，相互之间"必须贯彻平等互利、协商一致、等价有偿的原则。任何一方不得把自己的意志强加给对方，任何单位和个人不得非法干预"（第5条）。"采取欺诈、胁迫手段所签订的合同"无效（第7条第1款第2项）。"当事人双方依法就经济合同的主要条款经过协商一致，经济合同就成立"（第9条）。"经济合同依法成立，即具有法律约束力，当事人必须全面履行合同规定的义务，任何一方不得擅自变更或解除合同"（第6条）。"当事人双方经过协商同意，并且不因此损害国家利益和影响国家计划的执行"时，"允许变更或解除经济合同"（第27条第1款第1项）。"由于当事人一方的过错，造成经济合同不能履行或者不能完全履行，由有过错的一方承担违约责任；如属双方的过错，根据实际情况，由双方分别承担各自应负的违约责任"（第32条第1款）。"由于上级领导机关或业务主管机关的过错，造成经济合同不能履行或者不能完全履行的，上级领导机关或业务主管机关应承担违约责任"（第33条第1句）。"经济合同发生纠纷时，当事人应及时协商解决。协商不成时，任何一方均可向国家规定的合同管理机关申请调解或仲裁，也可以直接向人民法院起诉"（第48条）。"经济合同当事人对调解书、仲裁决定书或法院的判决，在规定期限内没有自动履行的，人民银行、专业银行、信用合作社在收到人民法院的协助执行通知书后，应当

---

　　[1] 括号内条文均为《经济合同法》条文，下同。

从当事人帐户中扣留或划拨需支付的款项"（第 52 条第 3 款）。由此可见，经济合同法从第一章到第六章，始终反复强调规定了经济合同必须遵守当事人之间的平等互利、协商一致、等价有偿的原则。这就为反对"霸王合同""衙门合同"，保证等价交换，保护经济合同当事人的合法权益提供了有力的法律武器。所以说，经济合同是法人之间的平等协议。

经济合同是否贯彻了平等互利、协商一致、等价有偿的原则，是否真正成为当事人之间的平等协议，应该有一定的客观标准。其中至少应包括以下几条：①双方当事人的地位完全平等，不得因自己在所有制、级别、规模、生产经营能力、品种等方面的优势而歧视、胁迫、欺诈对方；②订立经济合同过程中的提议和答复、经济合同的全部条款须完全出自当事人自己的意愿，并在没有任何外界压力下经过充分协商达成一致意见；③合同中规定的权利义务是相互的、对等的、等价的，没有无偿平调和显失公平的不合理现象；另外在处理经济合同纠纷过程中，当事人双方的地位也是完全平等的。对违约责任的追究，坚持了过错原则、完全赔偿损失的原则和经济责任的大小和违约行为的轻重相一致的原则。

三、经济合同是法人之间的经济协议

经济合同是法人之间的协议；但不能反过来说，凡法人之间的协议就都是经济合同。经济合同的当事人是法人，这只是经济合同构成中的一个要件，而不是充分条件，甚至可以说还不是根本性的要件。经济合同的根本性的法律特征就在于它是法人之间"为实现一定的经济目的，明确相互权利义务关系的协议"，就在于经济合同法律关系的内容和客体都是经济的，就在于经济合同所反映、确认、调整和保护的社会关系都是法人之间的经济关系，就在于经济合同本身所固有的经济属性。经济合同的这一根本属性在我国的经济合同法中体现得十分充分。这就把经济合同同其他一切非经济合同从根本上严格地区分开来了。

众所周知，凡合同法律关系都是相对法律关系，其内容和客体，即其当事人之间相互权利义务关系及其共同指向的目标，实质上都是当事人之间对特定行为的请求权的实现的可能性和履行的必要性。

经济合同法律关系的内容和客体就是法人之间对特定经济行为的请求权的实现的可能性和履行的必要性。我国《经济合同法》规定了购销、建设工程承包、加工承揽、货物运输、供用电、仓储保管、财产租赁、借款、财产保险和科技协作等10种重要的经济合同，同时还规定："其他经济合同，均适用本法。"上述10种经济合同所反映的都是社会主义的商品生产和商品交换过程中法人之间直接的经济业务关系，所确定的都是法人之间经济往来过程中特定的经济权利、经济义务和经济责任。其客体都是为实现社会主义再生产过程中的一定的经济目的服务的经济行为。根据其标的上的区别，我们可以把它们分成三大类。第一类是关于转移财产的经济合同。其中又可分为：①关于转移物质资料的经济合同，如购销合同、供用电合同和财产租赁合同；②关于转移货币的经济合同，如借款合同和财产保险合同；③关于转移智力成果的经济合同，如技术转让合同。第二类是关于完成经济工作的经济合同。其中又可分为：①关于完成有物质成果的经济工作的经济合同，如建筑合同、安装合同、加工承揽合同和试制合同，②关于完成提供智力成果的经济工作的经济合同，如勘察、设计合同和科研合同。第三类是关于提供经济劳务的经济合同。其中亦可分为：①关于提供物质性的经济劳务的经济合同,如货物运输合同和仓储保管合同;②关于提供智力性的经济劳务的经济合同,如科技成果推广合同和技术咨询服务合同。现实经济生活中所订立的经济合同的具体形式和内容繁多、千差万别,但大致都可以归入上述三大类之中。由此可见,我国《经济合同法》中规定的经济合同的含义十分明确,经济特性十分突出。所以我们说,经济合同是法人之间的经济协议。

四、经济合同是法人之间确保国家计划实现的经济协议

既然我国的经济合同是法人之间的经济协议,具有鲜明的经济目的性,那么它就必然要受到我国社会主义经济的性质及其客观规律的制约。我国的经济是计划指导下的商品经济。在它的发展过程中,计划规律起着主导作用,价值规律也发挥着积极的作用。国内外正反两方面的经验都清楚地表明:正确认识和处理计划经济和市场调节之间的关系是社会主义经济发展的一个关键问题。正确的方针应该是,既反对资本主义那样的市场经济,又要改变过去那种统得过死的体制,在更加科学而有效地发挥计划规律的主导作用的同时,注意更充分地利用价值规律的积极作用,努力把计划与市场有机地结合起来,争取做到管而不死、活而不乱,按照社会需求来组织和发展生产,不断提高经济效益和社会效益。在这种方针指导下,经济合同就应该成为各级各类社会主义经济组织进行商品生产和商品交换的直接依据和行为准则,经济合同的履行情况就应该成为评价企业生产经营状况以及它们所得物质利益的重要根据和标准。这就要求,每个社会主义经济组织在订立经济合同时,首先必须根据国家下达的指令性计划指标或指导性计划指标,同时又要结合市场需求状况和自己的生产经营能力,使自己签订的各种经济合同都真

正成为把国家计划具体化并能付诸实现的切实可行的经济协议，并在国家计划允许的范围内对计划进行必要的补充。这就表明，经济合同是最能把国家计划与市场需求结合起来，把国民经济的宏观管理同企业的微观管理结合起来，以保证社会主义经济的统一性、综合平衡和持续稳定增长，保证社会主义基本经济规律得以实现的重要的法律制度之一。因此，我国的经济合同必须首先遵循计划原则，在坚持计划原则的主导作用的前提下，把计划原则同平等互利、协商一致、等价有偿的原则恰当地结合起来。所以，我国的《经济合同法》十分明确、十分突出地强调了经济合同的计划原则。"总则"中的第4条和第7条从正反两个方面明确规定了经济合同的计划原则。第11条和第29条对这一原则又作了具体规定和阐述："属于国家指令性计划产品和项目的经济往来，必须按国家下达的指标签订经济合同；如果在签订时不能达成一致意见，由双方上级计划主管机关处理。""属于国家指导性计划产品和项目的经济往来，参照国家下达的指标，结合本单位的实际情况签订经济合同。""经济合同的变更或解除如涉及国家指令性计划产品或项目，在签订协议前应报下达该计划的业务主管部门批准。"此外，第17、18、20、22、24、26、27、39等各条之中，对这一原则又分别加以强调。同时，为了保证计划原则的实现，保证社会主义计划经济的顺利发展，《经济合同法》第14、15、35等条中，又规定了对经济合同的担保制度（定金、保证和违约金）和实际履行原则。由此可见，经济合同是法人之间确保国家计划实现的经济协议，它必须遵循计划原则。这是经济合同的又一个重要的法律特征，是它与其他一切非经济合同，特别是与一般民事合同的又一个明显的区别。

此外，经济合同和其他一切合同一样，是一种合法的法律行为。

因此，经济合同也必须遵循社会主义的法制原则，从内容到形式都要符合国家法律和政策的规定；否则，不仅无效，还必然要招致相应的法律制裁。这是它们之间的共性。所不同的是，经济合同所根据的法律，只能是经济合同法及其附属性的法规；而其他的非经济合同则分别根据它们所属的部门法的规定，例如，一般的民事合同所根据的只能是民事立法。这也是经济合同区别于其他一切非经济合同的又一标志。

② 经济合同违约责任之研究

按语：此文是笔者在中国政法大学读研究生毕业时的法学硕士论文，约70千字。是笔者在前两年逐渐深入研究的基础上、于1983年3月至6月期间夜以继日地继续研究完成的。因中国政法大学当时无论是以江平为主任的民法学教研室还是以徐杰为主任的经济法学教研室，均尚未取得法学硕士学位授予权，故笔者被推荐到当时已取得法学硕士学位授予权的中国社会科学院法学所去答辩。由于此论文以及笔者在1983年8月11日下午的现场答辩，获得答辩委员会王家福、谢怀栻、王保树等五位老师全体一致的高度评价和全票通过（时任答辩委员会主任的王家福老师还当场激动地宣称"要千方百计将黄欣调到法学所来工作"，但后终因法大坚决不放而未能实现），并因而顺利获得由中国社会科学院研究生院院长温济泽签署的"法学硕士学位"证书（该证书号为83015）；从此还大大加深了笔者同他们及法学所其他许多专家学者如吴大英、潘汉典、任允正、陈遂等老师们的师生情谊和学术交流。由于此前笔者已取得研究生学科的"全优"成绩而顺利毕业，因此时已出任法大主要领导的江平老师的坚决挽留并主动承诺"将千方百计地争取尽快解决给黄欣的妻子和三个孩子进京落户的指标"，所以笔者就因此成了当时在京所有高校的研究生之中唯一一名有三个孩子在外地需要四个家属进京指标的留京工作的法学硕士。此次全文首发，除极个别文字校正的技术处理外，内容未作任何改动（但取消了原文中的"目录"并调整了注释位置；原文的手写稿及打印稿，现仍由笔者本人完整保存）。为便于各位专家读者理解此文，另需补充三点：一是此文写作之前，笔者已先后接连在《北京政法学院学报》和《辽宁大学学报》正式发表了五篇相关学术论文，在北京政法学院的《经济法参考资料》和《国外法学资料》及中国社科院法学所的《法学译丛》和北京大学法律系的《国外法学》正式发表了 30 多万字的俄译汉相关法律法学资料，参加设计、编写、统编的约 11 万字的《经济合同基本知识》也已由法律出版社于 1983 年 5 月正式出版发行，并且笔者还是第一位接连应邀到核工部、轻工部、电工部和纺织部机关等单位宣讲《经济合同法》的学者；此外笔者还曾受最高人民法院经济审判庭委托并持最高人民法院公函于 1983 年 2 月至 3 月，接连到湖北省的襄樊中院、沙市中院、武汉中院及其省高院和上海市的中院及其市高院以及江苏省的南京中院及其省高院的经济审判庭，实地考察调研其经济合同纠纷案的调解、审判的现状、经验教训及其建议，因而获得了许多新情况和新见解。二是该论文中的最后部分曾以《经济合同违约责任的种类》为标题写成约 7 千字的论文，入选国务院经济法规中心和辽宁省委、省政府于 1983 年 10 月下旬在沈阳辽宁大厦联合主持召开的《全国首届经济法理论研讨会》的正式下发文件，笔者还亲自就此在全体大会上上台发言。同时，笔者还和中国政法大学时任副校长的江平老师先去考察了唐山大地震遗址并在沈阳做了其电大讲课时的助教，还因此和他一起首次乘飞机从沈阳飞回北京。三是该论文受到中国法学会于 1984 年 3 月创刊的季刊——《中国法学》编辑部的青睐，让笔者按其要求以《论经济合同违约责任的基本原则》为题压缩到 11 千字左右，并被排印在其创刊号上且已让笔者校对了清样，但后因笔者当时尚未取得高级职称而使其后移 1 期，即发表在其总第 2 期即 1984 年 6 月出版的《中国法学》第 2 期的经济法栏目的首篇的第 42~50 页。

前　言

《经济合同法》第四章"违反经济合同的责任"对经济合同的违约责任作了大量规定；该法的其他章节中亦有此项规定。可见，经济合同的违约责任问题在《经济合同法》中占有重要地位。但是，自《经济合同法》公布、开始实施以来，法学家就经济合同违约责任问题发表的看法并不一致；国家规定的经济合同管理机关和人民法院在处理经济合同纠纷案件、追究经济合同违约责任的实践中也遇到了一些亟待解决的理论问题。这些问题归纳起来主要有：

（1）何为违反经济合同的责任？何为经济合同的违约责任？二者关系如何？经济合同违约责任的本质及其基本特征是什么？

（2）经济合同违约责任的根本目的是什么？它可能发挥哪些重要作用？我国经济合同违约责任制度中，成为违约责任措施重要作用得以很好发挥的根据之基本原则有哪些？其理论依据和基本含义各是什么？经济合同违约责任之重要作用，能否仅靠违约责任制度自身的建立和完善就得以充分发挥？若不能，它给我们以何种积极之启示？

（3）经济合同违约责任赖以产生的法律事实有哪些？它们各自的地位和作用有什么不同？我国经济合同违约责任产生的共同条件是什么？过错责任原则究竟是从何时产生的？我国《经济合同法》中规定的过错责任原则的基本含义有哪些？其过错责任制度应如何进一步完善？

（4）什么是经济合同违约责任的免除？它与经济合同的变更和解除之间是何关系？可能成为我国经济合同违约责任免除条件的有哪些法律事实？不可抗力之成为我国经济合同违约责任的免除条件，其本身应具备哪些基本特征？因不可抗力而不能履行经济合同时，当事人请求免责应履行哪些义务？我国经济合同违约责任之免除应遵循何种基本规则？

（5）划分经济合同违约责任种类的标准是什么？我国《经济合同法》已规定的违约责任主要有哪几种？体现了什么原则？它们各

具哪些基本特征？在我国经济合同违约责任体系中所居地位有何不同？我国经济合同违约责任体系进一步完善时应注意哪些问题等。

本文试图以马克思主义、列宁主义、毛泽东思想的法学理论为指导，站在坚持四项基本原则的立场上，通过对我国《经济合同法》、30多年来的经济合同规章和其他相关法规、正在拟定中的经济合同法实施条例，以及进行社会调查所得到的材料的认真学习和深入钻研，从我国具体国情出发，参照我国学者现有著述中的各种有关看法，选择一些有典型意义的国外资料，适当予以纵向和横向的比较研究，并注意将经济合同违约责任放到我国经济合同法制的整体之中、社会主义法制的整体之中，以及整个社会制度之中加以观察，用唯物辩证之方法，循抽象具体之逻辑，对上述各种理论问题提供详略不同的回答，表明笔者目前对此类问题进行研究已获得的初步成果和粗浅认识，并渴望它们能对正确理解和执行我国《经济合同法》所规定的经济合同违约责任制度，对我国经济合同违约责任制度的进一步完善有所裨益。

一、论经济合同违约责任的概念

合同是一种起源古老、沿革复杂、不断发展、日臻完备的法律制度。与法律体系中的其他制度一样，它根源于各国当时的物质生活条件，受其社会政治制度左右，且在不同程度上带着本国民族传统、宗教信仰、道德风尚、地理环境、人口状况、文化水平及法律意识等诸方面因素作用之印迹。所不同的是，合同作为专门媒介交换关系及相关社会关系的法律制度，它对物质生活条件依赖得更紧密、反映得更灵敏、调整得更直接。不同社会制度、不同国家，以及同一国家同一社会制度不同发展阶段上的合同制度，都各有其相互区别的特点。近现代合同制度迅速发展的显著趋向之一就是，它越来越被众多的法律部门所采用；不同部门的合同制度，均在迅速发展并且各具特色。经济合同是新型经济法部门中的一个重要构成部分；其理论与实践，虽与传统的其他部门中的合同制度存在着沿革关系和共同之处，但又具有自己诸方面的显著特征、并且明显地反映于其责任制度之中。

合同责任，作为合同法律制度中的一个重要组成部分，伴随着整个合同制度的产生和变迁，也经历了一个产生、变化和不断完备的历史演变过程。但在剥削阶级社会中，此种演变没有并且也不可能从根本上摆脱其维护债权人特权、维护私有制经济秩序、维护剥削阶级统治的根本宗旨；其合同责任的锋芒，归根结底总是指向债务人、指向被剥削、受奴役的劳动人民。剥削阶级合同责任制度这一反动属性，在其人身责任制度中暴露得尤为突出。所谓"人身合同责任制"，后世又称为"对人执行"，系指债务人不能履行合同债务时即丧失人身自由，债权人可直接或者经由法院将其拘留、监禁，还可以使其沦为债奴以供自己驱使，或者任意出卖给国内外的任何其他人，甚至还可以将其杀害。例如，公元前 5 世纪中叶的《十二铜表法》第 3 表"债务法"中就明确规定，未履行债务的债务人，在 30 天特许期限届满之时仍未履行债务的，债权人可将其"拘捕""押解到庭"；"若仍未执行法庭判决且在受讯时无人代他解脱责任，则得把他带到私宅，给他戴上足枷和手铐，其重量不轻于十五磅，而且假如愿意还可以加重"；当债务人在拘禁期间，他有权与［原告人］谋求和解，但若［双方］不能和解，则应继续拘禁六十天。在此期间，他们须在市集日连续三次被带到会议场最高审判官面前，［并］宣布判决他们的钱额，至第三个市集日，他们则被判处死刑，或者被卖到国外，于台伯河以外"；或"至第三个市集日，债务人得被切成块……"并且"对叛逆者的诉讼应永远保持［其］效力"〔1〕。此种极为残酷的"人身合同责任制"，在奴隶制各国的法律规定中虽然各有不同，但都是普遍施行的。后来，因其越来越不符合奴隶主、封建主、资本家剥削之目的且又失之太苛刻太露骨，故几经变迁；但时至今日，"对人执行"的合同责任制，在资本主义世界尚远未绝迹。例如，《德国民事诉讼法典》就规定，对未履行"不可替代"行为之债的债务人，可以处 6 个月以内的监禁。再如，英国法院把不执行法院关于合同之诉的判决视为"藐视法院"的行为之一，对此种债务人可以处 6 个月以内的监禁〔2〕。当然，剥削阶级合同责任制为剥削阶级服务的阶级本质，并非一定要直接表现于某种责任形式之中；所以，法国于 1867 年废止对债务人的人身监禁而代之以"不履行判决的罚金"，这本身并不能代表法国合同责任制的资产阶级本质有了什么改变。现代资本主义的合同责任主要表现为金钱制裁。这既符合资本主义市场经济之规律和资本家唯利是图之本性，也是资产阶级的国家机器及其法律制度统治和剥削无产阶级及劳动人民的手段更为精巧的又一反映。

社会主义法制中的合同责任制，在阶级本质和根本目的上，与一切剥削阶级法制中的合同责任制是完全不同的。我国的经济合同责任，是整个经济法责任体系的一个重要组成部分。它同经济法体系中的其他责任相互配合，通过对各种经济违法行为的制裁，保护

---

〔1〕 参见法学教材编辑部、《外国法制史》编写组编：《外国法制史资料选编》（上册），北京大学出版社 1982 年版，第 146~147 页。

〔2〕 参见沈达明、冯大同、赵宏勋编：《国际商法》（上册），对外贸易教育出版社 1982 年版，第 119、129 页。

受害经济法主体的合法权益，保障正常的社会经济秩序得以巩固和发展，促进社会主义现代化建设循着社会主义客观经济规律运行的轨道顺利前进，巩固以工人阶级为领导、以工农联盟为基础的人民民主专政，提高全国各族人民的物质文明和精神文明的水平。

我国《经济合同法》，以马列主义、毛泽东思想的法律观为指导，从我国的具体国情出发，较好地反映了我国经济管理体制改革的成功经验和正确方向，体现了国民经济的整体性、计划经济为主市场调节为辅、宏观管理和微观管理相结合、经营业务和经济管理相结合、国家计划和经济合同相结合等项基本原则。其中，关于违反经济合同责任制度的规定，虽也注意研究并借鉴了国外的成功做法，但主要还是我国30多年来、特别是近几年来推行经济合同责任制的实践经验之总结、继承和发展。我们中华民族向来以"重合同、守信用"的美德著称于世。新中国成立以后，党和政府十分重视经济合同制的建立、实行和完善，先后发布了一系列经济合同规章，并且其中都有关于违反经济合同责任的明确规定。例如，新中国成立后颁布的第一个经济合同规章——政务院财政经济委员会1950年9月27日颁布的《机关、国营企业、合作社签订合同契约暂行办法》第8条就规定："合同或契约签订后如因一方未履行合同或契约，致使对方遭受损失时，须负赔偿之责，保证人并应负连带责任。"第10条还对如何处理合同纠纷的程序作了具体规定。1950年10月3日颁布的《贸易部关于认真订立与严格执行合同的决定》第4、5条又规定："合同一经订立后，必须严格执行，保持认真严肃的法律效力——如发现本单位有违反合同行为时，对外必须立即接受处罚条件，对内必须追究责任；并将违反合同的原因、性质、损失、解决办法、应处分的当事人员等向上级呈报。""如订立合同之对方，有违反合同行为时，必须请其接受合同规定之处罚办法；如其不肯接受时，得向法院起诉，并将结果具报上级。"铁道部1951年5月25日专门发布了《签订运输合同未完成车数计算责任方法及罚款处理手续暂行办法》。中华全国供销合作总社1953年3月19日颁布的《各级合作社联合社签订交易合同暂行办法》明确规定，"一切合同均应订明违约的罚款规定"，并对罚款数额及其计算办法、损失赔偿、合同纠纷的处理程序及仲裁手续等问题都作了明确规定。1956年6月1日起开始施行的《中国百货公司供应合同共同条件》，不仅在其他章节中对各种违反供应合同共同条件的责任都作了相当具体而明确的规定，而且还专门设立了"罚则"一章：对甲方迟延交货、乙方迟延付款或拒付，以及双方支交付迟延逾期等责任作了明确规定。在此之前后，国务院1955年5月10日批准的《全国木材统一支配暂行办法》、1955年11月16日批准的《煤炭统一送货暂行办法》以及1956年7月1日起开始施行的《重工业部产品供应合同暂行基本条款》等经济合同规章，对违反这些经济合同的责任，设立了专章规定，并且对免责和继续履行等问题也都作了明确规定。20世纪60年代前期，对违反这些经济合同的责任又作了一系列规定。例如，中共中央1961年9月发布的《国营工业企业工作条例（草案）》（即《工业七十条》）第46条第2、3款就明确规定："经济合同具有法律效力，必须严格执行，不准单方面废除；不执行合同的，要负经济上的赔偿责任"；"企业之间、部门之间有关经济合同的纠纷，由各级经济委员会设置专门机构仲裁和处理。"又如，1962年12月10日中共中央、国务院《关于严格执行基本建设程序、严格执行经济合同的通知》的第2条就规定："国民经济各部门必须严格执行经济合同，各生产企业必须按合同要求进行生产，保证产品质量和交货时间。订货部门必须按时提货和交付货款，严格执行订货合同，一律不准退货。今后如发生产品规格不对头、产品质量不符合合同要求，订货部门可以拒绝提货，由生产部门返修或重新制造，由此发生的一切损失，概由生产企业负责。如因特殊情况，订货部门必须退货，或者产品规格、产品质量都符合合同要求，订货部门不按时提货和交付货款，由此发生的一切损失，概由订货部门负责。在执行合同中发生的纠纷，由各级经济委员会予以仲裁。各地人民银行或者建设银行，负责执行各级经济委员会的决定，扣付货款。责成国家经济委员会，根据本《通知》的精神，制定国民经济各部门严格执行经济合同的具体办法，报国务院审批。"据此，国家经济委员会于 1963 年 8 月 10 日颁布的《关于工矿产品订货合同基本条款暂行规定》中设立了"经济责任"专章，对供、需双方的具体违约责任及其总限额和执行办法都作了明确规定。此后，国家经委又分别于 1965 年 8 月 28 日和同年 12 月 14 日两次发出通知，将其中为延期付款、延期交货和逾期提货规定的千分之一的罚金数额修改为万分之五，与银行规定的罚金数额统一起来。

党的十一届三中全会以后，随着国民经济的调整、改革以及社会主义民主和法制建设的蓬勃发展，经济合同制获得了迅速地恢复和发展，经济合同责任制度也因此而向前迈进了一大步。例如，国家经委于 1981 年 3 月 6 日颁发的《工矿产品合同试行条例》第十章"经济责任"，以及国家经委于 1981 年 7 月 10 日颁发的《关于〈工矿产品合同试行条例〉第二十六条的补充规定》，不仅补充规定了运输部门应负的责任和对供、需双方逾期行为的价格制裁，并且还明确规定，"不能履行合同而偿付的罚金和仲裁、诉讼费用，不得计入成本，而应从企业利润留成或企业基金中支付；情节严重的，扣罚当事者及其负责人一定数量的工资，并追究其行政和法律责任"，从而体现了"违约制裁应落实到违约方及其责任人员物质利益或其他权益的丧失这一原则"。

总之，从新中国成立到《经济合同法》的制定，中共中央、国务院及其所属机构，对违反经济合同的责任问题先后作了一系列的规定，使经济合同责任制度逐步建立和发展起来，在实践中发挥了重要作用，积累了丰富经验。但由于任何一种法制的建立和完备，无不需要一定的实践过程、都有待于它所依赖的各种主、客观条件的成就，所以此前关于违反经济合同责任问题的种种规定，总的来说尚比较笼统、比较分散、不够全面、不够统一、也未上升为法律，因而尚处于初级的阶段，不能完全适应经济管理体制改革和社会主义现代化建设迅速发展的客观需要。正因如此，在党中央的统一领导下，在全国人大常委会法制委员会的主持下，经过充分调查研究、反复讨论修改后，《经济合同法》终于经五届全国人大四次会议通过、公布并已于 1982 年 7 月 1 日起开始施行。就法制本身的发展而言，如果说此前经济合同责任制度的发展尚属"量的积累"，那么我国《经济合同法》所规定的经济合同责任制度，则无疑已经上升入"质的飞跃"阶段，很需要我们予以认真研究。

犹如许多科学研究往往需要首先明确其研究对象的概念、本质及其基本特征一样，本论题的研究，在作了上述必要回顾和说明之后，以下将首先探讨"违反经济合同的责任"和"经济合同的违约责任"这两个概念及其相互关系。又如许多社会科学的基本概念往往会以不同的含义使用于不同的场合，因而需要从不同的角度进行分析之后才得以全面把握一样，"违反经济合同的责任"和"经济合同的违约责任"这两个概念，也需要从如下三个方面予以认识和把握：

首先，应从规定"违反经济合同的责任"的第四章同整部《经济合同法》这二者之间的关系中去理解。笔者根据自己已阅读过的资料发现，"经济合同"现在还仅仅是社会主义国家和其他公有制国家所采用的一种新型的法律制度和法律概念，资本主义法中迄今未见采用之，古代奴隶制和封建制法中更未曾发现它。奴隶制、封建制和资本主义法中虽无此种"经济合同"制度，但确有专门调整商品交换关系的合同法制，有的甚至还相当完备；其中不仅都有关于合同责任（或称契约责任、违约责任）的规定，而且其合同责任制度都始终占据着重要地位。例如，前引公元前5世纪中叶的《十二铜表法》第3表"债务法"总共只有7条，几乎全是关于人身合同责任制的规定。进入资本主义社会后，基于物化劳动和活劳动的商品交换都高度发达之客观需要，以及加强对资本家稳定获得高额利润进行保护之根本宗旨，资本主义合同法中关于合同责任制的规定，较之以往也更加详尽、更为完备。例如，在《法国民法典》中，不仅其第三篇第四章《契约或合意之债的一般规定》第三节"债的效果"第四目"因不履行债务而发生的损害赔偿"，以10条（即第1146条至第1155条）之大篇幅，对赔偿损失这种形式的违约责任规定了一般规则，而且在此后的各章中，对各种具体的违约责任又作了许多具体规定。后世大陆法系的资本主义合同责任立法，大都仿效此种分开规定的立法范例，仅在名称、分类及具体编排上有所不同；而合同责任制度的完备程度及其在整个合同法中所处的地位，较之《法国民法典》则更胜一等。《德国民法典》便是这样的典型。因本文以下将多次进行比较分析，故此处暂不详述。英美法系和大陆法系虽有诸多差异，但其合同责任制度在其合同法中所处的地位，较之大陆法系则毫不逊色。1906 年的《美国统一买卖法》就很能说明这个问题。该法由契约的成立、所有权和权利的转移、契约的履行、未得价金的出卖人对物品的权利、关于违反契约的诉讼、解释等共 6 章计 79 条组成，其中专门规定合同责任制度的就占 2 章计 21 条之多。此外，1980 年的《联合国国际货物销售合同公约》共计 101 条：其中，第三篇的第一章（即第 25~29 条）、第二章第三节（即第 45~52 条）、第三章第三节（即第 61~65 条）和第五章（即第 71~88 条）等共 36 条，都是专门规定国际货物买卖合同责任制度的，这些条款占据了该公约全部条款的三分之一以上。

与剥削阶级的法制不同，在东欧各社会主义国家和苏联的法律中，都普遍实行着"经济合同"制度。所不同的是，经济合同法制的渊源在这些国家有很大差别：捷克斯洛伐克的经济合同法被编纂在其《经济法典》之中；保加利亚继 1963 年颁布了《社会主义组织之间合同法》之后，其部长会议又于 1972 年发布了其法律效力优于前者的《社会主义组织之间的合同条例》；德意志民主共和国 1965 年颁布的《合同法》至今仍是其经济合同法的主要渊源；罗马尼亚对其 1969 年《经济合同法》几次修改后，又于 1979 年重新修订颁布了新的《经济合同法》；而在匈牙利、波兰和苏联，除其《民法典》中有关的一般规定和专门规定（如《匈牙利民法典》第四部分第三篇第三十五章"计划合同"）之外，其经济合同法的主要渊源，则是其部长会议的决议、条例及其所属的部、主管部门、仲裁总署的规范性文件。虽然在渊源方面存在如此之不同，但其经济合同法中，都无一例外地规定了经济合同责任制度；并且其中都体现了基于生产资料公有制和计划经济而产生的各项经济合同责任制的基本原则，反映了其本国经济改革的成果和特点，在立法技术上也都采用了一般规则和专门规则分而置之的办法。苏联部长会议 1981 年 2 月 10 日决议批准并于同年 7 月 1 日开始施行的《生产技术用产品供应条例》和《日用消费商品供应条例》，是苏联经济合同法中两个最新的重要法规。其中，前者共计 104 条、而后者为 101 条，而其"财产责任"这一章则同为 37 条，均占了其全部条款的三分之一以上的篇幅。与其 1969 年的前两个《供应条例》相比，后者明显地提高了其责任立法的地位，增加了许多新规定[1]，反映了苏联加重违反经济合同的责任、完善经济合同责任制度的新动向。

我国《经济合同法》中关于违反经济合同责任制度的规定具有自己的特色。这主要表现在，它在内容上主要继承并发展了我国的实践经验，在立法技术上采用的是集中编排的方式。虽然其他章也有直接或间接涉及责任的条款，但总的说来，无论是关于违反经济合同责任的一般规则，还是违反 10 种经济合同责任的具体规则，均已合乎逻辑地集中编排在其第四章"违反经济合同的责任"之中。这就使关于违反经济合同责任制度的规定，在我国整部《经济合同法》共 57 条的篇幅中占了 16 条之多，并且还集中编排在一章之中，从而获得了更显著、更重要的地位。这对于引起经济合同法律关系的所有参与人的高度重视，以加强其经济合同法制观念，无疑将起到积极的促进作用；同时也为适用和研究违反经济合同责任的各项实际工作提供了方便；而所有这一切都将有利于我国经济合同责任制度的积极作用得以更好地发挥。

---

[1] 参见苏联莫斯科国民经济学院教授、法学博士日·格·克雷洛娃发表的《产品和商品供应中的责任》，原文载于《苏维埃国家与法》杂志 1983 年第 3 期。

　　综上可见，各种合同立法中无不包含关于合同责任的规定；此类规定集中构成各种合同法律制度中的合同责任制度；此类合同责任制度作为合同立法中的"罚则"，是各种合同法律制度中的一个不可或缺的构成部分，并且始终占据着重要地位。这正是合同之所以能成为法律制度、受到国家强制力的保护，从而具有法律效力的一个突出表现；而且，此类合同责任制度，也往往最集中、最典型地反映着其整个合同法律制度的阶级属性及其他相关特征。我国《经济合同法》中关于违反经济合同责任制度的全部规定——主要是其第四章，即构成我国现行的经济合同责任制度。它作为我国《经济合同法》中的"罚则"，即作为处罚一切违反经济合同的行为、解决一切直接与此相关的问题的主要法律依据，是我国《经济合同法》整体中的一个重要构成部分，并且占据着重要地位。它是我国《经济合同法》的国家强制性、亦即国家对经济合同予以法律保护的一个突出表现，并且从"罚则"这一角度，很好地体现我国《经济合同法》的社会主义本质，反映了我国经济体制改革已经取得的成果和将要继续坚持的正确方向。这是问题的一个方面。另一方面，任何一种合同责任制度，都仅仅是整个合同法律制度的一个构成部分，并且不是、也不应该是其中的首要部分。因此，任何一种合同责任制度，都绝对不能脱离其整体而独立存在，不能脱离其整体中的其他部分，尤其不能脱离其"总则"部分而孤立地加以适用。我国的经济合同责任制度，同样也只是我国《经济合同法》整体中的一个构成部分，因此无论是对其进行学术研究，还是将其付诸适用时，都必须运用马克思主义哲学中关于整体与部分之间辩证关系的基本原理，尽可能全面地去把握它；决不能脱离我国《经济合同法》的整体，尤其不能脱离在该法中居于指导地位的"总则"部分而孤立地观察它、适用它。同时，由上可知，就合同法律制度的整体与部分之关系而言，合同法本身所表明的"合同责任"之类的术语，并不仅指具体的合同责任措施，有时也指称整个合同责任制度。例如，我国《经济合同法》第四章所用"违反经济合同的责任"这一标题，就不仅是指违反经济合同责任的各种具体制裁措施，同时也是指称整个违反经济合同的责任制度，亦即指称整个经济合同责任制度。

其次，应从"制裁"在法律规范的逻辑结构中所处的地位去理解。众所周知，任何一种完整的法律规范，在逻辑结构上均由如下三部分构成：第一部分是"假定"，它指明该规范适用的条件或范围；第二部分是"处理"，它指明该法律关系之主体，在此类情况下，可以怎样做（授权性规范）、应该或必须怎样做（义务性规范）、不能怎样做（禁止性规范），它指明该法律关系之主体权利和义务的具体内容，成为该主体在此类情况下正当行为（包括作为和不作为）的规则；第三部分是"制裁"，它指明该主体在此"假定"情况下违反"处理"规范，即违反自己的法定义务或侵犯对方法定权益或未行使自己的法定职权，因而必须承受的不良法律后果之具体内容。法律规范逻辑结构中的"制裁"部分，就是通常所说的"法律制裁"，又称为"法律责任"或"违法责任"。由此可见，任何一种完整的法律规范，不管其渊源如何，即不管其是否已表现于某一具体的法律文件（成文法）中，还是尚仅存于人们的习俗（习惯法）中，也不管其是被集中规定于同一个法律文件中、还是被分散规定于多个法律文件中，也不管其在文字表述的顺序上是正叙、插叙还是倒叙，从客观的逻辑结构顺序上看，"制裁"部分总是处于"假定"和"处理"之后。也就是说，若没有前面的"假定"和"处理"，便没有后面的"制裁"；若前面的"假定"和"处理"已被变更或废除，则后面的"制裁"也理应作相应的变更或废除；若所指的情况不属于前面的"假定"之列，或中间的"处理"规范并未遭到违反，那就根本谈不上实施"制裁"。因此，任何一种法律规范中的"制裁"，均为其从属部分，即具有依赖性，在开始时仅仅具有实施的可能性；只有在"假定"范围之内且当"处理"规范遭到违反之后、并且法定或约定的诸种责任要件均已成就之后，才能依据法定或约定之程序付诸实施，即由原来的"制裁"可能性变为其现实性。深言之，法律主体实施了违法行为（包括作为和不作为），是其遭受法律制裁必不可少的首要条件。换言之，正常地行使自己的合法权利、履行自己的合法义务，即没有违法行为，就断然不应发生任何法律制裁或法律责任问题。因此，一切法律责任，虽然其归根结底无一不是使违法者丧失一定的权利或增加一定的义务；但是必须明白，"法律义务"和"法律责任"这两个概念，在法律本质上是完全不同的。前者属于"处理"性规范，而后者则属于"制裁"性规范；前者直接基于合法的法律事实而产生，而后者则只能在违法行为发生之后基于诸种责任要件均已全部成就而产生；前者一般会有与之相对应之权利，而后者一般则仅仅为一定权利之丧失或一定义务之增加；前者一般会由其主体主动履行，而后者则是责任人不得不承受的不良后果等。因此，绝不能将"法律义务"和"法律责任"这两个完全不同的概念混为一谈。具体而言，"违反经济合同的责任"，在经济合同法律规范的逻辑结构中，无疑处于"制裁"部分，同样具有从属性和依赖性；即若根本没有经济合同或者经济合同根本没有被违反，则决然不应发生任何"违反经济合同的责任"问题。"违反经济合同的责任"属于"法律责任"的范畴，而经济合同义务则属于"法律义务"的范畴，绝不能将它们混为一谈。此外尚需注意的是，"制裁"性规范对于有权行使"制裁"的受害方而言，也还有个"有还是没有约束力"之分。众所周知，由于资本主义的法理承袭了罗马法公法和私法之二分说，因而其私法中通行着受害方对自己的私权（包括诉讼权利和实体权利）享有完全处置权之"处分原则"，所以资本主义民商法中的"制裁"性规范，对于受害方而言并无法律约束力，即受害方拥有可以行使"制裁"之权利，而无必须行使"制裁"之义务。但是，按照列宁的观点，在社会主义国家中，"经济领域的一切都属于公法范围，而不是什么私人的东西"[1]。因此，剥削阶级国家法中的"处分原则"，不应被搬入我们社会主义国家的经济法之中；经济合同法中的"制裁"性规范，对于受害方而言同样具有约束力，即受害方不仅享有可以行使追究违约责任之权利，同时也应有必须追究其违约责任之他的职责。总之，运用法律规范逻辑结构之一般法理来观察即可得知，"违反经济合同的责任"，是经济合同法律规范逻辑结构中必不可少的一个构成部分，具有从属性和依赖性，总表现为一定的制裁措施；对于受害方而言，行使此种制裁措施——既追究对方的违约责任，不仅是他的权利，同样也是他的职责。

第三，应该再从经济合同法中的违约责任条款与整个经济合同之间的关系中去理解。我国《经济合同法》第 12 条已经明确将"违约责任"规定为经济合同应具备的最后一项"主要条款"。罗马尼亚 1979 年的《经济合同法》第 22 条中也作了类似规定。当然，经济合同当事人双方在合同中所约定的违约责任条款必须是合法的，不得预先排除或限定现行立法已经明文规定的法定违约责任，否则

---

〔1〕 参见《关于司法人民委员部、在新经济政策条件下的任务》（1922 年 2 月 20 日），载《列宁文稿》（第 4 卷），人民出版社 1978 年版，第 222~223 页。

无效。但是，一般允许对现行立法尚未规定法定违约责任的违约行为依法约定违约责任；亦可使现行立法规定的违约责任浮动数量具体化，但不得超越其浮动幅度的上限和下限。这就是说，经济合同中的违约责任条款，是合同当事人双方对法定违约责任的具体化补充；它是经济合同中的"主要条款"之一，是该经济合同的一个重要构成部分。此种经济合同中的违约责任条款，作为经济合同中的"罚则"，总表现为一定的经济制裁措施，自其订立时起便成为督促当事人双方全面履行各自合同义务的一个重要刺激因素，并在过错违约行为发生后成为处理合同纠纷、追究违约责任的有效依据。此时尚需强调指出的是，经济合同中所约定的违约责任，与我国《经济合同法》第四章标题所使用的"违反经济合同的责任"，二者并不是同一个概念，其含义具有很大差别。前文已经指出，基于我国社会主义经济的本质属性及其运行的各项客观规律和基本原则的客观需要，我国《经济合同法》所调整的社会经济关系，虽然主要是指社会主义组织之间的经营业务关系；但因此类经营业务关系，同社会主义组织与其上级领导机关和业务主管部门之间的经济管理关系（如计划、物资、财务、价格、质量等方面的管理关系）以及社会主义组织的内部的经济关系（包括内部的经营业务往来和管理等方面的繁杂关系）之间，都具有相当密切的联系，因而这后两方面的经济关系也就必然需要受其调整。正因为如此，我国《经济合同法》第四章在着力规定经济合同当事人双方的违约责任之同时，既规定了其上级领导机关或业务主管部门基于自身过错造成经济合同不能履行或不能完全履行时应负的责任（第33条），又规定了因其失职、渎职或其他违法行为造成经济合同不能履行或不能完全履行、并且造成重大事故或严重损失的直接责任者个人应负的经济、行政直至刑事责任（第 32 条第 2 款）。由此可见，我国《经济合同法》第四章中所规定的"违反经济合同的责任"，是泛指经济合同当事人双方及其上级领导机关或业务主管部门和直接责任者个人，因各自的过错（在直接责任者个人应负刑事责任时则指其"罪过"），造成经济合同不能履行或不能完全履行时，依法应承受的一切法律制裁措施。显然，这是广义的"违反经济合同的责任"。

此种广义"违反经济合同的责任"的立法制度，对于预防和制裁违反及破坏经济合同的一切违法行为，加强对经济合同的法律保护、提高经济合同的法律效力、促进经济合同的实际、全面履行，无疑将起到重要的推动作用。但是，对于经济合同当事人双方而言，他们在约定违约责任条款时，则完全不应该、亦不可能，更无必要在合同中约定其上级领导机关或业务主管部门及其直接责任者个人的责任。因此，经济合同违约责任条款中所依法约定的违约责任，只能是包括经济合同当事人双方基于自身过错造成经济合同不能履行或不能完全履行时，依据法律规定和合同约定，所必须承受的一切经济制裁措施。显然，此种"经济合同的违约责任"实为狭义的"违反经济合同的责任"；它与前述广义"违反经济合同的责任"之间是一种从属关系。深言之，这两个概念之间是一种种、属关系，二者的内涵和外延均有所区别，不可等同或混同使用，为避免在使用中发生混淆，笔者依据我国《经济合同法》第四章所用标题"违反经济合同的责任"和该法第 12 条所用"违约责任"之法定含义，仅将广义的"违反经济合同的责任"称为"违反经济合同的责任"；而将狭义的"违反经济合同的责任"改称为"经济合同的违约责任"。本文正是在此含义上，区别使用"违反经济合同的责任"和"经济合同的违约责任"这两个概念的。由于"经济合同的违约责任"在"违反经济合同的责任"中占有特殊重要的地位，所以本文将集中力量加以研究，并且因而将本文的总标题命名为《经济合同违约责任之研究》。

综上所述，作为一种法律制度，"违反经济合同的责任"就是《经济合同法》中的责任制度，它与整部《经济合同法》之间是部分与整体之间的关系；而从法律规范逻辑结构的角度去观察，它在经济合同法律规范逻辑结构中处于"制裁"部分，是《经济合同法》中的"罚则"，即是处罚一切违反经济合同的行为之法律依据。在《经济合同法》"总则"的统一指导下，此种责任制度，同《经济合同法》中的其他制度之间，既有明确分工、又有相互配合，共同为完成《经济合同法》的根本任务而发挥着各自的积极作用。"经济合同的违约责任"即经济合同违约责任制度，作为《经济合同法》中的责任制度之重要组成部分，发挥着更加突出的重要作用。若仅就法律制裁措施而言，"违反经济合同的责任"，是泛指经济合同当事人双方及其上级领导机关或业务主管部门和直接责任者个人，因各自的过错（在直接责任者个人应负刑事责任时则指其"罪过"），造成经济合同不能履行或不能完全履行时，依法应承受的一切法律制裁措施；而"经济合同的违约责任"，则是仅指经济合同当事人双方基于自身过错造成经济合同不能履行或不能完全履行时，依据法律规定和合同约定，所必须承受的一切经济制裁措施。本文所用"违反经济合同的责任"和"经济合同的违约责任"这两个概念，有时是指称其整个责任制度，另外有时则专指其中的法律制裁措施。这在行文的含义上是有明显区别的；但这里还是需要提醒各位专家学者和其他读者阅读时予以注意。

"经济合同的违约责任"，作为法律责任体系之中的一种，它具有一切法律责任之共性，如须依据一定的专门法律规定、有待于各种法定责任要件之成就、以国家强制力为后盾、须遵循法定的专门程序予以追究等；但同时，作为一种专门的法律责任，它又具有自己的特殊性，并且上述诸多法律责任之共性也都寓于其特殊性之中，从而形成了自己的许多基本特征。依据我国《经济合同法》及其他现行经济合同法规之规定，"经济合同的违约责任"之基本特征，可以概括归纳为如下六个方面：

第一，"经济合同的违约责任"是由《经济合同法》及其他经济合同法规规定的，并可由经济合同当事人双方依法在其合同之中予以补充约定的法律责任。

第二，"经济合同的违约责任"，只有在其当事人一方或双方基于自身过错造成经济合同不能履行或不能完全履行时才能产生。

第三，"经济合同的违约责任"总表现为一定的经济制裁措施，总是使过错违约方（责任方）丧失一定的经济权利或增加一定的经济义务，从而使其承受一定的经济损失、丧失一定的物质利益。

第四，"经济合同的违约责任"必须予以追究；受害方直接追究未获成功后，应申请或诉请国家规定的有关经济合同管理机关或人民法院经济审判庭（在尚未设立经济审判庭的人民法院由其民事审判庭依法代办）依照法定程序予以追究；在受害方无理拒不追究违约责任时，应由国家规定的有关经济合同管理机关，依据其法定的管理和监督职权，依法自行动议予以追究。

第五，"经济合同的违约责任"之承担者，只能是经济合同的当事人一方或双方，但已由保证单位担保的，则"由保证单位连带承担赔偿损失的责任"；"经济合同的违约责任"之承担者只能是法人，但根据我国《经济合同法》第54条的规定，解决"个体经营户、农村社员同法人之间签订经济合同"所发生的纠纷时，可能会发生自然人承担其违约责任问题。

第六，"经济合同的违约责任"之根本目的，在于对经济合同的当事人双方过错违约行为的预防和制裁，以"保护经济合同当事人的合法利益，维护社会经济秩序，提高经济效益，保证国家计划的执行，促进社会主义现代化建设"。

"经济合同的违约责任"，集上述六个方面的基本特征于一身，成为一种相对独立的法律责任。它既不同于刑事责任、民事责任、行政责任及其他部门法的责任，且与经济法中的其他违法责任（如违反计划法、国营企业所得税法等方面的违法责任）有所区别。若需下一个比较完整的定义，笔者认为可以大致表述如下：所谓"经济合同的违约责任"实则系指，由经济合同法规和经济合同法为保证经济合同得以全面履行而预先规定或约定的，在其当事人一方或双方基于自身过错造成经济合同不能履行或不能完全履行时而产生的、可由受害方直接追究或者经由国家规定的有关经济合同管理机关或人民法院经济审判庭（在尚未设立经济审判庭的人民法院由其民事审判庭依法代办）依照法定程序、向过错违约方（即责任人和其保证人）追究的法律责任和实施的经济制裁措施。

二、经济合同违约责任的作用之探讨

"经济合同的违约责任"作为一种法律制裁措施，它本身不是目的，而是手段。它作为我国《经济合同法》的一个构成部分、一种责任制度，其根本目的在于，与《经济合同法》中的其他部分和其他制度相互配合，共同实现我国《经济合同法》第1条开宗明义规定的、整部《经济合同法》之根本立法目的，即"保护经济合同当事人的合法利益，维护社会经济秩序，提高经济效益，保证国家计划的执行，促进社会主义现代化建设"。"经济合同的违约责任"这一根本目的，虽然只能通过其职能作用的充分发挥才可得以实现，但这一根本目的本身则又是制定和施行"经济合同的违约责任"制度、规定和适用各种违约责任措施之根本性的指导原则，是"经济合同的违约责任"制度得以发挥其职能作用的先决条件；因此，我们在探讨"经济合同的违约责任"之作用的问题时，必须始终予以高度重视和充分关注。犹如世间一切事物之中的各构成部分无不进行分工，其中的每个部分各自承担着专门的工作、行使着特定的职能、发挥着具体的作用一样，我国的经济合同法律制度作为一个整体、一个系统，其中的各个构成部分、各种制度和措施，也都分别承担着各自的专门工作、行使着特定的职能、发挥着具体的作用；但它们之间又彼此衔接、相互配合，从不同的角度出发，共同实现着整个经济合同法律制度之根本性的目的和任务。那么请问，"经济合同的违约责任"制度在其中究竟承担着什么样的专门工作、行使着何种特定职能、发挥着怎样的具体作用呢？对于这个问题，东欧经互会的各社会主义成员国的法学工作者们已经进行过广泛的研究、并形成了一些很值得重视的普遍性看法。现依据苏联学者 A. A. 法因斯坦采用比较方法研究、撰写的《社会主义组织之间的合同责任》一书中所提供的资料[1]，先对此作一简要介绍，以此作为研究这个问题的借鉴。

这些国家的学者普遍认为，经济合同违约责任的作用主要有两种：刺激履行的预防性作用和赔偿直接当事人损失的补偿性作用；

---

〔1〕 详见由黄欣 1982 年翻译，江平 1983 年 1 月校对并作序言，法律出版社 1984 年 1 月出版的中文版《社会主义组织之间的合同责任》第一章第一节。

此外，还发挥着教育作用和监督作用。

他们都十分强调其预防性作用的特殊重要性。例如，匈牙利学者勒·阿斯塔洛什和穆·乔尔盖依认为，预防作用是合同责任理论的核心。另一位匈牙利学者勒·维克什则认为，合同法中所规定的制裁仅仅只是一种可能性。此种可能性因义务被履行而越来越少地在法律关系中付诸实现。强制将越来越只是一种可能性，而很少变成现实。正是这种在法律关系存续期间始终存在着的、适用制裁手段的非现实的可能性，促使当事人去履行自己的义务；这种可能性因而就构成了一种预防性因素。德·艾尔什最充分、最有说服力地表达了现代匈牙利法学中关于责任的预防作用的观点。他写道："民事法律责任这个命题本身就是没有根据的。因为依据这一命题，确定民事法律责任的根据，首先就必须确定谁是受害人。但在经济合同中，甚至在其他场合也是如此：在支付赔偿金时，关键并不在于谁是受害人，而在于谁是加害人。应当集中注意，是谁违反了法律。法律力求借助于制裁手段去影响违约人，而赔偿损失则仅仅是督促违约人去履行合同的附带因素。"在德意志民主共和国的法学中，格·普夫利克认为，不履行合同之债是"自生过程的一种表现"，而法律责任的任务就在于促进对各种违约行为的预防。他和奥·斯彼茨涅尔坚持认为，责任对此具有决定性的刺激和预防作用。"无论刑事责任、劳动法责任、民事责任，还是经济法责任，其目的都只有一个，都是为了预防违法行为的发生，它们之间不可能有原则上的区别。在没有必要适用责任的情况下，财产责任就是履行合同的保障，并以最好的方式发挥了财产责任的作用。"罗马尼亚法学家特·约纳斯库和伊·巴拉什则认为，责任的主要目的，并不在于赔偿损失（虽然这也很重要），而在于它的威慑作用，因为此种威慑作用制约着社会主义组织及其集体的行为。保加利亚的学者奇·戈列米洛夫也认为，预防性刺激作用比补偿性作用更重要。他写道："合同责任作为全面履行合同义务的有效刺激手段而发挥作用。法律或合同规定违约者必须承担财产损失这个事实本身，就造成了合同当事人必须恰当履行合同义务的有效刺激因素。"另一名保加利亚学者波·贝洛夫则强调，不履行社会主义组织之间的合同义务，同时也就是没有完成国家计划。正因为如此，社会主义组织之间合同责任的首要目的，就在于刺激合同当事人双方都去履行自己的合同义务。合同责任的这一作用，是计划经济机制中的一个重要因素。在捷克斯洛伐克和波兰的法学书刊中也论及合同责任的刺激作用。其中指出，为了维护债权人的利益，就要给债务人规定严格的责任条件，以刺激他们去履行自己的合同义务。在社会主义经济制度的条件下，合同责任刺激作用的意义，是由其经济的计划性所决定的。债权人总是需要实际履行，以满足自己对产品、劳务或服务工作的实际需要，因此法律手段就应当强制债务人去实际履行自己的合同义务；而支付货币（补偿）则远非总能提供另外获得原合同标的物的机会。因此，应当对债务人规定旨在刺激其实际履行自己合同义务的严格的责任条件。

同时，这些国家的学者还认为：补偿性作用也很重要；因为它是借助于将违约所造成的经济损失，从无过错方转移到有过错方的办法，以维护受害方合法利益的有效手段，从而使等价交换原则在社会主义组织之间的交换关系中得以切实贯彻。不过，对此项作用的实际效果，不少学者持谨慎态度，其中波兰学者最为突出。他们认为，在公有制组织之间的相互关系中，现金补偿往往不能起到自己的作用，因为并非一切货物均可自由买卖、从而使债权人可以用赔偿金买到债务人未供应的货物；而且，在计划经济的条件下，债权人将债务人未完成或未恰当完成的工作，转托给其他人去完成的可能性也是很小的。

关于经济合同违约责任的教育性作用，德意志民主共和国、匈牙利、罗马尼亚和捷克斯洛伐克等国的法学书刊中都有论述；其中，尤以德意志民主共和国最为突出，并将其称为"思想教育作用"。他们认为，该"思想教育作用"，使当事人认识到，必须自觉地并始终如一地执行经济合同违约责任的各项原则，因为"企业所负的物质责任，对它来说，同时也是一种道义制裁。物质责任的经济作用及其对思想意识形成的影响作用，这两方面构成了一个不可分割的统一体"。

这些国家的学者认为，经济合同违约责任的监督性作用，是指它能帮助揭示实行经济核算的企业的内部经济管理之真实状况。

此外，波兰书刊中还明确指出，在社会流通领域处罚违约金和赔偿金，这不仅是社会主义组织的权利，同时也是它们对其国家所负的义务，而且此项义务总是存在着的且只能由法律的有关明文规定才能予以免除。否则，即势必违背非法违约组织必须承担不良法律后果的原则、从而降低经济合同违约责任的刺激性作用，更不用说债权人经济核算利益所遭受的损失得不到相应赔偿了。因此，这应当成为确保经济合同违约责任的上述作用得以实现所必需的一项原则。苏联学者 A. A. 法因斯坦认为，波兰法学中的这一判断，对绝大多数的社会主义国家来说都是正确的，只有匈牙利是个例外。

苏联学者 A. A. 法因斯坦，通过对上述各国经济合同违约责任的比较研究发现，"合同责任补偿性作用的效果，取决于诸如国家计划对商品流转、建设和劳务的调节程度、计划与合同之间关系等许多因素。计划制定得越是详尽而严格、可在市场上自由买卖的商品、劳务和工作的范围越窄，现金赔偿的效果就越低；反之，市场供应的存在，就使债权人有可能借助赔偿金通过市场交易，从其他人那里买到未得到履行的合同标的物。在前一种场合，即使对赔偿金规定得非常合理，也不可能获得明显的效果；而在后一种场合，完善责任立法则可能导致更充分地赔偿损失。由此可见，合同责任补偿性作用的效果，首先取决于经济因素"。同时，他还发现，合同责任补偿性作用的效果，也有待于其他条件的具备，"如果违约金（罚金或罚款）或赔偿金的支付成为不可避免的，并且必将反映到企业（或组织）的经济核算中，反映到他们的基金数额中，并且首先反映到他们的奖励基金数额中；又如果明确而严格地规定了基于不履行或不恰当履行合同义务而违约的企业（或组织）的经济核算利益，同其领导者及其他足以影响合同义务恰当履行的人员之报酬之间的利害关系，那么合同责任条款就一定能够促使债务人去恰当履行自己的合同义务"。该学者还认为，对社会主义组织之间合同责任的作用之效果的全面评价，还有待于社会学家对此进行专门研究。

虽然，上述看法中确有不少观点和方法，很值得引起我们的思索和借鉴。但仅就合同责任的作用之具体观点而言，却也有很多需要商讨之处。然而由于这方面的资料较为缺乏，所以不能对这些观点进行一一评述，故现仅拟在后面叙述笔者看法时顺便作一些评论。

如前所述，作为一种法律制度，我国违反经济合同的责任制度即经济合同的责任制度，它作为我国整部《经济合同法》中的一个部分、作为其中的制裁制度即"罚则"，在《经济合同法》中"总则"部分所规定的各项基本原则的统一指导下，承担着负责正确处理一切与违反经济合同的责任直接相关的所有问题这方面的专门工作，行使着同一切违反和破坏经济合同的违法行为进行有效斗争的特定职能，发挥着预防和制裁一切违反和破坏经济合同的违法行为、以保证经济合同得以全面履行的重要作用；而经济合同违约责任制度作为其中的一种"罚则"，它承担着负责正确处理一切与自己直接相关的所有问题这方面的专门工作，行使着同经济合同当事人双方的过错违约行为进行有效斗争的特定职能，发挥着预防和制裁同经济合同当事人双方的过错违约行为、以促进经济合同得以实际、全面履行、从而提高经济合同履行率等项重要作用。但在不同阶段、就不同对象而言，经济合同的违约责任措施所行使的具体职能及发挥的具体作用又是各不相同的。上述苏联东欧学者关于经济合同的违约责任的作用之"四种说"，实则是对经济合同的违约责任在不同阶段上所行使的具体职能以及对不同对象所发挥的具体作用的统一概括和归纳。本文效仿我国法学中现行普遍之做法，采用"经济合同违约责任的作用"这一概念，来统一表述经济合同的违约责任措施在不同阶段上所行使的各种具体职能以及对不同对象所发挥的各种具体作用这两方面的全部含义。

　　研究我国的"经济合同违约责任的作用"，必须从我国的具体实际情况出发。在我国，经济合同的违约责任，作为专门预防和制裁经济合同当事人双方过错违约行为的法律手段，其必要性和重要性，归根结底来自我国的现实经济生活和经济合同制度的实行现状中的客观需要。我国《经济合同法》第2条规定："经济合同是法人之间为实现一定经济目的，明确相互权利义务关系的协议。"由于我国的经济合同当事人双方一般都是社会主义法人组织，大量的、重要的经济合同都是直接依据或参照国家计划订立的，并且依据《经济合同法》第5条规定，"订立经济合同，必须贯彻平等互利、协商一致、等价有偿的原则。任何一方不得把自己的意志强加给对方，任何单位和个人不得非法干预"，加之我国各地区、各部门、各单位已经重视对经济合同的管理、并已程度不同地积累了一些管理经济合同的成功经验，因此我国大多数的经济合同能够被当事人双方自觉地予以全面履行。当然，这只是问题的一方面。另一方面，由于各经济合同当事人双方的具体情况十分复杂，在经营管理水平和经济合同法制观念等各方面也多有不同，加之我国经济管理体制的改革也是刚刚开始，上层建筑和经济基础中有待于革除的诸种因素仍然在起着消极作用，国内阶级斗争在一定范围内依然存在以及外来消极因素的影响作用，等等；凡此种种，致使经济合同当事人的过错违约行为，不仅时有发生，而且在某些地区、某些领域、某些时候的经济合同中，还相当严重。即使在国营企业之间的经济合同中，也仍然存在这种现象。例如在鞍山市，近几年来，仅在鞍钢、鞍矿同地方重点工商企业每年签订的 12 万份左右的经济合同中，就有约 20% 的合同未得到全面履行[1]。由于此类经济合同大多数是直接基于国家指令性计划而签订的且其标的数额一般都相当大，因此其被违反的后果，往往也就更为严重。如果仅从保护经济合同当事人的合法权益之目的出发，就已经能够看出预防和制裁此类过错违约行为的必要性和重要性；那么若再从加强国民经济的宏观管理、特别是其中的计划管理的迫切性出发，那就更能看出，预防和制裁此类过错违约行为是何等的必要和重要了！当然，如前所述，经济合同当事人实施过错违约行为的原因是多种多样的，需要从不同的角度进行综合治理；但经济合同责任制度不健全、不约订、不追究违约

---

〔1〕 参见董立坤：《论国际私法的范围》，载《法学研究》1982 年第 2 期。

责任的现象，无疑也是其中的一个重要原因。正因为如此，我国《经济合同法》在规定违反经济合同的责任时，将其工作的重点放在经济合同的违约责任制度上；不仅规定了其一般规则，而且还明确规定了 10 种经济合同当事人双方违约责任的具体规则；并且还明确要求经济合同当事人双方在订立合同时，必须将"违约责任"作为一项"主要条款"约定于其合同之中。

正因为我国的经济合同违约责任制度，是基于我国现实经济生活的客观需要、在总结我国以往实行经济合同违约责任制度的正反两方面实践经验的基础上制定的，因此它就能够在协助实现整个经济合同法制的根本目的的过程中，发挥出自己的重要的职能作用。经济合同的违约责任，在不同阶段上面对不同对象所发挥的重要作用，主要表现在如下几个方面：

第一，"经济合同违约责任的作用"，首要在于预防经济合同当事人实施过错违约行为，督促他们自觉地实际、全面履行各自的合同义务。一般说来，经济合同当事人双方订立合同的目的，是为了通过所订经济合同得以实际、全面履行而实现各自预定的经济目标；之所以必须依法约定"违约责任"条款，并不是为了追究对方的违约责任，而是以此为约束、促使双方更自觉、更尽心尽力地去履行各自的合同义务。经济合同的违约责任，一经在法律和合同中确定下来，便具有了法律所固有的特殊的国家强制力，犹如"警钟长鸣"，常常以"违反经济合同就是违法、就要受到严厉的法律制裁"的威严声音，不断地提醒、教育并警告着经济合同当事人双方，督促他们去更好地履行各自的合同义务。这就有可能不断地加强经济合同当事人的合同法制观念，使许多有可能发生的过错违约行为得以预先防止，从而就对经济合同的实际、全面履行构成了一个重要的促进因素。由于在这个阶段并未发生过错违约行为，经济合同"违约责任"条款所表明的制裁措施，无论是"法定的"还是"约定的"，都只具有付诸实施的可能性，它所发挥的预防作用并不限于某一具体当事人，即具有一般性的预防作用；加之，此种一般性预防作用，与对经济合同履行的促进作用是同时发生的，是同一事情的两个方面，所以我们可以将其统一概括为经济合同违约责任的"一般性预防作用"。

第二，经济合同违约责任措施付诸适用时，其作用首先就在于对过错违约方实施经济制裁，使其亲身感受到经济合同违约责任措施的法律威力，从而使其痛下决心纠正自己的错误认识、切实加强合同法制观念、认真改善经营管理、迅速提高自己的履约的决心和能力，从而避免重蹈过错违约遭受制裁的覆辙。显然，此种制裁作用亦可简称为"特殊预防作用"。如前所述，我国的经济合同违约责任，既非适用于经济合同不履行和不完全履行的一切场合，亦非适用于因自己的过错而造成经济合同不能履行和不能完全履行的一切对象；它遵循过错责任原则，专对经济合同当事人一方或双方的过错违约行为实施经济制裁。因此，在实践中，凡经济合同违约责任所及之对象，该当事人必有"故意"或"过失"。若为"故意"，则表明该当事人对履行经济合同抱有严重的错误态度，而若为"过失"则表明该当事人对履行经济合同的认识处于盲目状态。这两种情况都反映他们对经济合同的法律约束力缺乏足够的认识，即缺乏应有的合同法制观念；而这往往又是其内部经营管理不善的一种反映；因而才导致其过错违约行为的发生。我国的经济合同违约责任，同我国社会主义法律责任体系中的其他责任一样，既反对"制裁万能论"，也反对"教育万能论"，贯彻实行的是"制裁和教育相结合"

的原则；其要旨在于使过错违约方从中领悟到"经济合同不允违反"之法制精髓，从而发挥出特殊预防之效用。

第三，经济合同的违约责任，在付诸适用即对过错违约方实施经济制裁之时，一方面，如前所述，对过错违约方而言，发挥的是特殊预防作用；而另一方面，对受害方而言，则起着保护作用，促使其受到对方过错违约行为侵害的合法经济权益和正常经营业务，得以尽快恢复和发展起来。因笔者深感上述苏联、东欧学者所用"赔偿直接当事人损失的补偿性作用"的论断，远未穷尽此项作用之全部含义，即觉得其失之偏窄，故而弃之不用；至于资本主义法，尤其是英美法系中所使用的"救济"（或译为"救助"）一词，虽是一个弹性较大、含义较广的术语，但因其常与其诉讼制度紧密相连，共同反映着资本主义法，尤其是英美法的本质和特征，所以也不能将其引入我国的社会主义法律之中。因此，笔者根据我国《经济合同法》第 1 条中"保护经济合同当事人的合法权益"之规定，将我国经济合同违约责任的此种作用表述为"保护作用"并随后增加了补充说明。由此可见，如此表述既有明确而权威的法律依据，又可避免失之偏窄或失之过宽等不够确切之弊端，从而有利于准确理解和适用我国的经济合同违约责任制裁措施，以更好地发挥其此种作用。显然，据上述所引《经济合同法》第 1 条之规定，此种保护之客体，并不仅限于受害方已受损害之物质利益，而且首先是指其已遭侵犯的合同权利。正因为如此，依据我国《经济合同法》第 35 条之规定，即使当事人的过错违约行为并未使对方的物质利益遭受任何损失，该当事人仍然必须承担支付违约金这种形式的违约责任。这正是充分"保护经济合同当事人的合法权益"的一个很好例证。要知道，我国的经济合同法规和各具体经济合同规定违约责任之目的，既不是为了对未来进行预言、用于恫吓经济合同的当事人，也不是为了对过去进行回顾，专门惩治已经发生之过错违约行为，而首先是为了现在、为了迅速制止当事人一方或双方的过错违约行为，通过对过错违约方进行有效的经济制裁以及实施其他紧急保护措施，使受害方受到侵害的合法经济权益及其经营业务活动尽快得以恢复，从而避免当事人双方乃至国民经济遭受更大损失。正因为如此，我国《经济合同法》，针对各种不同类型的过错违约行为，可能给当事人合法经济权益及其经营业务活动造成的各种损害，规定了各种不同的保护办法。同时，我国的经济合同管理部门和人民法院经济审判庭，在处理经济合同纠纷、追究违约责任的实践过程中，还依法探索、积累、总结了许多行之有效的其他紧急保护措施，从而使经济合同违约责任之保护作用得到了更大、更好的发挥。

此外，经济合同的违约责任，作为经济合同法制乃至整个经济法制体系中的一个构成部分，通过其制度措施及其付诸适用，加之经常性的、反复的、科学的宣传普及，无疑也能起到一定的、普遍性的法制教育和法制保障作用，并因而成为国家用于加强对国民经济的领导、管理和监督，用于建立、巩固和发展良好的社会经济秩序、保障国家计划执行、促进社会经济效益提高之一条重要的措施和途径。因此，我们不仅要明确经济合同违约责任在微观上的前述三项重要作用，同时也应关注其在宏观上的重要作用。当然，此种宏观作用也是通过微观作用的发挥和不断积聚而产生效果的。

我国的经济合同违约责任，之所以能够发挥如此多方面的重要作用，根源在于它立足在我国具体国情之上，反映了我国社会主义经济制度本质性的规律和特点，将其阶级性和科学性有机地结合在一起，并具体化为如下四项基本原则：①在关于经济合同违约责任的产生和免除问题的规定中贯彻了"过错责任原则";②在关于经济合同违约责任措施的种类及其相互关系问题的规定中贯彻了"惩罚性原则";③在关于经济合同违约责任的追究问题的规定中贯彻了"必予追究原则";④在关于经济合同违约责任措施的贯彻落实问题的规定中贯彻了"经济制裁原则"。此处需要补充说明的是,这四项原则在《经济合同法》现有规定中的表现程度是不尽相同的,并且都还需要在以后完善经济合同法制时予以进一步的规范化和制度化。本文关于这四项原则的论述,尚属笔者目前的粗浅认识和不成熟建议。由于前两项原则将在后文中作比较详细的论述,故此处先对后两项原则作简要说明。

先说关于经济合同违约责任的"必予追究原则"。此项原则的主要含义包括:经济合同当事人双方应该依法将"违约责任"作为主要条款之一协商约定于其合同之中,但若未予约定也仍然不能阻却依法追究其法定违约责任;合同中约定的违约责任条款之内容必须符合现行法律规定,任何旨在非法免除或减轻法定违约责任的约定条款均属无效;经济合同遭到违反后,过错违约方应主动承担违约责任,受害方则应主动追究其违约责任;当合同纠纷未能经双方协商解决时,受害方应该依法申请国家规定的有关经济合同管理机关或诉请人民法院予以追究;受害方若无故拒绝追究其违约责任,则是对国家的失职、是违法的;在过错违约方不主动承担违约责任、而受害方又无故拒绝追究其违约责任的情况下,有关国家经济合同管理机关,应当依法行使其管理监督职能、自行动议追究其违约责任,但此时的追责所得只能上交国库而不能转交给受害方,同时还应查处无故拒绝追究其违约责任的受害方之失职的责任;关于解决经济合同纠纷问题的调解书、裁决书或判决书一经生效,责任方就应如期执行，对逾期无故不执行者，则应依法强制执行。显然，这项原则正是作为我国整个社会主义法制基本原则之一的"违法必究"原则，在经济合同责任制度中的具体应用，其根源则在于，我国的"经济合同既是使国家计划具体化和得到贯彻执行的重要形式，又是制定计划的重要依据和必要的补充。经济合同应当确保国家计划的贯彻执行"[1]。由此可见，违反经济合同就是直接或间接地破坏国家计划的贯彻执行，因而必须依法追究其违约责任。所以，作为受害方的社会主义法人组织，不仅享有可以追究过错违约方违约责任以保护自己合法利益之权利，而且也有必须切实行使此项权利以同时保护国家整体利益之义务；至于有关国家经济合同管理机关，在上述情况下依法行使其管理监督职能、自己动议追究其违约责任、并将追责所得只能上交国库且同时查处无故拒绝追究其违约责任的受害方之失职的责任的作为，则属于国家和法律赋予他们用以维护经济合同法制、维护国家整体利益的特殊权力和职责。这项原则的目的是造成经济合同违约责任的无法逃避之势，借以更充分地发挥其各项重要作用，尤其是其教育和预防作用。

再说关于经济合同违约责任的"经济制裁原则"。如前所述，我国经济合同违约责任的种类和形式，总是表现为一定的经济制裁措施，总是要使过错违约方（责任方）丧失一定的经济权利或增加一定的经济义务，从而使其承受一定的经济损失或丧失一定的物质利益。这是我国经济合同违约责任的一个本质性的特征，也正是它得以发挥其各项重要作用的根本原因之所在。众所周知，作为经济合同当事人的社会主义法人组织，除集体所有制和其他各种合作性质

---

[1] 参见国务院副秘书长兼法规局长、经济法规中心主任顾明在全国人大五届四次会议上所作《关于〈中华人民共和国经济合同法（草案）〉的说明》。

的经济联合组织及其上级管理机关之外，都是国营企业以及国家的行政、事业单位和社会组织，而归他们管理的财产又被划分为不同的部分，且其法律属性及其与各单位内部职工福利之间的关联程度也都各不相同。正因为如此，我国《经济合同法》第 36 条特意规定："违约金、赔偿金，企业应从企业基金、利润留成或盈亏包干分成中开支，不得计入成本；行政、事业单位应从预算包干的节余经费中开支。"笔者认为，此处的"企业"应仅指国营的"企业"，而"行政、事业单位"也应仅指国家的"行政、事业单位"。该条规定及时反映了我国经济体制改革的进程和特点，其宗旨在于宣示经济合同违约责任的执行必须落实到使过错违约方（责任方）丧失一定物质利益的原则。因此，在执行该条规定时，应紧紧抓住这一根本宗旨，而不能完全拘守其表面文字，即不仅应将其推广应用到国营法人组织对各种违约责任的承担中，而且还应根据今年（1983 年）1 月 1 日起开始施行的《关于国营企业利改税试行办法》中的有关规定（如第 13 条等）予以变通执行。今后，随着国民经济管理体制改革的日益深入进行，国家财政体制以及国营企业和国家行政、事业单位的财务制度，也都有可能随之进一步改革。但不管其改革的具体内容如何，只要上述《经济合同法》第 36 条的规定未被新的法律所废除或修改，该条规定所反映的"经济制裁原则"之精神，就应该继续贯彻落实。至于经济合同违约责任的执行，应当以何种财产为限以及若因该种执行受困于现行法律规定时受害方如何另寻法律保护等问题，因其已超出本文论题范围，故将另行研究。

综上所述，经济合同违约责任的作用问题，是经济合同违约责任理论中的一个重要问题。对这个问题的正确解决，无论是对进一步完善经济合同违约责任制的立法，还是对正确适用经济合同违约责任制的具体实践，都具有特别重要的指导意义。但是要知道，真正彻底解决这个问题、使其应有的各项重要作用得以充分发挥，不仅有赖于经济合同违约责任制的进一步完善和正确实施，而且有待于其他许多相关条件的具备和配合（如《经济和社会发展计划法》《国营企业法》《公司法》等法律的颁布实施等），同时还需要法律工作者内部及其与其他工作者之间的密切配合和共同努力。若仅就本文所涉范围而言，要真正弄清经济合同违约责任的作用，也请各位专家学者和读者继续关注，本文后面对经济合同违约责任的产生和免除及其种类等问题会进行比较详细的论述。

三、论经济合同违约责任的产生

经济合同的违约责任同其他各种法律责任一样，具有严肃性和客观性，只有在其赖于产生的各种法律事实均已存在的情况下才能产生，而不应以任何人的主观擅断为转移。所谓经济合同违约责任的产生问题，系指经济合同的违约责任的产生有赖于哪些法律事实的存在、遵循什么样的原则等理论问题。由此可见，这一问题的正确解决，对于进一步明确经济合同的违约责任的概念及其特征、正确认定和适用违约责任以及进一步完善经济合同的违约责任制度等方面，都会有很大的帮助。

如前所述，任何一种法律责任都有个如何产生的问题，但在不同的法律部门和法学学科中，规定和阐述这一问题的方式和内容则可能会有很大的区别。就整体而言，刑事责任无疑是法律责任中最重的一种，因此刑法对刑事责任的产生问题也就特别重视。例如，我国刑法和刑法学，在借鉴、改造近、现代外国一些刑法制度和理论的基础上，依照罪刑法定、罪行相应和主客观统一等项原则，寓刑事责任的产生问题于"犯罪"这一根本性的概念之中，视"犯罪"为同时兼具"社会危害性""刑事违法性"和"应受惩罚性"等三项特征于一体的严重刑事违法行为，运用"犯罪构成"概念和理论，统一规定、研究和论证"犯罪和刑事责任"的问题。如是，只要明确了"犯罪"概念及其"犯罪构成"要件，其刑事责任的产生问题一般即可迎刃而解，因而已无需再另立其刑事责任的产生问题〔1〕。民法中的做法则不然。因其调整对象和肩负任务的特殊性等缘故所致，无论是立法还是法学，其结构设置与刑法都差别甚大。它没有在含义上堪称与刑法中的"犯罪"及"犯罪构成"等基本概念相对应的"民事违法"和"民事违法构成"如此统一且又特别重要的概念；在其比较通行的"违约"和"侵权行为"之类的概念中，一般都未将行为人的主观过错包含其中，更未包含民事责任产生的其他要件，因此便必须分别规定和阐述"违约责任"和"侵权行为责任"或"侵权责任"的产生条件问题。又因其合同法（或称契约法或债法）一向有担保制度且有的国家至今尚存重担保、轻责任之传统偏向〔2〕；故致人损害的赔偿责任问题，就自然成了民事责任产生问题中的重点，并因而就形成且流行起了所谓民事损害赔偿责任产生的"四要件论"（即侵权行为、损失、过错和侵权行为与损失之间的因果关系）。由于赔偿损失一直是合同违约责任的基本种类之一，所以故致人损害赔偿责任的"四要件论"，自然就会移植到赔偿损失的合同违约责任产生的问题之中。但此处必须指出的是，由

---

〔1〕 参见《刑法》第一编第二章和第二编；司法部法学统编教材《刑法学》第二编和第四编。

〔2〕 如1964年的《苏俄民法典》就存在这种偏向：其中第十七章"履行债的担保"有25条之多，而第十九章"违反债的责任"才仅有11条，尚不及前者的一半。

于赔偿损失从来就只是合同违约责任的基本种类中的一种，所以损害赔偿责任的"四要件"，从未被公认为整个合同违约责任产生的共同要件。迄今为止，笔者尚未查到或发现世界上有哪个国家的违约责任的立法严格遵循或贯彻着此种"四要件论"。由此可见，误将此种致人损害赔偿责任产生的四项条件，移植并扩展为整个合同违约责任产生的共同"四要件"，是没有根据的；至于现在又有人欲将此种学术观点全盘搬入我国经济合同违约责任产生的理论之中，断言"确定经济合同违约责任"时也必须恪守此种"四要件"论[1]，就更为不妥了。此处需要进一步补充说明的是，即使仅就致人损害赔偿责任的产生而言，现代的侵权行为立法中，也并非都要求必须具备这四项条件。例如，精神损失赔偿责任的产生，自然不再要求必须有物质损失之存在；物质损害赔偿责任的产生，也并非都要求加害人必须有主观过错，等等。至于我国的经济立法和经济法学，今后应该采取什么方式规定和阐述整个经济法责任的产生问题，需不需要创立"经济违法""经济违法构成"之类的概念，是寓经济法责任的产生问题于上述概念之中，还是单独规定和阐述经济法责任产生的条件，这些问题的解决都有待于我国经济立法实践和经济法学理论的继续深入发展。但是，由于其中的经济合同违约责任的产生问题，已经有了我国《经济合同法》的明文规定，因而我们就有可能据此予以认真研究并给予正确回答。在正式论述这一问题之前有必要指出的是，无论是研究和阐述何种法律责任的产生问题，均应根据法律责任的严肃性和客观性，以马列主义、毛泽东思想哲学中关于矛盾的特殊性和普遍性之间辩证关系的基本原理为指导，从

---

〔1〕 参见白有忠、刘齐珊：《经济合同法知识问答》，北京出版社 1982 年版，第 54~57 页。

客观实际出发，认真研究现行法律中的有关规定，切不可盲目地照搬照抄某些现存理论，否则便有可能造成误解法律、贻害实践的不良后果。

依据我国《经济合同法》的明确规定，经济合同的违约责任的产生，有赖于一系列法律事实之存在。由于这些法律事实在经济合同的违约责任的产生问题中，所处之地位以及所起之作用各不相同，因此有的是经济合同的违约责任产生的前提，而有的则是它产生的条件。

所谓经济合同违约责任产生的前提，是指那种先于经济合同的违约责任产生而存在且其存在本身并不能直接导致经济合同违约责任必然产生，但若其不存在则使经济合同的违约责任断然不能产生且在违约责任产生后又能对违约责任的性质，乃至对违约责任的具体内容起到决定性作用等如此这般的法律事实。据此可见，具有法律效力的经济合同，即通常简称的经济合同，就是这样的法律事实。换言之，经济合同，亦即具有法律效力的经济合同，就是经济合同违约责任产生的前提。经济合同违约责任的产生之所以必须要有经济合同这个前提，归根结底是因为该违约责任与其经济合同之间是一种主从关系，即经济合同是主债，而违约责任则是其从债。这主要表现在以下三个方面：首先，如果根本没有订立经济合同，自然也就无违约责任可言。无约可违，何以产生违约责任呢？其次，如果当事人之间虽曾订有合同，但该合同后被有关国家经济合同管理部门或人民法院依照我国《经济合同法》第 7 条之规定确认为无效合同，因此根据我国《经济合同法》第 16 条之规定所追究的各种法律责任（如返还财产、赔偿损失、各自承担相应的责任和收归国库所有等），均不属于经济合同的违约责任之范畴。"皮之不存，毛将焉附?"合同已遭废除,哪还有违约责任可言呢?最后,若经济合同已经基于合法的法律事实(如已经被按期全面履行或被依法解除等)而终止,自然也就不会再发生违约责任问题了。由此可见,没有经济合同就没有违约责任。但能否反而言之说,有经济合同就会产生违约责任呢?当然不能。因为经济合同依法订立后,大多数都能得到按期全面履行,并不发生违约责任问题。经济合同,只有当它遭到违反且已产生违约责任之时,才真正构成其违约责任产生的前提,并同时对其违约责任的性质乃至具体内容发挥决定性作用。进而言之,所谓经济合同对其违约责任的性质之决定性作用,是指该经济合同使其违约责任具有本文第一部分所列举的六个基本特征,因而成为"经济合同的违约责任",而不是其他性质的法律责任。经济合同决定着经济合同违约责任的性质,这是肯定的、普遍的。至于它是否真能决定其具体内容,则需视具体情况而定。首先,如果该经济合同中包括违约责任条款在内的所有主要条款都是有效的、明确的、具体而又全面的,当它遭到违反且已产生违约责任之时,该经济合同就能成为追究违约责任之可靠而又全面的根据,并能对其违约责任之具体内容发挥决定性的作用。此类违约责任可以称为"约定违约责任"。其次,如果该经济合同中的其他主要条款均齐全、有效、明确,唯独没有约定违约责任条款,或者虽有约定但因其不合法而被废除,那么当它遭到违反且应追究违约责任之时,就只能依据《经济合同法》的相关规定,以及该经济合同中其他主要条款予以追究。在此类情况下,这类合同对其违约责任之具体内容就未能发挥决定性的作用。因此,这类违约责任就只能称之为"法定违约责任"。最后,如果该经济合同中的其他主要条款均齐全、有效、明确,且约定的违约责任条款也合法有效但内容不具体也不全面,当它遭到违反且应追究违约责任之时，则应依法明确或增补其具体内容。在此类情况下，违约责任的具体内容是由法律和合同共同决定的，因而可将其称为"法律和合同共定的违约责任"。

所谓经济合同违约责任产生的条件，系指由经济合同法规定的、在有效经济合同业已存在的前提下、其综合存在才能导致经济合同违约责任必然产生而又缺一不可的那些法律事实。这就是说，在有效经济合同业已存在的前提下，这些法律事实的综合存在作为一个整体，与经济合同违约责任的产生之间存在着因果关系；亦即它们的综合存在，构成了违约责任产生的必要而又充分的条件。换言之，在有效经济合同业已存在的前提下，只要这些法律事实均已存在，经济合同的违约责任就会必然产生；反之，若有其中的任何一个法律事实不存在，则经济合同的违约责任就不会产生。在这些法律事实中，任何一种经济合同违约责任的产生都必须具备的那几种法律事实，可以称之为"经济合同违约责任产生的共同条件"；而某种具体违约责任的产生所必须具备的那些法律事实，则可称之为"经济合同违约责任产生的具体条件"。当然，此处所称的"共同条件"和"具体条件"，都应该是已由经济合同法规明文规定的，或者是可以从其明文规定和一般规则中直接推导出来的。这些"共同条件"和"具体条件"，可以由新修订的经济合同法规根据社会经济生活发展变化的客观需要予以变更，但决不以任何个人的意志为转移。经济合同当事人双方无权违背法律另外约定违约责任产生的条件；一切以逃避或限制"法定违约责任"为其目的和内容的约定条款均属无效。至于这些"共同条件"和"具体条件"之间关系如何，简言之，是辩证统一的。进而言之，"共同条件"寓于"具体条件"之中，没有"具体条件"就没有"共同条件"；同时，"共同条件"也制约着"具体条件","具体条件"使"共同条件"具体化、确切化并加以补充;二者都是由经济合同法规规定的,并可由其予以变更等。因此,"共同条件"和"具体条件"之间的划分是相对的,决不可以将其绝对化。

我国《经济合同法》第32条第1款,遵循从思想到行为的逻辑顺序,对"经济合同违约责任产生的共同条件"作了如下规定:"由于一方当事人的过错,造成经济合同不能履行或者不能完全履行,由有过错的一方承担违约责任;如属双方的过错,根据实际情况,由双方分别承担各自应负的违约责任。"显然,"承担违约责任"必须以违约责任的产生为前提,所以此处规定的"承担违约责任"的两个"共同条件",实则就是违约责任产生的两个"共同条件"。由于研究和确定违约责任的产生问题时,遵循的是由行为到思想的逻辑顺序,所以我们应将经济合同违约责任产生的两个"共同条件"表述为:一是要有经济合同当事人一方或双方不履行或者不完全履行经济合同的违约行为,可简称为"违约行为"或"违约";二是经济合同当事人一方或双方对自己不履行或者不完全履行经济合同的违约行为,要有"故意或者过失之类的主观过错",可简称为"主观过错"或"过错"。由此可见,我国经济合同违约责任产生的"共同条件",就是当事人不履行或者不完全履行经济合同的客观"违约行为"及其主观"过错"这样两个法律事实,即"违约"和"过错"这样两个条件,而不是什么所谓的"四要件"。当然,这两个"共同条件",只是所有种类的经济合同违约责任的产生都必须具备的最基本的条件,而不是足以导致各种经济合同违约责任均能必然产生的充分条件。所以,在处理经济合同纠纷案件的实践中,切不可仅据这两个"共同条件",就不加分析地去追究各种经济合同违约责任；而必须坚持从实际出发、具体问题具体分析的原则，根据经济合同法所规定的各种经济合同违约责任产生的具体条件，去确定是否应该追究以及应该追究其何种违约责任。但是，只要确已查明这两个"共同条件"不具备或者其中之一不具备，即可作出应该不予追究其违约责任的正确判断。如此说来，研究经济合同违约责任产生的"共同条件"这一理论问题，即使仅就解决经济合同纠纷案件的实践而言，也是有其指导意义的。

虽然从来的违约责任立法，都将当事人不履行或者不完全履行合同之债的"违约行为"即"违约"，规定为违约责任产生的必备条件；但其规定的方式、内容和分类，则各有不同。

罗马私法将"违约"分为"不给付""不完全给付"和"迟延"等三种。"不给付"是指全部未履行自己的合同债务；"不完全给付"是指部分未履行自己的合同债务；而"迟延"则是指并无正当缘由却于清偿期内未予清偿，它包括债务人"迟延"和债权人"迟延"两种[1]。《法国民法典》将"违约"分为"不履行债务"（第1147条）和"迟延"（第1153条）两大类；《德国民法典》则将其分为"给付不能"（第275条）和"迟延"（第284条和第293条）两大类。需要注意的是，因大陆法系中定有"催告制度"[2]，故其债务人所负"迟延"之责任，是以经"催告"后仍未按期履行自己的合同债务为条件的。此外，德国学者斯多伯于20世纪之初就曾指出，《德国民法典》中仅概括性地规定了债务人为做其应做之义务这类违约行为，却遗漏了债务人可能因做了不应该做之事而造成违约

---

[1] 参见北京政法学院民法教研室：《罗马法基础》（内部资料），第115~116页。

[2] 如《法国民法典》第1146条和《德国民法典》第284条等。

的现象。因此，他认为，除上述两类形式之外，还存在"积极的违约"这类形式。德意志联邦法院将关于"给付不能"和"迟延"的法律规定，类推适用于此类"积极的违约"。

英美法系与大陆法系不同。英国法将"违约"分为"违反条件"和"违反担保"两大类。其中的"条件"是指合同中关于其标的种类、质量、数量、交付期限等项根本性条款以及决定合同能否生效的那些条件；而且，这是个法律问题，只能由法官根据合同的内容和当事人的意思加以确定，而不能由陪审员决定；而其中的"担保"则是指合同中那些次要的或附属性的条款，如关于支付时间的条款就一般被视为"担保"，而不是"条件"。"违反条件"和"违反担保"法律后果的主要区别在于，前者使对方有权解除合同，而后者则仅使对方有权提起请求损害赔偿之诉。美国法律现已弃用"条件"和"担保"这两个概念，将一切合同义务均视为"允诺"，因而不再有"违反条件"和"违反担保"之划分，而代之以"重大违约"和"轻微违约"两大类。其中的"重大违约"，是指债务人所施行的是那种已经导致债权人未能获得该项交易主要利益的严重违约行为，其含义及法律后果与英国法中"违反条件"相近似；而其中的"轻微违约"，则是指那种债务人的履约虽存有缺陷但已使债权人获得了该项交易的主要利益之情态，其含义及法律后果亦与英国法中"违反担保"相类同。此外，英美法中尚有"提前违约"和"履行不能"这样两个概念：前者是指当事人一方在合同履行期到来之前，就以行动或语言、文字等形式明确表示不履行合同，在这种情况下对方当事人即可解除自己的合同义务并能同时请求损害赔偿；而后者的含义，则与《德国民法典》中的"给付不能"相类似，且亦有"自始不能"和"嗣后不能"之划分。第一种情况被视为当事人双方"共同过错",并依照"基于共同过错的合同是没有法律约束力的"原则而使其无效[1];第二种情况的法律后果在英国经历了重大变化,后来《英国货物买卖法》第 7 条明确规定:"在出售特定货物之场合,事后非因卖方或买方之过失而货物在其风险转移至买方之前灭失者,合同无效"。

1980 年《联合国国际货物销售合同公约》将"违约"分为"根本违反合同"和"非根本违反合同"两大类,并给"根本违反合同"(第 25 条)作了如下定义:"一方当事人违反合同的结果,如使另一方当事人蒙受损害,以致于实际上剥夺了他根据合同规定有权期待得到的东西,即为根本违反合同,除非违反合同一方并不预知而且一个同等资格、通情达理的人处于相同情况中也没有理由预知会发生这种结果。"至于"非根本违反合同",则自然指那些尚未达到"实际上剥夺了对方当事人根据合同约定有权期待得到的东西"之后果的"违约行为"。其法律后果的区别在于,前者使受害方可以要求卖方更换货物,亦可解除合同并请求损害赔偿;而后者则并不直接使受害方享有前两项权利。此外,该《公约》的第 71 条和第 72 条,对"提前违约"的两种情况及其法律后果也作了明确规定。

在社会主义国家和公有制国家的合同法中,对"违约"的分类与此不同。罗马尼亚 1979 年的《经济合同法》将其"违约行为"分为"不履行所承担的义务"和"执行不当"两类(第 44 条)。捷克斯洛伐克的《经济法典》将"违反经济债"分为"缺陷"和"迟延"两类(第六篇第二章第一节和第二节)。《苏联和各加盟共和

---

[1] 参见《英国货物买卖法》第 6 条和《美国统一商法典》第 2 条至第 613 条。

国民事立法纲要》则将"违反债"分为"不履行"和"不恰当履行"两类（第 37 条）。

显然，各国法之所以普遍对"违约行为"作出概括性规定和基本分类：其一是因为客观上确实存在着共性和基本类别；其二则是为了对其违约责任产生的"共同条件"及不同类别之"违约行为"可能引起的不同法律后果作出明确规定，借以发挥一般原则对具体规则及其适用实践的指导作用。

依据我国《经济合同法》第 32 条之规定，可以将当事人一方或双方违反经济合同的"违约行为"，划分为"不履行"和"不完全履行"两大类。前者是指经济合同的当事人一方或双方完全未履行自己的合同义务之不作为，即完全不履行，在性质上属于最严重的违约行为，其法律后果是：或因当事人有"过错"而使其承担最沉重的违约责任，或非由当事人之"过错"所致而免除其违约责任；而后者则是对当事人一方或双方除前述完全不履行之外的各种违约行为的总称，其表现形式既可能是作为性的亦可能是不作为性的，而其性质既可能是相当严重、亦可能是比较轻微，其可能引起的法律后果更是千差万别。由此可见，"不履行"固属严重，应予特别预防；但"不完全履行"则更常发生、更为普遍，造成的实际危害综合起来看也可能是很大的，因此也应予充分关注。若将我国《经济合同法》这方面的规定及其法律分类，与上述外国的规定及其法律分类加以比较就会发现，我国《经济合同法》将经济合同中的"违约行为"划分为"不履行"和"不完全履行"两大类，不仅完全符合我国的实际，而且较之上述外国的那些概括和划分也更全面、更准确，因此也必将发挥出更好的指导作用。

违约责任是否仅依其当事人之"违约行为"侵害了对方当事人

之合同权利这一客观事实就能产生，还是尚需违约方在主观方面存有故意或过失之"过错"这一主观要件？换言之，违约责任的产生要不要遵循"过错责任原则"？对此，各国的违约责任立法一般都有明确的规定，学者们也先后作了大量论述，但这些规定和论述的内容并非相同。如前所述，我国《经济合同法》已经明确将"过错"规定为经济合同违约责任产生的"共同条件"之一，但目前学术界对此项规定的认识和解释却是很不相同的，其中有些认识和解释值得商榷。因此，很有必要对此予以认真研究和深入论述。因篇幅所限，此处仅简述笔者对如下四个方面的主要看法：

第一，关于"过错责任原则"产生及其评价。"过错责任原则"究竟是于何时见诸何国的违约责任立法之中？因资料所限，笔者目前尚不敢妄作判断。但仅就已阅史料来看，那种认为"过错责任原则"始于罗马私法的结论未免过于武断[1]。因为在这之前一千多年的古巴比伦六世王朝《汉谟拉比法典》之中就已经具有不少此类规定。例如，其中第48条规定："倘自由民负有利息的债务，而阿达得淹没其田，或洪水毁其收获物，或因旱灾田不长谷，则彼在此年得不付谷与债主，而洗去其文约；此年利息亦得不付。"其中的"阿达得"是指"雷雨之神"，而"洗去其文约"则是指洗去"载约泥板"，即取消原订履约期限而另订新的履约期限。显然，此条规定的原意就是要说，天灾（指雷雨、洪水和旱灾等）应免除债务人履约（指交付谷物和利息给债主）之义务。这与后世合同责任立法中通行的"不可抗力免除当事人违约责任"之规定的含义是类似的。再如，该法典第53条和第55条规定："倘自由民怠于巩固其田之堤

---

[1] 参见王卫国：《试论民事责任的过错推定》，载《法学研究》1982年第5期；刘新熙：《公平责任原则探讨》，载《法学研究》1983年第2期。

堰而因此堤堰破裂，水淹（公社之）耕地，则使堤堰发生破裂的自由民应赔偿其所毁损之谷物"；"自由民开启其渠，不慎而使水淹其邻人之田，则彼应按照郊区之例，以谷为偿"。显然，其中的"怠于"和"不慎"即为"过错"之一种——"过失"。由此可见，此处已将"过失"规定为民事损害赔偿责任的一个条件。诚然，后世罗马法中所规定的"过错责任原则"较此更为明确、全面和丰富，但这既不能作为否定《汉谟拉比法典》之中就已经具有不少此类规定之证据，更不能据此证明"过错责任原则始于罗马私法"。由此可见，那种认为"'过错责任原则'始于罗马私法"的流行说法是没有历史根据的。那么，这是不是说"过错责任原则"就没有一个"何时产生"的问题呢？当然不是。根据运用一般规律和一般原理来推测，在"过错责任原则"产生之前，很可能长期实行过严酷的"绝对客观责任原则"（类似于刑法中的"客观归罪"）。如果说古老而严酷的"绝对客观责任原则"完全无视行为人之主观心理状态，是那时那种社会生产力尚十分落后，人们意识尚比较愚昧之社会状况在法律责任制度中的客观反映的话，那么"过错责任原则"的产生，则可能反映了人类社会发展进化到更高阶段的历史事实。因此，我们似乎可以在一定意义上进一步推测道，"过错责任原则"的产生，使违约责任的产生必须同时兼具客观上的"违约行为"和主观上的"过错"这两个"共同条件"，是人类社会发展进化历史在违约责任制度发展史上的一个进步性的正面反映，是违约责任制度趋向合理化之历史进程中的一场变革或一次革命。

　　第二，关于"过错责任原则"在近现代国外违约责任立法中的概况。"过错责任原则"，既然是作为反映人类社会生产发展和意识发达之进步因素而进入违约责任立法中的，因此它不仅历久不衰，而且至今仍呈不断发展、日益完善之势。例如，《法国民法典》第1147条规定："凡债务人不能证明其不履行债务系由于不归其个人负责的外来原因时，即使在其个人方面并无恶意，债务人对于其不履行或迟延履行债务，如有必要，应支付损害的赔偿。"这就是说，不仅对"故意"（即"恶意"）违约，而且对"过失"（即"并无恶意"）违约，"如有必要，应支付损害的赔偿"。接着，第1148条又规定："如债务人系由于不可抗力或事变而不履行给付或作为的债务，或违法约定从事禁止的行为时，不发生损害赔偿责任。"这就排除了行为人没有过错而承担损害赔偿责任的一切可能性，从反面肯定、补充并加强了"过错责任原则"。又如，《法国民法典》第1150条还规定："如债务的不履行并非由于债务人的欺诈时，债务人仅就订立契约时所预见或可预见的损害和利益负赔偿的责任。"这就是说，出于"欺诈"即"故意"的违约者，应该承担更重的损害赔偿责任。《德国民法典》的规定与此相比有较大差别。它不仅在其第275条和第276条中先后明确宣布了"过错责任原则"的两条基本规则，即"无过错不负责任"和"债务人除另有规定外，对故意或过失应负责任"；而且区分了故意责任和过失责任，宣布了"债务人基于故意的责任，不得预先免除"（第276条）的规则；并且进而将"过失"区分为"重大过失"和"轻微过失"，宣布了"应与处理自己事务为同一注意者，如有重大过失，亦不得免除其责任"的规则（第277条）。根据该法典的规定，在一般情况下，"轻微过失"也应负责，但在某些特殊场合，例如在赠与合同中，"赠与人仅就其故意或重大过失负赔偿责任"（第521条），同时"赠与人不负交付迟延利息的义务"（第222条）。此外，该法典第279条规定："债务标的只以种类指示者，在同种类的给付有可能时，债务人对于个人给付不能应负责任，即使其给付不能非由于自己的过失，亦同。"显然，该条规定已经超出了"过错责任原则"，是对其的例外补充。

英美法以及《联合国国际货物销售合同公约》中的处理方式，与上述大陆法系的法国、德国等国又有很大不同。首先，它们已将"过错"之含义寓于"违约"类的概念之中，因而无须另外对"过错"问题再作单独、统一的规定。例如，《美国合同法重述》第314条规定："凡没有理由的不履行合同中的全部或部分允诺者，构成违约。"显然，这里的"没有理由"实则是指当事人主观上具有可指责的地方，即存在故意或过失。再如，上述所引《联合国国际货物销售合同公约》第25条对"根本违反合同"所下的定义，其中"除非违反合同的一方并不预知，而且同样一个通情达理之人处于相同情况下也没有理由预知会发生这种结果"，这一附加条件实则是指，如果违反合同的一方没有任何过失，尽管发生了"实际上剥夺了他根据合同约定有权期待得到的东西"这样的严重后果，也仍然不构成"根本违反合同"。其次，它们也常于具体规定之中使用"怠于或拒绝"之类的术语，这实际上就指明了违约责任的产生需要故意或过失之类的主观"过错"这一共同条件。例如，在1906年的《美国统一买卖法》第五章"关于违反契约的诉讼"中，债权人可寻求的救济办法几乎无一不是以债务人对其"违反条件"的行为抱有"怠于或拒绝"之主观"过错"为必备条件的。最后，它们之中关于免责条件的大量规定，实则即排除了行为人没有过错而承担违约责任的各种可能，这就也从反面进一步说明了它们确实也遵循着"过错责任原则"。

总之，在近现代资本主义违约责任立法和国际的违约责任立法中，实际上一般都实行着"过错责任原则"；英美法系与大陆法系在此问题上的差别，并不像表面上看起来的那么大。

在东欧各社会主义国家关于经济合同违约责任的立法中，对"过错责任原则"所持的态度也不尽相同。罗马尼亚 1979 年《经济合同法》第 46 条规定："如果按照法律规定发现社会主义单位的合同义务因不可抗拒的原因而不能履行，那该单位将免被追究责任……"《捷克斯洛伐克经济法典》第 145 条第 2 款规定："一个组织如能证明，即使它做到力所能及的一切仍不能防止损害发生时，可以免除其责任……"《匈牙利民法典》第 299 条第①款、第 303 条第①款和第 307 条第①款，在分别规定了债务人和债权人的"迟延"及"不适当履行"所负责任之后，又以相同文字规定道："除非……证明，……他已作了在此种条件下一般能够做到的一切"。由此可见，上述三国均以"无过错可以不负责任"之类的免责规定，从反面体现其"过错责任原则"。德意志民主共和国已经弃用"过错"这一概念，认为它不应适用于社会主义组织。但是，其取代"过错"这一概念的"主观可指责性"，实则仍然指出了其经济合同违约责任的产生需有"主观可指责性"这一主观要件。在东欧诸国的违约责任立法中，保加利亚是最明确规定了"过错责任原则"的。该国1950 年《债和合同法》第 82 条和第 83 条的规定，明确体现出"财产责任的数量取决于过错的表现形式及其严重程度"的规则。未履行债务的债务人，若出于"故意"，应负赔偿预见到和未预见到这样两种损失之责任；而若出于"过失"，则只负赔偿预见到这样一种损失之责任。其 1972 年《社会主义组织之间的合同条例》第 8 条和第9 条又规定了，在何种情况下应该根据过错的表现形式（故意或过失）区分其责任的问题。波兰的情况很特殊，其扩大经济合同违约责任的倾向比较突出。该国 1958 年《仲裁委员会第二号决议》，将 1956 年《供应共同条件》中首次使用的"造成损失的合同责任"这一概念，扩大适用于社会主义组织之间的经济合同违约责任之中，而且 1973 年的新《供应共同条件》中仍然保留了这一责任原则。对此，该国学者斯·布奇科夫斯基批评道："用客观责任取代过错责任，这在形式上与债权法律关系中的双方当事人都有关系，但若注意到定购方的主要义务仅为支付价款或酬金便会发现，此种做法的锋芒是针对供货方的。这就产生了抛弃过错责任原则是否真有根据、客观责任原则是否符合社会流通领域特殊发展的客观必然性等问题。"他坚持认为，社会主义组织之间的合同责任，一般应以过错责任原则为根据，但在某些个别场合——在违反货币之债和某些供应之债的情况下，应适用"造成损失的合同责任"原则。不过应注意，波兰的经济合同违约责任立法中，同样也有关于免责问题的规定。这就导致，违约责任实际上也往往只在当事人有过错时才会产生。在苏联，如前所述，因其至今尚未颁布经济合同法，故其经济合同违约责任的产生问题，仍然遵循着其民事立法中关于合同责任产生一般规则的规定加以解决。1961 年《苏联和各加盟共和国民事立法纲要》第 37 条，不仅以"过错是违反债的责任的条件"为标题，而且采用了"只有……，才……"的限定句式，最明确而概括性地宣布了"过错责任原则"；当然，也同时规定了"除法律或合同规定的情况外"这一补充和限定，以避免将其绝对化。不仅如此，苏联现行经济合同法规中又规定了一系列的具体制度，使其"过错责任原则"得到了进一步的发展和完善。由于本文后面将详细讨论这个问题，所以有关资料这里暂不引用。

上述可见，在近现代的国外违约责任的立法中，对"过错责任原则"所持的态度虽然有所区别；但总的说来，"过错责任原则"实际上的确是其中最普遍、最主要的责任原则；并且，在某些社会主义国家或公有制国家的经济合同违约责任立法中，越来越受到重视，其含义也更加丰富，落实这一原则的具体制度也更加完善。因而可以说，近现代的国外违约责任的立法，一般都将"过错"视为违约责任赖以产生的"共同条件"之一。

第三，关于国外违约责任立法中的"过错责任原则"之含义。在违约责任立法中，所谓"过错责任原则"，应是指法律将违约人（或其代理人）之主观"过错"（故意或过失）视为其承担违约责任（即其违约责任产生）的一个必不可少的"共同条件"，并以某种方式在其法律渊源中明确规定或体现出来。换言之，法律以某种方式明确告诫人们，违约方有"过错"（故意或过失）应负责任，而无"过错"（故意或过失）时则可依法免除其责任。由此可见，"过错责任原则"是一条法律原则，而且是一条实体法原则。所以，将"过错责任原则"缩减为"过错原则"是不恰当的，因为它未能显示其法律属性。至于将其称为"过失原则"则更为不妥，因为它漏掉了其中更重的"故意"。当然，"过错责任原则"的内涵也是发展变化、不断丰富的。如果说《汉谟拉比法典》第48、53、55等条的规定中还仅仅是指明了在天灾造成履行不能时债务人不负责任，但若出于"过失"而造成损失时则应负赔偿责任，这只显露出"过错责任原则"的最原始含义的话；那么罗马法既指明意外事变免除当事人的责任，并将"过错"明确区分为"故意"和"过失"，又进一步将"过失"区分为"重过失"和"轻过失"且分别规定了它们之间不同的违约责任后果；这显然使"过错责任原则"的含义更加明确和丰富了[1]。如前所述，《德国民法典》在继承罗马法"过错责任原则"基本含义的基础上，又进一步明确规定了"债务人基于故意的责任，不得预先免除"（第276条）和"应与处理自己事务为同一注意者，如有重大过失，亦不得免除其责任"（第277条）等项规则，并且针对不同情况下的"故意"责任和"过失"责任以及"重大过失"责任和"轻微过失"责任，都分别作了明确规定。诚然，美国法中既以"怠于或拒绝"之类的术语显示其区分"故意"和"过失"的某种意向，理应即有关于"故意"责任和"过失"责任的不同规定，但实际上由于美国法属于英美法系，同样遵循英国人"救济先于权利"的格言，实行"法官制定法律"的立法路线，判例法至今仍不失为其主体，故其关于违约责任的具体规则大多散见于判例的汪洋大海之中；加之，它已寓"过错"于"违约"之概念中且又有"重大违约"和"轻微违约"之分；所以，对美国法中实际上也同样在起作用的"过错责任原则"的具体含义，犹如对英国法中的情况一样，连其本国学者都难以表达清楚，我们自然也就不必详细探究了。

从苏联学者 A. A. 法因斯坦《社会主义组织之间的合同责任》一书所提供的资料来看，在东欧社会主义诸国的违约责任立法中，"过错责任原则"的具体含义，与其法人"过错"的判断标准息息相关。捷克斯洛伐克、罗马尼亚、民主德国和匈牙利等国法律，基于对其社会主义国营企业的严格要求，认为应该以"先进组织的谨慎态度"作为国营企业和组织是否具有"过错"的判断标准，使其主观"过错"严格化、客观化和统一化，因而一般不强调对"故

---

[1] 参见北京政法学院民法教研室：《罗马法基础》（内部资料），1982年，第116页。

意"责任和"过失"责任的区分。现代波兰法学将债务人的合同之债,划分为"恰当完成一定行为之债"和"达到一定目的之债"等两大类,前者实行"过错责任原则",债务人只对"自己缺乏应有的注意负责","以自己的过错及其代理人的过错为根据"承担违约责任,但是否区分"故意"责任和"过失"责任尚不得而知;而后者则实行"造成损失的责任原则",自然也就谈不上区分"故意"责任和"过失"责任了。如前所述,保加利亚的法律则不然,它以"善良管理人"的主观标准作为判断法人是否具有"过错"的尺度(其1950年《债和合同法》第63条第2款和1972年《社会主义组织之间的合同条例》第72条第1款),并因而明确区分"故意"责任和"过失"责任。该国学者Q.戈列米罗夫认为,在进行经济改革的条件下,将社会主义组织的"过错"区分为"故意"和"过失"具有特别重要的意义,因为"过错"的表现形式可以而且应当对违约金或赔偿金的数额发生影响。因此,他与另一位学者T.塔德热尔坚决主张,必须进一步完善区分"故意"责任和"过失"责任的立法,加重"故意"违约者的责任。苏联的经济合同违约责任立法遵循其《民事立法纲要》第37条规定,实行严格的"过错责任原则",注重区分"故意"责任和"过失"责任,主张对"故意"违约者加重处罚。例如,在苏联仲裁总署1967年12月28日第九——(一)——59号《关于各仲裁机关执行苏联部长会议1967年10月27日第988号〈关于企业和组织因未完成任务和义务所负物质责任的决议〉的工作指示信》中,视"故意"违约为严重违约,仲裁机关有权对此种"故意"违约者加重处罚,其数额可提高50%;不过,这种加重处罚之所得,应当上缴国库、补充国家预算。1981年苏联部长会议通过的《生产技术用产品供应条例》第101条第6款和

《日用消费商品供应条例》第 98 条第 6 款，再次重现了对"故意"违约者加重处罚的责任规则；同时，又分别在其第 65 条和第 61 条中重申了 1969 年两个原条例中规定的下述规则：对连续（不少于三次）无理拒付、避付或迟付货款的购货方，供货方有权在三个月以内改用如下特殊结算办法予以制裁：外埠的，改用信用证；同城的，改为预付款。此种特殊结算办法似乎意味着，又在一般"故意"违约责任基础上，提出了连续"故意"违约的责任问题。

综上所述，"过错责任原则"之含义，在不同时代、不同国家的立法中是不尽相同的；无"过错"可免除责任、至少在由天灾造成的违约时应免除责任，而有"过错"则应负责任，这些最原始、最基本的含义，在现代各国的违约责任立法中仍在普遍实行。罗马法、《德国民法典》、保加利亚法和苏联的立法中，都十分明确地区分了"故意"责任和"过失"责任，体现了"故意"责任重于"过失"责任的一般规则；尤其是苏联的经济合同违约责任立法，更加明确地体现了对"故意"违约者加重处罚、对连续"故意"违约者另行加重制裁的规则。由此可见，那种认为"在民事赔偿（请注意：联系其上文看，此处实则是指经济合同的各种违约责任）中，不存在故意责任大、过失责任小的问题，二者的区分只有在需要同时考虑行政责任或刑事责任时，才有实际意义"的断言[1]，是没有根据的。

第四，关于对我国经济合同违约责任立法中"过错责任原则"的认识，以及对进一步完善我国经济合同违约责任立法中过错责任制度的建议。我国《经济合同法》第四章一开头就以连续 3 条的篇

---

[1] 参见初思、大榜：《论违反合同的民事责任》，载《法学研究》1982 年第 3 期。

幅，从正反两个方面明确规定了我国经济合同违约责任制度中"过错责任原则"的基本含义。这是我国社会主义法律责任制度中主客观相统一的普遍原则和防治结合、预防为主的指导方针，在经济合同违约责任制度中的一种具体体现，其目的在于使各种经济合同违约责任措施的重要作用得以正确而有效地发挥，以保证经济合同法的根本任务得以顺利实现。因此，应予认真研究，以求得正确地认识和执行。为此，笔者仅就我国作为经济合同当事人的社会主义法人之"过错"和"过错责任原则"这两个问题，发表如下粗浅看法和不成熟建议。

（1）依据我国《经济合同法》第 2 条的规定，经济合同是法人之间的经济协议，因此其当事人的"过错"一般应是指法人之"过错"。

所谓法人之"过错"，系指法人之所以不履行或不完全履行自己的经济合同义务，不是由于任何外来之原因，而是因为自己在主观上对此抱有错误的态度；换言之，此种导致经济合同不履行或不完全履行的错误态度，就是我们此时所指的法人之"过错"。在现实的经济合同实践中，此种法人之"过错"不仅是客观存在的，且其表现形式也确实是千差万别、难以尽数的。例如，为图谋高利擅自自销而拒不供货者有之，嫌商品滞销无利可图而拒收货物者亦有之；以次充好、牟取暴利者有之，指优为劣、压级压价者亦有之；遗忘合同、不组织履行者有之，丢失合同、盲目履行者亦有之；畏惧困难、怠于履行者有之，估计错误、不慎逾期者亦有之；"不可抗力"发生后不及时通知对方者有之；在对方违约造成损失时不及时采取相应救助措施以减少损失者亦有之，不胜枚举。但若以科学的抽象方法对法人之"过错"现实的各种表现形式加以分析和概括就会发现，也完全可以将它们归纳区分为"故意"和"过失"两大类。不过，这里需要说明的是，因经济合同违约责任的产生必须以有效经济合同的现实存在为前提，故此处之"违约"即指其当事人不履行或不完全履行自己的经济合同义务这一客观事实本身，因而不应照搬刑事责任论中的看法而在此提出对"违约"方的意思要求；又因经济合同违约责任的产生并不以造成损失为其必备之"共同条件"，因而也不应在此提出这类要求。如是即可将此处法人之"过错"中的"故意"和"过失"，分别大致定义如下：如果法人明知自己的行为（作为或不作为）是违反经济合同的或者将造成违反经济合同的后果，却愿意或放任自己的这种行为的发生或进行，此类"过错"即为法人之"故意"；而如果法人本应知道或预见自己所实施的行为（作为或不作为）是违反经济合同的或者将造成违反经济合同的后果，但却因自己的无知或疏忽而不知道或未预见，或者虽曾预见但却轻信尚可避免而实际上最后又未能避免，此类"过错"即为法人之"过失"[1]。前者说明法人之"违约"是明知故犯、主观上的错误严重、有意无视经济合同法制，并且还可能是该法人之经营方向上存在问题的反映；而后者则表明该法人之"违约"是由于某种盲目状态所致、主观上的错误还相对较轻、经济合同法制观念比较淡漠，这多与该法人内部的经营管理不善相关联。

（2）基于上述之分析认识以及前述对我国经济合同违约责任之根本目的和重要作用的理解，笔者认为，在我国经济合同违约责任

---

〔1〕 参见苏联国立敖德萨大学副教授、法学副博士亨·A. A. 布拉莫夫发表的《论经济组织违约行为中的过错》一文，俄文版原载于《苏维埃国家与法》杂志1982年第1期，由黄欣翻译的中文版全文载于北京政法学院《国外法学资料》1982年第4期，第16~21页及第46页。

制度中，不仅很有必要区分"故意"违约责任和"过失"违约责任，而且此种区分还应明确体现"故意"违约责任重于"过失"违约责任以及"故意"违约责任一律不得免除或减少，对特别严重的"故意"违约者还应另加处罚，而对那些情节轻微且未直接造成不良后果的"过失"违约者则可依法减轻或免除其违约责任等一般规则。此处需要指出的是，笔者的这些看法，并非欲照搬外国，而是依据我国经济合同法的现行规范提出的；当然，要完全落实上述规则，尚需进一步健全和完善有关制度。例如，我国国家工商行政管理局1980年5月15日颁布实施且至今仍然有效的《关于工商、农商企业经济合同基本条款的试行规定》第15条第2款规定："产品数量不符合合同规定——如属农副产品，因延期而需方不再需要的，由供方自行处理，并偿付需方以这些货款总值百分之二十的罚金；由于自销的原因完不成合同任务时应偿付需方以不能交货部分货款的总值百分之二十到八十的罚金。"显然，其中的"延期"既可能出自"故意"也可能出自"过失"；而"自销"则只能源于"故意"。如是即可看出，这项规定显然表明该法规对此种"故意"违约者有加重处罚之意向。再如，我国《经济合同法》规定经济合同违约责任的全部条款之中，仅有两处规定受害方有权单方面解除合同：即其第44条第1款第3项规定：承租方"擅自将租赁财产转租或进行非法活动，出租方有权解除合同"；第46条第2款规定："投保方如隐瞒被保险财产的真实情况，保险方有权解除合同……"众所周知，"单方有权解除合同"这种制裁措施，从来都是一种特别严重的违约责任；因为它不仅立即剥夺了过错违约方所剩的全部合同权益，而且还很可能使其遭受许多其他不良后果。显然，其中的"擅自……"和"隐瞒……"均属"故意"违约。由此可见，我国《经济合同法》

所规定的经济合同违约责任制度，明显地体现了对某些严重"故意"违约者施以加重处罚之规则。不仅如此，在我国仲裁和审判经济合同纠纷案件的实践中，也往往比较重视区分过错违约者的"故意"和"过失"，并且也总是对"故意"违约者处罚较重、而对"过失"违约者的处罚则较轻。上述可见，那种认为"在经济合同关系中，这种区分实际意义并不大，因为不管故意或过失，只要违反了经济合同，都是要负一定的经济责任的，在这里不会因为当事人是故意或是过失行为，而减轻或免除其违约责任"的观点和主张[1]，虽然它现在还比较流行，但实际上这种看法与我国现行经济合同违约责任制度中的立法精神是不一致的，而且是对我国《经济合同法》中"过错责任原则"含义的一种误解。这就进一步说明，从我国实际情况出发，在认真总结实践经验并注意与相邻制度的衔接和配合的基础上，尽快使我国《经济合同法》中所规定的"过错责任原则"，进一步规范化、具体化和制度化，这无论是对实际工作还是理论研究，都具有相当迫切的和重要的意义。为此笔者建议：由全国人大常委会或国务院颁发统一的《中华人民共和国经济合同法实施条例》；并在其中关于违反经济合同责任的规定中，对作为经济合同当事人的法人的过错及其故意和过失分别作出定义；望能在规定中明确体现故意违约责任重于过失违约责任且一律不得免除或减轻、过失违约情节轻微且未直接造成不良后果者可依法减轻或免除其责任等一般性规则；对某些特别严重的故意违约行为（如拒不履行基于国家指令性计划的供货义务而擅自将其高价出售或提供给自己的关系户、拒不按设计要求施工而偷工减料致使其建筑安装工程质量

---

〔1〕 参见白有忠、刘齐珊：《经济合同法知识问答》，北京出版社 1982 年版，第 55~56 页。

显著下降、故意无故停电或限电而给对方的生产经营造成严重后果、挪用专项贷款进行非法经营等），明确规定更加严重的制裁措施。如是便必将使我国的经济合同违约责任制度发挥出更大的积极作用。

综上所述，违约责任的产生问题，是一个十分复杂而又重要的理论问题。依据我国《经济合同法》中的有关规定，我国经济合同违约责任的产生，既必须以有效经济合同的现实存在为"前提"，又以当事人一方或双方实施了不履行或不完全履行经济合同的违约行为并对此抱有主观过错这两个法律事实为其"共同条件"；而不同的违约行为和不同的主观过错的不同组合，所产生的违约责任也各不相同。正如一切法律责任无不表现为一定的具体制裁措施一样，我国经济合同的违约责任也都表现为某种特定的经济制裁措施；而各种具体违约责任的产生也都有自己的具体条件。因此，要真正彻底解决经济合同违约责任的产生问题，尚有待于对各种具体违约责任产生的具体条件分别进行认真研究。这个问题将在研究经济合同违约责任种类问题的后文中继续予以深入探讨。

四、经济合同违约责任免除问题之研究

与经济合同违约责任的产生直接相关联的另一问题就是它的免除。此处之"免除"是借用民法中的一个传统用语，实则系指"不产生""不承担"之意。由此可见，所谓"经济合同违约责任的免除"，应是指未履行或未完全履行自己经济合同义务的当事人、据此可依法不承担违约责任的那种法律事实（法律事件或法律行为）及其相关的必备条件，可以简称为经济合同违约责任的"免除条件"。为了正确理解和适用我国《经济合同法》中的有关规定，有必要先对外国法中此种免责制度的历史和现状作如下简要的介绍和分析。

如上一部分所述，"过错责任原则"是作为对古老而严酷的"绝对客观责任原则"的矫正和变革而产生的。据《汉谟拉比法典》第48条的规定可知，当时该法仅宣布，当天灾造成不能履行时债务人可不履行自己的债务，因此也就自然无需承担未履行债务之责任。由此可见，"违约责任的免除"问题是作为"过错责任原则"中一项最为原始、最为基础的内容而与其同时产生的。罗马法发展了"过错责任原则"，宣布了债务人对意外事变造成的损失均不负责的一般规则[1]。《法国民法典》第1148条又规定："如债务人系由于不可抗力或事变而不履行给付或作为的债务，或违法约定从事禁止的行为时，不发生损害赔偿责任"。这比罗马法的规定无疑又前进了一步。《德国民法典》所规定的"过错责任原则"则更加全面，因而其免责制度也更加完善。又因该法典将"违约"分为"给付不能"（第275条）和"迟延"（第284条和第293条）两大类；故它对"免除条件"的规定也是分开进行的。其第275条规定："在债务关系发生后非因债务人的过失致给付不能者，债务人免除给付义务。""在此情形，债务人于债务关系发生后成为无行为能力者，与前项给付不同。"其第285条规定："非由于债务人的过失而未为给付者，债务人不负迟延责任。"但此前的第282条有个补充规定："关于给付不能是否由于债务人的过失有争执时，债务人负举证的责任。"由此可见，在《德国民法典》中对违约责任的免除问题已经形成了"无过错不负责任，但当事人需举证"的一般性规则和制度。显然，这比《法国民法典》第1148条的规定又前进了一步。

尚须注意的是，大陆法系资本主义国家的合同法中还通行着一

---

[1] 参见北京政法学院民法教研室：《罗马法基础》（内部资料）1982年，第116页。

项"情势变迁原则",它对解决违约责任的免除问题起着一定的辅助作用。所谓"情势变迁原则",系指在合同关系成立之后,作为合同订立基础的"情势",因不可归责于当事人之事由而发生了非当初所能预料的重大变化,若仍坚持合同原来的法律效力而要求全面履行,则显失公平且有悖于诚实信用原则,因此应对合同予以变更或解除。其重要理论依据之一就是"合同基础论",即合同的有效性应以合同成立之时所处环境的继续存在为基础,若该环境已经发生根本性变化,则该合同的效力自然应该随之予以变更或解除。德国人通过将其民法典第 275 条中关于"给付不能"规定,解释为"经济上不可能履行"的办法,来适用上述"情势变迁原则",以帮助解决其因第一次世界大战所引起的大量合同违约及其责任的困难问题。法国法院对"情势变迁原则"的适用态度谨慎。《瑞士债务法典》也仅在其第 373 条中赋予了法官以适用该原则对承揽合同增加价金或予以解除的自由裁量权。意大利有所不同。据其民法典规定,凡长时期之后才予以履行的合同或分批履行的合同,如一方提出发生了非常的、不可预料的事件而致使履行合同的负担变得特别沉重时,法院得宣布解除合同;但是,正常风险不在此列,且当事人可建议公平地修改合同而反对解除合同。

由于违约责任的免除问题与合同的变更或解除息息相关,所以上述"情势变迁原则"虽然主要直接作用于合同的变更或解除,但对违约责任的免除问题也必然会发挥间接的、辅助性的影响作用。因为本文后面将对合同的变更或解除与违约责任的免除之间的关系作专门研讨,所以此处对关于"情势变迁原则"如何影响合同的变更或解除之问题不再作深入具体论述。

英美法中实行的"合同落空原则"[1]，与大陆法中的"情势变迁原则"相近似。所谓"合同落空原则"，系指合同成立后，非因当事人之过失，而是因为事后发生了不能预料且完全改变了合同订立时所处情势的意外情况，致使当事人订立合同时所谋求的商业目标受挫落空，在此情况下得免除未履行合同义务之当事人的违约责任。英国著名法官西蒙在其判例中指出："一个有效合同的当事人，在履行合同的过程中，往往面临着一系列他们完全预料不到的情况变化，例如极不正常的价格涨落、货币突然贬值、履行合同的意外障碍或其他类似事情；然而，这些事件本身都不能影响他们已经签订的合同的效力。但另一方面，如果参照订立合同时的情况来考虑合同的各项条款，能够发现当事人从来没有同意过在这样一种预料不到而发生的完全不同的情况下还要受合同的拘束，这时候合同就失去拘束力了。"依照英国的法律和判例，特定标的物的灭失、情势根本改变等非出于当事人之过失以及当履行合同变成违法的情况，可适用"合同落空原则"，以免除其当事人履行之义务或不履行之责任。美国法律也以"合同基础论"为依据，对"合同落空"及其引起的免责问题作了明确规定。《美国合同法重述》第 288 条规定："凡以任何一方应取得某种预定的目标或效力的假设的可能性作为双方订立合同的基础时，如这种目标或效力已经落空或肯定会落空，则对于这种落空没有过失或受落空损害的一方，得解除其履行合同的责任，除非发现当事人另有相反的意思。"《美国统一商法典》第2-615 条规定："未按时交货或未交货的卖方，在下列情况下不负违约责任：（1）如果由于发生了某种意外事件使合同变得实在难于履

---

[1] 《国际商法》译为"合同落空"，而《美国合同法概论》则将其译为"受挫失效"；本文采用前者。

行，而这种意外事件按照当事人订立合同时的"基本假定"是不会发生的；（2）由于卖方恪守外国政府或本国政府的规章而使得合同实在难以履行。"据美国官方的解释，此处之"实在难于履行"并非事实上之完全不能履行，而是指"在商业上实在难于办到"，即强调从商业观点看"履行实属困难"，意指战争、封锁、农业歉收或意料不到的货源断绝等非因当事人之过失而发生且使当事人订立合同时所处之情势发生了根本性改变的那些意外事件，得使当事人免除其违约责任。由此可见，英美法中的"合同落空原则"，其要旨在于宣示"当事人无过错时可免除其违约责任"之一般规则[1]。

1980年《联合国国际货物销售合同公约》第三篇第五章第四节，以整节计2条6款之篇幅，对其"免责"之一般规则作了明确规定。

为说明问题，现全录如下：

第四节　免责

第七十九条

（1）当事人对不履行义务，不负责任，如果他能证明此种不履行义务，是由于某种非他所能控制的障碍，而且对于这种障碍，没有理由预期他在订立合同时能考虑到或能避免或克服它或它的后果。

（2）如果当事人不履行义务是由于他所雇用履行合同的全部或一部分规定的第三方不履行义务所致，该当事人只有在以下情况下

---

[1]　详见沈达明、冯大同、赵宏勋编：《国际商法》，对外贸易教育出版社1982年版，第136~143页。

才能免除责任：

（a）他按照上一款的规定应免除责任，和

（b）假如该款的规定也适用于他所雇用的人，这个人也同样会免除责任。

（3）本条所规定的免责对障碍存在的期间有效。

（4）不履行义务的一方必须将障碍及其对他履行义务能力的影响通知另一方。如果该项通知在不履行义务的一方已知道或理应知道此一障碍后一段合理时间内仍未为另一方收到，则他对由于另一方未收到通知而造成的损害应负赔偿责任。

（5）本条规定不妨碍任一方行使本公约规定的要求损害赔偿以外的任何权利。

第八十条

一方当事人因其行为或不行为而使得另一方当事人不履行义务时，不得声称该另一方当事人不履行义务。

由此可见，该公约未使用在国际上有不同理解的"不可抗力"这一概念，也未采用列举规定的办法，而是通过其第 79 条之第（1）（2）（3）款的连续规定，宣示了"当事人（或其雇用的第三人）无过错可不负责任，但需自己举证"的一般规则；第（4）款规定了不履行义务一方的通知义务及其在对方未收到此通知情况下应负的赔偿责任；第（5）款指明了免责范围仅以"损害赔偿"为限；而其第 80 条的规定则告诉人们，当事人在自己的违约造成对方不履行时，不得反称对方不履行而要求免除自己的违约责任。总之，该公约之"免责"专节，虽未使用"过错"这一概念，但它显然仍以"过错责任原则"为基础，通过上述比较全面的规定，明确地体现了"当事人（或其雇用的第三人）无过错可不负责任，但需自己举证"

的一般性"免责"规则，并同时对其进行了必要的补充和限定。

关于东欧社会主义各国经济合同法中的违约责任免除制度之概况，据现有已阅资料分析，有如下两点普遍性倾向：一是条文甚少且较简略、规定得很原则；二是意在从严掌握，即只在"不可抗力"及其他极少数法定情况下才可予以"免责"，在一定程度上体现了"当事人（或其代理人）无过错可不负责任，但需自己举证"的一般性"免责"规则〔1〕。如《德意志民主共和国合同法》，因其已用"主观可指责性"替代了"过错"这一概念，故其第83条仅就"不可抗力"引起的"免责"问题规定道：若能证明违约系因不可抗力所造成，则免除其责任。《匈牙利民法典》虽然在其第299条、第303条第（1）款、第307条第（1）款和第309条中，分别对债务人迟延、债权人迟延、不适当履行及无法履行等四种情况下的"免责"问题作了明确规定，但同时又在其第三十五章"计划合同"第405条第（3）款中规定："对于因不适当履行计划合同而提出的请求问题，法律规范可以作出与本法不同的规定，对免除赔偿损害的义务，法律规范可以规定比本法更严格的条件，也可以为了保证计划纪律，规定违反合同的特殊法律后果。"正因为如此，该国学者德·艾尔什明确指出，国营企业的责任可以以"不可抗力"为限。因为国营企业拥有通过正确地组织和管理生产而及时发现并消除其工作人员错误行为的很多条件，且能建立起防止错误行为发生的制度，同时还拥有消除不良情况的充足物质资料和技术装备。若进一步注意到国营企业是建立在公有制基础上的、其职工与领导者之间没有利害冲突的优越性的话，则完全有理由相信，在解决国营企业的违约

---

〔1〕 详见［苏］A. A. 法因斯坦：《社会主义组织之间的合同责任》，黄欣译，法律出版社1984年版，第一章第三节。

责任问题时，完全能够而且必须向国营企业提出上述严格要求。《捷克斯洛伐克经济法典》第145条第（2）款规定："一个组织如能证明，即使它做到力所能及的一切仍不能防止损害发生时，可以免除其责任。但不得以执行上级机关的任务为理由而免除该组织的责任"。显然，其免责条件也是比较严格的。罗马尼亚1979年《经济合同法》虽然关于免责的规定也只有一条且仅指明"不可抗拒的事件"这一免责条件，但其中关于当事人之通知义务和"不可抗拒的事件"之认定权限的规定，却是相当具体并值得借鉴的。为此特将该条规定实录如下：

第四十六条　如果按照法律规定发现社会主义单位的合同义务系不可抗拒的原因而不能履行，那该单位将免被追究责任，但它有义务在事故发生后五天之内向对方通报不能执行合同的原因，并从同一时间算起在最多十五天内提出证明文件，该单位还有责任立即通知这一不可抗拒的事件的终止的期限。对不可抗拒的事件，须由国家计委研究并加以确认，如果产品的平衡须由国家经济-社会统一发展计划批准；对于那些属其他平衡项目的产品，则由技术-物资供应和固定资金管理检查部负责。

苏联现行违约责任立法中的免责制度比较特殊。1962年5月1日起开始施行的《苏联和各加盟共和国民事立法纲要》中没有直接规定免除违约责任的条款，因此1964年10月1日起开始施行的《苏俄民法典》中也无此项规定，且1981年7月1日起开始施行的《生产技术用产品供应条例》和《日用消费商品供应条例》中仍照样没有此项规定。何以出现此种特殊现象呢？迄今尚未见到苏联人的解释。笔者仅据现有已阅资料推测其原因可能有二：一是苏联法学界早就有一种看法，认为违约责任的免除问题是针对古代绝对客观责任原则而提出来的，但此种提法（即指"违约责任的免除"）本身却残存着这一绝对客观责任原则的痕迹，用"免除"来表达违约责任的"不产生"或"不承担"之意并不够确切、不够科学，因此主张不再采用它[1]；二是《苏联和各加盟共和国民事立法纲要》第37条关于"过错是违反债的责任的条件"的规定，本身就已经十分明确体现了"无过错不负责任、但需自己举证"之免责性一般规则，据此足以解决其违约责任的免除问题；又因该条规定同样适用于其经济合同，所以也可解决其经济合同中违约责任的免除问题。

从上述简要的回顾和说明中可以看出，违约责任的免除问题，不是与违约责任制度本身同时产生的，而是在其发展过程中伴随着"过错责任原则"的产生而产生的。这个问题的实质在于，在当事人对自己不履行或不完全履行合同义务的违约行为毫无过错的情况下，他是否应承担违约责任，亦即在此种情况下违约责任是否已经产生？因此，这个问题直接与违约责任的产生问题密切相关，是各国违约责任立法必须回答的最基本问题之一。尽管不同时代、不同社会制度、不同国家的违约责任立法对这个问题所持的立场及其解决方法各有区别，且其免责制度的目的和本质亦会有所不同，但总的来说，违约责任的免除制度是不断发展并日趋完善的。在近现代资本主义国家中，《法国民法典》将罗马法中的免除制度加以继承和改造，并向前推进了一大步；而后来的《德国民法典》所规定的免责制度则在此基础上又前进了一大步，较为完整地形成了"无过错不负责任，但需自己举证"之免责一般规则。大陆法系中实行的"情势变迁原

---

〔1〕 参见［苏］阿卡尔柯夫：《关于契约责任的几个问题》，中国人民大学民法教研室译，中国人民大学出版社1951年版，第11页。

则"和英美法系中的"合同落空原则",在解决违约责任的免除问题时,实际上所遵循的同样是此种免责一般规则。1980年《联合国国际货物销售合同公约》所规定的免责制度,不仅体现了该项一般规则,并对此进行了必要的补充和限定,以满足众多缔约国在此问题上的普遍共识。东欧社会主义各国经济合同法中的违约责任免除制度普遍比较严格,大都仅将"不可抗力"及其他极少数法定情况视为"免责条件"。苏联解决违约责任免除问题的办法比较特殊,将其完全包容在关于"过错责任原则"的一般规定之中。由此可见,近现代国外各种违约责任免除制度之间虽然具有程度不同的差别,但"无过错不负责任,但需自己举证",则确实已经成为普遍遵循的免责之一般规则。此外,关于"不可抗力"引起的免责问题,国际上虽有不同认识且不少国家的违约责任立法中亦未使用这一概念,但实际上还是普遍承认其为"免责条件"。关于"意外事件",有的将其与"不可抗力"并列(《法国民法典》第1148条将其称为"事变"),而大多数则未使用这一概念。关于当事人双方之过错引起的违约责任问题:《德国民法典》第300条的规定是,"在债权人负迟延责任后,债务人仅就故意及重大过失负其责任",即免除债务人轻微过失之责任;而苏联法则与此不同,它赋予了法院和仲裁机关在此情况下以相应减轻其债务人责任之权力(《苏联和各加盟共和国民事立法纲要》第37条第2款和《苏俄民法典》第224条);这实际上是通过责任抵消的办法免除了债务人的一部分责任。不过,此处需要提醒注意的是,这个问题以及纯系一方过错违约所引起对另一方的免责问题,实质上与本文所讨论的"经济合同违约责任的免除"问题之含义是不同的。其实,这两种情况都可以并且应当列入"违约责任的产生"及其追究问题中予以研究和处理;因为在这两种情况下，合同遭到违反的根本原因，均为当事人（前者为双方、后者为一方）之"过错"，因而此时其违约责任均已产生且理应予以追究，所以完全可以并且应当依据"过错责任原则"中的"谁的过错谁负责"之规则予以解决。

我国《经济合同法》从我国经济生活的实际情况及其客观需要出发，并注意研究、借鉴了国外免责制度中的有益做法，对我国经济合同违约责任的免除问题作了明确规定，从而初步建立了具有我国特色的经济合同违约责任的免除制度。我国《经济合同法》中直接涉及违约责任免除问题的规定，有如下三处：（1）第27条第2款，在其第1款指明了允许变更或解除经济合同的五种情况后接着规定："当事人一方要求变更或解除经济合同时，应及时通知对方。因变更或解除经济合同使一方遭受损失的，除依法可以免除责任的外，应由责任方负责赔偿"；（2）第34条规定："当事人一方由于不可抗力的原因不能履行经济合同时，应及时向对方通报不能履行或者需要延期履行、部分履行的理由，在取得有关主管机关证明以后，允许延期履行、部分履行或者不履行，并可根据情况部分或全部免予承担违约责任"；（3）第41条第1款第5项规定："在符合法律和合同规定条件下的运输，由于下列原因造成货物灭失、短少、变质、污染、损坏的，承运方不承担违约责任：（1）不可抗力；（2）货物本身的自然性质；（3）货物的合理损耗；（4）托运方或收货方本身的过错。"如果我们将此处所引第27条第2款的规定，连同前款规定、并与第34条规定一起考察；如果我们能从货物运输在国民经济中所处的重要地位及货物运输合同与其他经济合同之间广泛而密切的联系等实际情况出发，并且运用具体规则与一般规则之间相互关系之法学理论，来考察此处所引第41条第1款第5项的规定；如果我们又将此处所引的全部规定放到我国《经济合同法》的整体之中，并实事求是地与其他部分的规定联系起来进行研究；这就有可能对我国《经济合同法》中所规定的违约责任免除制度，获得比较全面、比较正确的整体性认识，发现它的中国特色，把握它的基本规则和精神实质，并明确其各项具体的免责条件，更好地解决我国经济合同违约责任的免除问题。

第一，我国《经济合同法》与《苏联和各加盟共和国民事立法纲要》及《苏俄民法典》的做法不同，不是将免责制度完全寓于其有关"过错责任原则"的正面规定之中，而是据我国之国情、循世界之通例、赋予了免责制度相对独立之地位：继第 32、33 条正面宣示"有过错应负责任、谁的过错谁负责任"规则之后，紧接着在其第 34 条中就明确规定了"无过错不负责任、但须履行及时通报和取证义务"之免责一般规则，从反面补充、完善并强化了"过错责任原则"。此种做法既照顾了两者之间的历史上的、本质上的联系，又注意到免责问题的重要性、复杂性及其特殊性，有利于正确而全面地贯彻落实"过错责任原则"，及时并妥善地解决违约责任的免除问题。

第二，虽然从表面上看，我国《经济合同法》第 34 条的规定，与罗马尼亚 1979 年《经济合同法》第 46 条的规定相比，颇有几分相似之处，但是若将二者的内容认真地加以分析便会发现，其间具有很大的差别：我国在较原则地重现罗马尼亚规定的同时，还规定了"不可抗力"所引起的经济合同义务变更或免除问题。若再将我国《经济合同法》第 34 条之规定，与其第 27 条第 1 款和第 2 款之规定联系起来看，就能进一步认识到，我国《经济合同法》，是将经济合同违约责任的免除问题，与经济合同的变更或解除、即经济合同义务的变更或解除问题结合起来加以规定的。此种做法既符合违约责任免除制度发展之历史，也符合二者之间既统一、又有区别之相互关系，因而是合理的、正确的、有益的。正如前文所引述《汉谟拉比法典》第 48 条和《德国民法典》第 275 条，都是从免除债务人的义务入手来规定其免责制度的。之所以能够如此，归根结底是因为合同的义务及其违约责任之间是主债与从债之关系，主债的变更或解除必然导致从债随之进行相应的变更或免除。当事人之经济合同义务及其违约责任之间，无疑也存在着此种主、从关系，因而也会遵循此项规律运行。但同时还必须注意，因当事人主观过错以外之事由的具体情况及其阻却当事人履行合同义务之具体后果各不相同，所以经济合同义务的变更或解除与经济合同违约责任的免除之间，并不是等同的、重合的，而是有区别的。前者属于经济合同的变更或解除之范畴，而后者则属于经济合同的违约责任免除之范畴；其性质分类和实施程序都是不同的，而且其所指称的具体对象也可能是不一样的。例如，在一份约定分批交货的购销合同中，供货方初因自己的过错而未按期交付第一批货物，后因"不可抗力"之发生而造成供货义务已完全不能履行。该合同依法被解除，因而从此免除了供货方的全部供货义务；但供货方在"不可抗力"发生之前因自己的过错而逾期交付第一批货物的违约责任，则不应予以免除。在此案例中，义务之解除是针对"不可抗力"发生之时仍然存在的供货方的全部供货义务而言的，而因逾期所负违约责任不应予以免除，则是针对"不可抗力"发生之前已遭供货方违反的第一批供货义务而言的，二者所指对象并不相同。注意分清这种差别，对于实际工作无疑是必要的和重要的。当然，若仅就"不可抗力"发生后之同一供货义务而言，二者之间的因果关系则不言自明，即其合同义务之解除，同时也就自然免除了其不履行该合同义务之违约责任。正因为如此，我国《经济合同法》第27条和第34条，将经济合同的变更或解除与经济合同违约责任的免除问题结合起来并集中予以规定和编排，是很恰当的。

第三，鉴于上述分析和认识，综观我国《经济合同法》中直接涉及违约责任免除问题的三处规定，笔者认为，可能成为我国经济合同违约责任免除条件的有如下五种法律事实：（1）"不可抗力"（见其第27条第1款第4项、第34条和第41条第1款第5项第①目）；（2）"一方当事人虽无过失但无法防止的外因，致使经济合同无法履行"（见其第27条第1款第4项）；（3）"货物本身的自然性质"（见其第41条第1款第5项第②目）；（4）"货物的合理损耗"（见其第41条第1款第5项第③目）；（5）"订立经济合同所依据的国家计划被修改或取消"（见其第27条第1款第2项）。我国《经济合同法》在其第一章"总则"中的第6条规定道："经济合同依法成立，即具有法律拘束力，当事人必须全面履行合同规定的义务，任何一方不得擅自变更或解除合同。"据此项指导性一般规则可以推知，其第27条第1款第1项之规定，应该属于程序性规定；换言之，双方之所以协议变更或解除合同，必然另有实质性的、非因任何一方之过错而发生的重大事由，但该规定中又未指明其具体事项，故笔者认为暂不将其列入免责条件中较为合适。至于其第27条第1款第5项所指"由于一方违约，使经济合同履行成为不必要""当事人一方由于关闭、停产、转产而确实无法履行经济合同"（见其第27条第1款第3项）以及第41条第1款第5项第④目所指"托运方或收货方本身的过错"这两种情况，因笔者认为按照第32条第1款之前半句之规定追究过错一方的违约责任已能完全解决其问题，故已不必于此再予讨论。至于前一种情况下合同终止问题，笔者将在下一部分探讨"继续履行"这种责任问题时予以简要说明。关于第27条第1款第3项所规定的"当事人一方由于关闭、停产、转产而确实无法履行经济合同"，因此类情况成因不同而复杂、其法律后果也差异甚大，故此处难以分别予以分析研究，待以后有机会时再予探讨。现就上述六种情况之成为我国经济合同违约责任的免除条件问题分别简述如下：

一是，关于"不可抗力"。我国《经济合同法》中直接涉及违约责任免除问题的三处规定中都明确提出了"不可抗力"。可见，它成为我国经济合同违约责任的免责条件，已属"确定无疑"。但必须指出，"不可抗力"之成为免责条件也不是无条件的、绝对的，而是有条件的、相对的。在阐明其必须具备的具体条件之前，有必要先明确这一概念的含义。"不可抗力"这一概念，究竟是于何时最先进入何国的合同责任立法之中的，尚待查证；但已有两点比较明确：一是罗马法中仅有"意外事变"（或"意外事件"或"偶然事件"）这一概念，而无"不可抗力"之用语；二是1804年《法国民法典》第1148条已经明确使用"不可抗力"这一概念，且将其与"事变"并列规定为损害赔偿之违约责任的免除条件。至于究竟什么是"不可抗力"？历来都有不同的回答和解释，并大致可以分为"主观说"和"客观说"两个学派。前者将其视为当事人尽了最大的注意却仍然未能预见和防止的事件；而后者则认为它是发生在当事人业务活动范围以外的偶然事件[1]。虽然在文字表述上有种种差

---

〔1〕 详见［苏］阿卡尔科夫：《关于契约责任的几个问题》，中国人民大学民法教研室译，中国人民大学出版社1951年版，第11页；北京政法学院民法教研室：《资产阶级民商法讲义》（内部资料），1982年，第97页。

异，但"不可抗力"之含义一般还是比较明确的，且在实质上并无多大的差别。如是，可能成为我国经济合同违约责任免除条件之"不可抗力"，一般应是指在经济合同法律效力存续期间发生的、直接造成经济合同不能履行或不能完全履行的、当事人虽无过错却无法预料、无法防止、无法抵抗之外界强制力。它既可能是水灾、旱灾、风灾、雪灾、虫灾、地震灾害等自然灾害，如我国 1976 年的唐山大地震和 1981 年的四川洪水；也可能是战争、封锁、禁运等社会政治强制力。由此可见，无论是自然灾害还是社会政治强制力，可能成为我国经济合同违约责任免除条件之"不可抗力"，必须具备如下三项基本条件：（1）它必须是"当事人虽无过错却无法预料、无法防止、无法抵抗之外界强制力"；（2）它必须是"在经济合同法律效力存续期间发生的"；（3）必须是它"直接造成经济合同不能履行或不能完全履行"，即二者之间存在着直接的因果联系。必须再次强调指出的是，这"三项基本条件"缺一不可。又据我国《经济合同法》中第 34 条之规定，此种"不可抗力"要真正成为我国经济合同违约责任之免除条件，尚需具备如下几项具体条件：（1）当事人一方"应及时向对方通报不能履行或者需要延期履行、部分履行经济合同的理由"，即"应及时"将"不可抗力"的具体情况及其阻却自己履行合同义务的实际情况"向对方通报"。关于此处之"及时"，建议今后的立法明确其具体期限，或明确规定计算该期限的具体规则。该项具体条件可简称为"当事人应及时履行通报义务"；（2）当事人一方应"取得有关主管机关证明"，即"取得有关主管机关"出具的关于"不可抗力"的具体情况及其阻却当事人一方履行合同义务实际情况的"证明"文件。此处之"有关主管机关""证明"，以及当事人一方"取得"并送达"证明"文件的期限，在今后的立法中均应予以具体化、明确化。该项具体条件可简称为"当事人应按时履行取证义务"。只有在上述两项具体条件都成就之后，即当事人一方按时履行其通报和取证这两项义务之后，"不可抗力"才能真正成为我国经济合同违约责任的免除条件；否则，由此给对方造成的损失，过错方仍应予以赔偿，在今后的立法中也应对此予以明确。总之，正确而全面地理解和适用"不可抗力"这一法律概念，对于解决我国经济合同违约责任免除问题的理论研究和实际工作，都具有重要的意义。

二是，关于"一方当事人虽无过失但无法防止的外因，致使经济合同无法履行"。由于我国《经济合同法》是将此处的"一方当事人虽无过失但无法防止的外因"与"不可抗力"同时予以并列规定且始终未作任何区分，故笔者认为，该法关于"不可抗力"之全部规定，均应对其有效。

三是，关于"货物本身的自然性质"。它之所以能够成为承运方赔偿责任的免除条件，完全是因为托运方之损失是由"货物本身的自然性质"引起的，承运方对此并无任何过错。这应该很容易理解。此处的难点在于，我国《经济合同法》第41条中的此项规定的法律效力是否仅限于货物运输合同。笔者认为，应从实际出发进行两方面考查：首先，"货物本身的自然性质"引起物资损失的客观实际情况，并非仅限于货物运输过程中，而是具有相当的普遍性。因此，将其类推扩展适用其他类似经济合同（如仓储保管、建筑安装、加工承揽、租赁等合同）中，于情于理于法都是恰当的。其次，根据我国《经济合同法》第41条的明确规定，在由"货物本身的自然性质"引起货物损失的情况下，"承运方不承担违约责任"的根本原因是其完全没有任何过错。显然，这只是我国《经济合同法》所奉行的"过错责任原则"及其"无过错不负责任"之免责一般规定在此处的具体化和明确化，而不是任何形式的特殊规定或例外规定。既然如此，类推扩展适用则更无不妥。

四是，关于"货物的合理损耗"。笔者认为，此处之"货物的合理损耗"，是指其"损耗"在国家有关主管机关颁发的货损标准范围之内，即不是由承运方的行为造成的，承运方对此种"损耗"没有过错，因而理应免除其赔偿责任。其法理分析，因与上述"货物本身的自然性质"相类似，故不再赘述。

五是，关于"订立经济合同所依据的国家计划被修改或取消"。此处之关键在于，如何正确理解其中的"国家计划"？众所周知，我国现行《宪法》第15条第1款规定，"国家在社会主义公有制基础上实行计划经济"，因此我国《经济合同法》第1条明确规定：经济合同应"保证国家计划的执行"。同时，我国国民经济要"正确贯彻计划经济为主、市场调节为辅的原则"，"正确划分指令性计划、指导性计划和市场调节各自的范围和界限"〔1〕。由此可见，不同国家计划与各种经济合同之间的具体关系是多种多样的。正因为如此，我国《经济合同法》第11条规定："属于国家指令性计划产品和项目的经济往来，必须按国家下达的指标签订经济合同；如果在签订时不能达成一致意见，由双方上级计划主管机关处理。属于国家指导性计划产品和项目的经济往来，参照国家下达的指标，结合本单位的实际情况签订经济合同。"如果我们将第11条的此项规定与前引第27条第1款第2项的规定结合起来予以分析便必然会发现，"订立经济合同所依据的国家计划被修改或取消"中的"国家计

---

〔1〕 详见胡耀邦：《全面开创社会主义现代化建设的新局面——在中国共产党第十二次全国代表大会上的报告》，人民出版社1982年版，第20页。

划"，应该仅指"指令性计划"，而不包括"指导性计划"。因为，对"签订经济合同"仅起"参照"作用的"指导性计划"，不可能成为"订立经济合同所依据的国家计划"。如是，"订立经济合同所依据的国家计划被修改或取消"之所以被《经济合同法》第27条规定为"允许变更或解除经济合同"情况之一的根本原因就很清楚了。因为这二者之间是一种直接因果关系和源流关系；若没有前者，则必然没有后者；若前者被"修改或取消"，则后者也必然会被"变更或解除"。否则，岂不有了"无因之果""无源之流""无本之木"吗？这自然只能是"天方夜谭"！在"订立经济合同所依据的国家计划被修改或取消"的情况下，若有经济合同当事人一方或双方拒不同意"变更或解除经济合同"，这既要承担违反"国家指令性计划"的法律责任，又要承担导致合同无效的法律责任，后果甚是严重！可见，在"订立经济合同所依据的国家计划被修改或取消"的情况下，"变更或解除经济合同"不仅是"允许"的，而且是必要的或必须的。此处须提醒的是，笔者的上述分析仍属学术探讨，对因"指令性计划"调整所引起的合同效力问题，国家一般都颁布有专门性法规予以调整。例如，国家的计委、经委、建委、财政部、一机部和人民银行1979年5月22日《关于国家计划调整后机电产品订货合同处理办法的通知》就属此类专门性法规。若此类合同已据此作了相应的"变更或解除"，则当事人自然无需再履行原合同之义务，自然也无需承担未履行原合同义务之违约责任，当然若当事人在"订立经济合同所依据的国家计划被修改或取消"之前已经发生过错违约行为，其违约责任也自然不在免除范围之内。由此可见，"订立经济合同所依据的国家计划被修改或取消"，之所以能够成为免除当事人违约责任的条件，归根到底仍然是因为该当事人对该合同义务的不履行或不完全履行之后果没有自己的主观过错。需要进一步指出的是，"订立经济合同所依据的国家计划被修改或取消"并不能自然导致"变更或解除经济合同"。只有在当事人双方据此并依照《经济合同法》第 29 条所规定的程序达成"变更或解除经济合同"的协议之后，原经济合同才真正被"变更或解除"。换言之，也只有在这种情况下，即从"变更或解除经济合同"的协议生效之时起，"订立经济合同所依据的国家计划被修改或取消"才能真正成为免除该经济合同当事人违约责任的条件。

综上所述，依据我国《经济合同法》的现行规定，可能成为我国经济合同法违约责任免除条件的共有"不可抗力""一方当事人虽无过失但无法防止的外因，致使经济合同无法履行""货物本身的自然性质""货物的合理损耗""订立经济合同所依据的国家计划被修改或取消"等五种情况。这五种情况要真正成为我国经济合同法违约责任的免除条件，尚需具备如下几个特征和具体条件：（1）必须是在该经济合同法律效力存续期间发生的；（2）其发生是不以当事人的主观意志为转移的，当事人对其发生及后果没有任何过错；（3）其发生直接造成当事人不能履行或不能完全履行自己的合同义务，即二者之间存在着直接因果关系；（4）当事人及时履行了将其发生直接造成当事人不能履行或不能完全履行自己合同义务的具体情况向对方通报的义务；（5）当事人及时履行了向有关主管机关取证的义务。这就使我国经济合同违约责任的免除条件，充分体现"无过错不负责任，但须依法及时履行通报和取证义务"之一般性免责规则，完全符合"过错责任原则"的内在要求。

正确解决我国经济合同违约责任免除中的理论问题，对于处理经济合同纠纷的实际工作，无疑具有重要的指导作用。但同时还必须注意，现实情况往往是复杂多变的。为了及时而顺利地解决实际问题，当事人双方在协商合同条款时，最好也能根据具体情况将免责问题约定其中。

五、经济合同法违约责任的种类之简析

前已指出，经济合同的违约责任，总是具体的、总是表现为某种特定的经济制裁措施；各种具体的违约责任，无不具有自己产生的具体条件，即只有当其各种法定具体条件均已成就之时，该违约责任才会产生；当事人双方无权利用协议变更违约责任产生的法定条件或调整法定违约责任的内容和数量，但可依法将其法定条件或法定内容和数量具体化，并可依法就尚无法定违约责任的过错违约行为约定具体的违约责任。由此可见，所谓经济合同违约责任的种类，应是指由经济合同法规规定的并可由经济合同予以补充约定的，有自己产生的具体条件，且能独立适用于经济合同的当事人一方或双方之一定的经济制裁措施。以此为标准，可以将我国《经济合同法》所规定的违约责任归纳划分为如下七种：①支付违约金；②支付赔偿金；③继续履行；④单方有权解除合同；⑤信贷制裁；⑥定金制裁；⑦价格制裁。其中的前5种直接见于《经济合同法》第四章"违反经济合同的责任"条文之中，而后2种则是从《经济合同法》第二章"经济合同的订立和履行"条文之中择出的；前3种适用的范围最为广泛，而后4种的适用范围则相对比较狭窄。现依顺序将这7种违约责任简要剖析如下：

（一）支付违约金

关于违约金的起源问题尚待进一步研究。但据笔者已阅史料得知，罗马法中已有此类规定当属无疑。据北京政法学院民法教研室

编著的《罗马法基础》第 115 页介绍，罗马法称违约金为"处罚的契约"，即后世学者所称的"违约金契约"。罗马法中对违约金的规定并不详细，也未将其视为债的担保的主要形式。罗马法中的违约金具有选择性，即债权人有权选择：或请求履行主债，或请求给付预定违约金。《法国民法典》在其"债的种类"之节中专用一目"附违约金条款之债"共 8 条（第 1226~1233 条）之篇幅，对有关违约金的问题作了相当全面的规定。该《法典》将违约金条款视为担保债的履行之从债，"主债务无效时，违约金条款亦无效"，而"违约金条款无效时，主债务不因而无效"；"违约金为债权人因主债务不履行所受损害的赔偿"，即将违约金视为双方预先约定之损害赔偿额；除迟延违约金外，一般不承认惩罚性违约金，"债权人不得同时为给付主债务与违约金的请求"，且"主债务已经一部分履行者，审判员得酌情减少违约金"。正因为如此，法国违约金之请求，无须债权人证明自己所受损害及其数量，而只要证明债务人违约即可[1]。《德国民法典》将违约金与定金并为一节，以 7 条（第 339~345 条）之篇幅规定了违约金的问题。它与法国的主要区别在于，不仅承认预订赔偿性违约金，而且也承认惩罚性违约金："债务人在以不适当方法特别是不在一定期限内履行债务而定有违约金者，债权人得在请求履行外并请求违约金"，"债权人因不履行而有损害赔偿请求时，亦得请求违约金作为损害赔偿最低额；于此情形，并不妨害其主张其他的损害"，虽然"约定的违约金过巨者，法院得依债务人的申请以判决减至相当数额"，但"相当与否的考虑不仅应斟酌债权人财产上的利益，即其一切正当的利益均应在斟酌之内"，且

---

〔1〕 详见沈达明、冯大同、赵宏勋编：《国际商法》，对外贸易教育出版社 1982 年版，第 134 页。

"违约金已支付后不得请求减少"。英美法中虽有惩罚性和预订赔偿性违约金之区分，但法院仅承认后者而拒绝前者，且约定违约金之性质并不以合同条文如何表述为转移，而由法官根据具体案情加以认定[1]。

关于东欧经互会社会主义各国现行经济合同法中的违约金制度，苏联学者 A. A. 法因斯坦进行了相当详细的比较研究。据其提供的资料可知，尽管各国对违约金的称谓有所不同，在立法中的编排和具体表述也有若干差别，但总的来说，他们均将支付违约金视为经济合同违约责任中的一种重要形式而加以广泛适用；除德意志民主共和国和保加利亚外，其他国家都同时承认惩罚性和预定赔偿性这两种违约金；虽然这些国家的学者们所依据标准的具体内容有所不同，但普遍又将违约金区分为法定和约定两大类，而德意志民主共和国的学者则又将介于两者之间的违约金称为法律和合同共同决定的违约金；另就违约金与赔偿金之间的关系而言，尚有抵消性、选择性、排他性及纯粹惩罚性等四种违约金之分；各国均已赋予仲裁机关以减少违约金数额的权力。由此可见，支付违约金这种形式的违约责任，在上述社会主义各国现行经济合同违约责任的立法及其法学研究之中，都很受重视，并在其中占据着重要地位、发挥着重要作用[2]。

1964 年的《苏俄民法典》用了 5 条的篇幅（第 187～191 条），对违约金的概念、法律性质、请求条件、表现形式、与赔偿金的关

[1] 详见沈达明、冯大同、赵宏勋编：《国际商法》，对外贸易教育出版社 1982 年版，第 135～136 页。

[2] 详见苏联学者 A. A. 法因斯坦著《社会主义组织之间的合同责任》第一章第四节《社会主义组织之间合同关系中的违约金》，黄欣所译中文版载北京政法学院《国外法学资料》1982 年第 2 期，第 19～26 页及下转至第 18 页。

系、违约金的减少及支付违约金的法律后果等基本问题作了明确规定，从而宣示了其违约金制度的各项基本规则。此处需要注意的是，虽然苏联民法将违约金规定为履行债的一种担保；但从实质上看，应是一种违约责任，而不是担保；因为法律或合同中规定违约金的条款本身，并没有直接为担保债的履行另外设立任何物权，任何一方当事人均无须将规定的违约金事前如数交给对方，违约金的请求权也只有在过错违约行为发生后、即其违约责任产生后才得以产生和行使，"如果债务人对于不履行或不适当履行债没有责任"（第222条），则"债权人无权请求给付违约金（罚款、逾期罚款）"（第187条第3款），且法院、仲裁机关或公断法庭在"应当支付的违约金（罚款、逾期罚款）与债权人的损失相比显得过多"时，"有权减少违约金"。若进一步注意到《苏俄民法典》所依据的《苏联和各加盟共和国民事立法纲要》，始终用罚款和逾期罚款这两个纯属违反债的责任之概念去注释违约金这一概念，则我们就更有把握地断定，苏联法中的违约金确属违约责任之一种，而不能将其纳入担保范畴。正因为如此，后来的苏联单行经济合同法规均将有关违约金的条款置于规定违约责任的章节之中。例如，1981年苏联部长会议颁发的两个《供应条例》，均将违约金作为一种违约责任而分别规定在其第八章"财产责任"之中。这两个《供应条例》中关于违约金的大量规定，以及其中还增加了许多关于违约金的新规定、提高故意违约者违约金数额的规定等，所有这些都表明，支付违约金这种形式的违约责任、在苏联经济合同违约责任中的地位仍呈不断提高之势，其目的在于加强支付违约金在刺激实际履行经济合同义务中的作用。

我国《经济合同法》在吸取国内外有益经验的基础上，将以前单行经济合同法规所使用的违约金性质的"罚款""罚金"等术语，统一归纳使用违约金这一概念，在专门规定违约责任基本类型的第35条中首先规定道："当事人一方违反经济合同时，应向对方支付违约金"；而后在十种经济合同违约责任的有关规定中对此又作了大量的具体规定。笔者经过对我国《经济合同法》关于违约责任的条款认真分析研究后发现，支付违约金已经成为我国经济合同违约责任体系中最为普遍、最为重要的一种。笔者还认为，在研究支付违约金这种形式的违约责任时，至少应明确以下三点：

1. 违约金请求权的产生条件。据我国《经济合同法》第35条之一般规定即可发现，支付违约金这种违约责任的产生条件，即违约金请求权的产生条件，就是本文前面第三部分所论述的我国经济合同违约责任产生的两个"共同条件"；换言之，只要能证明当事人确有不履行或不完全履行经济合同义务之违约行为，且其对此又确有故意或过失之主观过错，即可向其请求支付违约金；而无须证明自己是否确已遭受实际之损失，更不必证明自己的损失与对方的违约行为之间是否具有因果关系。

2. 违约金的性质和作用。既然我国违约金请求权的产生仅需上述两个"共同条件"之成就，而不以造成损失为要件，则我国违约金具有惩罚性当属无疑；若再注意到我国违约金的支付不阻却受害方还能再提出"继续履行"之请求，即"对方要求继续履行合同，应继续履行"，则可进一步断定，我国《经济合同法》第35条所规定的违约金的确属于惩罚性违约金。当然，若注意到我国《经济合同法》第35条中关于"如果由于违约已给对方造成的损失超过违约金的，还应进行赔偿，补偿违约金不足的部分"之规定，亦会发现令人费解的情况：同一种违约金，当违约尚未造成损失时，它具有纯粹惩罚性；当违约造成的损失少于该违约金数额时，它兼具补偿性和惩罚性之双重性质；而当违约造成的损失等于或大于该违约金数额时，则它却完全丧失了惩罚性，即仅具补偿性。换言之，同样一种违约金，却随着过错违约行为危害性由轻变重反而不断降低直至最后完全丧失其惩罚之性质及功能。笔者为此建议，今后进一步完善经济合同立法时将违约金与赔偿金分隔开来，即不再使用补偿性违约金，而使违约金仅具惩罚之性质及功能。同时，在规定违约金之数额或浮动幅度时进一步体现"过错责任原则"，加大对故意违约，尤其是特别严重或累次故意违约者的惩罚力度，以更好地发挥支付违约金这种违约责任的重要作用。

3. 支付违约金的法律后果。从我国《经济合同法》第 35 条的规定看，支付违约金的法律后果有两种：首先，如果过错方之违约仅为逾期，且未造成损失，也未发生其他意外情况（如逾期期间出现合同标的物之价格大幅波动），支付违约金后即可直接导致该合同终止之法律后果；其次，如果过错方之违约所招致的违约责任，除支付违约金之外还有支付赔偿金、继续履行等，在这样的情况下，支付违约金之法律后果自然不能直接导致该合同法律效力的终止，因为过错方还必须继续依法承担其他违约责任。

（二）关于支付赔偿金

众所周知，在国外，无论是资本主义国家还是社会主义国家或其他公有制国家，以及在国际之间，赔偿损失至今仍是一种适用普遍且作用重要的违约责任。《法国民法典》在其"不履行债务而发生的损害赔偿"之专目中，用了整整 10 条（第 1146～1155 条）之篇幅，对违约责任中损害赔偿制度的基本规则作了集中而明确的规定，宣布"对债权人的损害赔偿，除下述例外和限制外，一般应包括债权人所受现实的损害和所失可获得的利益"（第 1149 条），对后世的立法产生了深远的影响。同时，该法典又规定："如契约载明债务人不履行债务，应支付一定数额的损害赔偿时，他方当事人不应取得较大于规定数额或较小于规定数额的赔偿。"由此可见，《法国民法典》又承认了预定赔偿额之完全的法律效力。《德国民法典》在指明"应赔偿的损失包括所失利益"之后，进而对"所失利益"作了明确定义："依事物的通常过程，或依已进行的设备、准备或其他特别情形，可得预期的利益视为所失利益"（第252条）。因德国法将"实际履行"视为"对不履行合同的一种主要的救济方法"[1]，故其损害赔偿以恢复原状为原则、以金钱赔偿为例外和补充（第249～251条）。英美法与德国法相反，主张"金钱上的恢复原状"，即以金钱赔偿为原则。英美法与大陆法另有不同的是，它们既不强调以过错为要件，也不强调实际损失之存在；当违约未造成实际损失时，债权人可以请求名义上的损害赔偿，即要求在法律上承认其合法权利受到了侵犯[2]。

1980年《联合国国际货物销售合同公约》以1节4条（第74～77条）之篇幅，规定了"损害赔偿"的基本规则。其中第74条规定："一方当事人应付的损害赔偿额，应与另一方当事人因违反合同而遭受的包括利润在内的损失额相等。这种损害赔偿不得超过违反合同一方在订立合同时，按照他当时已经知道或理应知道的事实和情况，对违反合同预料到或理应预料到的可能损失。"同时，"声称另一方违反合同的一方，必须按情况采取合理措施，减轻由于另一方违反

---

〔1〕 详见沈达明、冯大同、赵宏勋编：《国际商法》，对外贸易教育出版社1982年版，第118页。

〔2〕 详见沈达明、冯大同、赵宏勋编：《国际商法》，对外贸易教育出版社1982年版，第125页。

合同而引起的损失，包括利润方面的损失。如果他不采取这种措施，违反合同的一方可以要求从损害赔偿中扣除原可以减轻的损失数额"（第 77 条）。可见，该公约主张对损失的赔偿，既应充分（与对方"遭受的包括利润在内的损失额相等"），又应适当（是预料到或理应预料到的可能损失、并应从中"扣除原可以减轻的损失数额"）。

东欧经互会社会主义各国基于生产资料公有制及其实行计划经济之共性，其经济合同违约责任中损害赔偿制度之基本规则比较一致：损害赔偿请求权之产生均以损失之存在为要件；尽管所用术语及其内涵有所区别，但均将"所受现实损害"和"所失可得利益"这两部分损失纳入"应予赔偿的损失"之内[1]；在确定"所失可得利益"的标准问题上，虽然罗马尼亚和捷克斯洛伐克两国的立法曾主张以"计划利益"为其最高限额，但随着经济改革的深入发展和经济核算制的普遍推行，现在东欧六国几乎都主张对实际损失的"实际损失的可得利益"都应予以赔偿，既不以"计划利益"为其最高限额，也不以"可预见之利益"为其最高限额；但对货物运输、供电、邮电、基本建设等风险很大的企业，迄今一般仍然实行有限责任制度，即一般都只赔偿"所受现实损害"，而不赔偿"所失可得利益"，虽然有些学者对此提出了批评并建议改变；因损失额之确定有时十分困难，故匈牙利、德意志民主共和国和捷克斯洛伐克等国的立法都已赋予仲裁机关根据具体情况对"应予赔偿的损失"额做估计裁决之权力；在损害赔偿的方法上，除《匈牙利民法典》第

─────────

〔1〕 参见罗马尼亚 1979 年《经济合同法》第 44 条、《波兰民法典》第 361 条、《德意志民主共和国合同法》第 106 条、1972 年《保加利亚社会主义组织之间的合同条例》第 9 条、《匈牙利民法典》第 318、358 条，等等。

356、357 条和《捷克斯洛伐克经济法典》第 147 条是以恢复原状为原则之外，其他均以货币赔偿为原则，但保加利亚尚允许以供应市场短缺之物品代替赔偿损失〔1〕。《苏联和各加盟共和国民事立法纲要》第 36 条用两款规定："债务人不履行债或不适当履行债时，应当赔偿债权人由此受到的损失。所谓损失是指：债权人付出的费用；他的财产的灭失或损毁；以及他在债务人履行了债的情况下能够取得而现在未能取得的收入。""支付逾期违约金或其他不适当履行债的违约金（罚款、逾期罚款）和赔偿因不适当履行债而造成的损失，并不能免除债务人实际履行债的义务（社会主义组织之间的债所根据的计划任务已经失效的情况除外）。"若结合其第 37 条关于"过错是违反债的责任的条件"之规定即可得知：苏联违约责任制度中的赔偿损失，是以违约方具有过错且其违约确已造成损失为要件的；其应赔偿之损失，包括上引其第 36 条第 1 款所规定的三个部分；赔偿损失与支付违约金（罚款、逾期罚款）同样，"并不能免除债务人实际履行债的义务（社会主义组织之间的债所根据的计划任务已经失效的情况除外）"。由此可见，赔偿损失这种形式的违约责任，除行使补偿职能之外，有时还具有惩罚性。因为这些规则同样适用于其经济合同之债，所以它们同时也是苏联经济合同违约责任制度中现行赔偿损失之基本规则。

我国《经济合同法》第 35 条，在规定"支付违约金"这种违约责任之后，紧接着规定道："如果由于违约已给对方造成的损失超过违约金的，还应进行赔偿，补偿违约金不足的部分"；而后在规定十种经济合同的违约责任时，又对此作了大量具体规定。由此可见，

---

〔1〕 详见［苏］A. A. 法因斯坦：《社会主义组织之间的合同责任》，黄欣译，法律出版社 1984 年版，第一章第五节。

"支付赔偿金"也是我国经济合同违约责任体系中一种适用普遍、作用重要的经济制裁措施。为了正确认识和适用这种重要的经济制裁措施，至少应当明确以下几点：

1. 赔偿金请求权的产生条件。依据我国《经济合同法》第 35 条之规定可知，赔偿金与违约金不同；其请求权的产生，不仅必须具备经济合同违约责任产生的两个共同条件，也不仅要有损失之存在，而且还必须具备"违约已给对方造成的损失超过违约金"这个条件。这就是说，在过错违约方尚未造成损失之时，以及虽已造成损失但其损失之数额尚未"超过违约金"之时，均不得请求支付赔偿金。

2. 赔偿金的性质和作用。众所周知，违约金都是事前法定或约定；而赔偿金则不同。虽然《法国民法典》第 1152 条允许事前约定赔偿额，而我国《经济合同法》对此未作明确规定；但鉴于我国《经济合同法》已规定了普遍性的违约金制度，故不应再允许事前约定赔偿额。同时，依据我国《经济合同法》第 35 条之规定可知，支付赔偿金并不能直接导致其合同效力的终止，"对方要求继续履行合同的，应继续履行"。由此可见，支付赔偿金这种形式的违约责任，不仅可以发挥补偿作用，还可以与其他种类的违约责任结合起来发挥惩罚性的制裁作用。

3. 我国经济合同违约责任体系中之损失的具体含义。我国《经济合同法》并未对此作明确规定。笔者认为，不能用其第 41 条第 1 款第 3 项中的"实际损失"一词来定义其第 35 条中的"损失"之含义。因为其第 41 条第 1 款第 3 项中的"实际损失"一词，是专门针对从事风险较高的承运方而规定的限定性责任，不宜推广应用于其他类经济合同。在如何正确理解其第 35 条中的"损失"之含义时，首先必须认识到，作为我国经济合同违约责任体系中之损失，它不仅是一个经济学中的概念，更是一个法律和法学中的概念；因而它不是泛指一切经济损失，而是专指那些由过错违约方给另一方造成的并依法应由其予以赔偿的财产减少额。关于此类财产减少额、即"损失"的具体含义，国外立法在用语和具体细节上虽有诸多不同，但一般还是普遍承认《法国民法典》第1149条所包括的"所受现实的损害和所失可获得的利益"两部分内容。为了避免因法律用语不明确或不准确而引起的困扰，笔者建议，我国今后修订和完善经济合同法规时，代之以"现实价值减少额"和"可得净资产减少额"这两个概念。"现实价值减少额"包括：①原有财产物的短少、毁损、灭失等引起的价值减少额；②原有资金的减少额，即多余支付的费用，如保管费、运杂费、修理费、诉讼费、罚款等。"可得净资产减少额"则是指，如果对方当事人按时全面履行合同义务本方即可据此而获得，但现在却因对方之过错违约行为致使本方已经不能获得的那部分净资产。此处之所以未用"利润"而用"净资产"一词，是因为笔者考虑到在经济改革深入开展、经济核算普遍推行之后，受害方因对方之过错违约行为而被迫停工期间，其职工工资、应上交的税金和利润，应由过错违约方承担，而不应由受害方和国家承担。由此可见，我国经济合同违约责任体系中之损失，应是指经济合同当事人一方因对方的过错违约行为而遭受的、依照法律和合同应该获得赔偿的那些价值减少额；除法律和合同另有规定外，它一般应由上述"现实价值减少额"和"可得净资产减少额"这两部分构成。鉴于此种损失之计算有时确实十分困难，所以笔者建议，我国今后修订和完善经济合同法规时可以考虑，借鉴匈牙利、德意志民主共和国和捷克斯洛伐克等国的有益做法，也赋予经济合同管理机关、仲裁机构和人民法院以在必要时依法根据具体案情对"应予赔偿的损失"数额作出估计裁决之权力，借以及时而妥善地处理经济合同纠纷案件中的这一疑难问题，促使受害方被侵害的合法权益和正常的经济活动得以尽快恢复。

（三）关于继续履行

在古代的合同法中，若债务人在履行期限内（及催告特许期限内）不履行或不完全履行自己的合同之债，债权人的主要救济办法就是向法院提起请求实际履行之诉，请求法院强制债务人实际履行自己的合同债务，以实现自己的债权利益。罗马法中虽无强制债务人实际履行之用语，但确有此项内容之规定，即当债务人不履行或不完全履行自己的债务时，债权人"原则上仍以请求对方履行原来所负义务为限"[1]。《法国民法典》虽不像罗马法那样将向法院提起请求实际履行之诉视为债权人的主要救济办法，但也明确规定："双务契约的当事人的一方不履行其所订定的债务时"，"债权人有选择之权：或者如给付可能时，请求他方当事人履行契约，或者解除契约而请求赔偿损害"（第1184条）；虽然作为及不作为之债不如给付之债那样容易请求强制实际履行，"但债权人有权要求债务人废除违约而进行工作"（第1143条）。仅就本问题而言，《德国民法典》较之《法国民法典》更像罗马私法的继承者。它在其"债务关系法"中首先宣布："债权人根据债务关系，有向债务人请求给付的权利"（第241条），即有请求实际履行之权利，故其请求损害赔偿时也是以恢复原状为原则。此处需要提醒注意的是，由于《德国民法典》此项关于实际履行原则的规定，并不符合已进入帝国主义阶

---

〔1〕 详见北京政法学院民法教研室：《罗马法基础》（内部资料），1982年，第114页。

段的商品经济快速发展的主流要求，也已不为垄断资本攫取高额利润所必需，所以实际上其法院受理的请求实际履行之诉甚少，做强制实际履行判决也多为不动产买卖合同案件。英美法对强制实际履行的态度更是以否定为主，其法院也只是对审理有关不动产、公司债券、特别名贵的标的物和特定物的买卖及"需求合同"等纠纷案件时，才会作出强制实际履行之判决〔1〕。1980 年《联合国国际货物销售合同公约》第 3 部分第 2 章第 3 节"卖方违反合同的补救办法"和第 3 章第 2 节"买方违反合同的补救办法"，对买卖双方的实际履行责任问题作了相当具体的规定。其中，明显地将实际履行视为违约方承担违约责任的首要形式，并同时将其视为违约方的一项权利（第 47 条和第 63 条）。东欧经互会社会主义各国和苏联，基于生产资料公有制及其实行计划经济之共性，其违约责任立法中普遍更加注重维护实际履行原则。例如，捷克斯洛伐克《经济法典》第 143 条规定："如法律性命令无另外规定，支付罚款并不使债的关系终止"；《苏联和各加盟共和国民事立法纲要》第 36 条第 2 款规定："支付逾期违约金或其他不适当履行债的违约金（罚款、逾期罚款）和赔偿因不适当履行债而造成的损失，并不能免除债务人实际履行债的义务（社会主义组织之间的债所根据的计划任务已经失效的情况除外）。"上述可见，在国外，无论是资本主义国家还是社会主义国家，以及有关国家之间经贸往来的国际法规之中，尽管用语有所不同、阶级本质、目的和重要性更是各有区别，但总的来说，一般都将实际上应称为"继续履行"的这种违约责任，视为一种使用普遍、作用重要的违约责任。

---

〔1〕 详见沈达明、冯大同、赵宏勋编：《国际商法》，对外贸易教育出版社 1982 年版，第 118~123 页。

我国《经济合同法》在注意借鉴国外通行有益做法之同时，主要根据我国经济管理体制改革所遵循的"计划经济为主与市场调节为辅的原则"，对"继续履行"之作为我国经济合同的违约责任问题，作了明确、肯定、实事求是的规定。首先，其第35条规定，过错违约方支付违约金或赔偿金后，"对方要求继续履行合同的，应继续履行"；而后，在十种经济合同的违约责任中又作了一系列的具体规定。据此可知，所谓"继续履行"，是指经济合同当事人一方由于自己的过错违约行为而在支付违约金、赔偿金或承担其他违约责任之后，基于对方之要求，在对方指定或双方重新约定的期限内，继续完成自己原来应履行而未履行或未完全履行的合同义务，以使对方在订立合同时所追求的合法权益最终得到全部实现。这种"继续履行"式的违约责任，既可能是继续"交付货物、完成工作或提供劳务"，也可能是消除原来履行中的瑕疵，如更换不合质量要求或不配套的产品、清除已交付货物或已竣工建筑物中的瑕疵、将原来错运的货物无偿地运达合同规定的交货地等。此种"继续履行"不是直接基于原经济合同本身而发生的、有应享受的权益与之相对应的、正常履行合同义务的法律行为，因而它已不再属于经济合同的履行之范畴；而是在经济合同遭到违反、违约责任已经产生，且过错违约方已经支付违约金或赔偿金之后，又基于"对方要求继续履行合同的"这一要件之成就而不得不进行的、旨在彻底消除自己的违约后果的法律行为，因而它理应属于经济合同的违约责任之范畴，并且还是一种具有特殊重要作用的违约责任。因为只有此种"继续履行"才能直接而全面地促使受害方在订立合同时所追求的经济目的最终得以完全实现，从而使该合同所确立的经济法律关系得以全面终止。它不仅最充分地保护了受害方的合法权益，而且也最有利于国家计划的实现、国民经济的发展和人民生活水平的提高。同时，在理解和适用这种违约责任时还应注意，由于我国经济管理体制改革正遵循着"计划经济为主与市场调节为辅的原则"向前推进，所以我国《经济合同法》第 35 条既未作对"继续履行"的强制性规定，也未施加其他限制，仅指明了"对方要求继续履行合同的"这一必要而又合理的附加条件。这就是说，除了作为订立合同直接依据的国家指令性计划任务已被取消，以及违约方确已无法履行合同的情况之外，不管该合同与计划之间的关系如何，只要"对方要求继续履行合同的"，违约方就"应继续履行"。此外尚需提醒注意的是，我国《经济合同法》第 35 条中关于"继续履行"的规定，既再次体现并维护了经济合同的实际、全面履行原则，又赋予了受害方决定是否"要求继续履行合同"之自主权，将原则性和灵活性有机地结合在一起；既明确规定了它归属于违约责任范畴之法律性质，又与剥削阶级法中的"强制实际履行"作了合理的区割，将继承性和批判性有机地结合在一起，扬长避短，必将发挥积极而重要的作用。

（四）关于单方有权解除合同

经济合同依法成立后，若基于当事人双方均无过错之外因致使经济合同的履行已完全丧失意义或可能，因而被依法解除，这自然不会发生任何违约责任之类的问题。但现实中尚有另一类情况，即在经济合同的履行期限届满之前，当事人一方因发现对方实施了严重的故意违约或其他违法活动，深感自己的合法权益已经遭到或将要遭到严重的威胁或破坏，因而依法单方面有权解除合同。例如，依据我国《经济合同法》第 44 条第 1 款第 3 项及第 46 条第 2 款第 1 段之规定，承租方"擅自将租赁财产转租或进行非法活动，出租方有权解除合同"；"投保方如隐瞒被保险财产的真实情况，保险方有权解除合同或不负赔偿责任"。由上述可见，此种单方面解除合同之权，是基于过错方之严重的故意违约或其他违法活动而产生的，是由法律赋予受害方在此种危险情况下采取特殊防范自救措施的权利，借以及时制止对方的严重故意违约或其他违法活动，避免造成更大损害。由此可见，单方有权解除合同，不仅确属我国经济合同违约责任之范畴，而且还是其中较为严重、及时而有效的一种经济制裁措施。正因为如此，对此种经济制裁措施之适用应该从严掌握，即只有在违约方之违约行为确属"故意"或已触犯法律且已造成或将造成对受害方之合法权益的严重危害或威胁的情况下，才应产生并适用这种违约责任。但同时也应注意，它也不应仅仅限于前引两种情况。

笔者的意思是，只要确实具备了上述条件，也可以类推适用于其他经济合同之中。换言之，笔者认为，单方有权解除合同是一种必须从严掌握、但尚应推广适用的、重要的违约责任。为了正确认识并适用这种违约责任，有必要作如下简要说明：其实，单方有权解除合同作为一种违约责任，不仅历史悠久，而且至今仍被全世界广泛采用。众所周知，虽然罗马法将合同视为"法锁"，原则上不承认债权人在债务人不履行合同时有权解除合同，但作为例外，则允许卖方在买方未于一定期限内支付价金时解除该合同。这项例外规则后被《法国民法典》第 1184 条继承并推广应用于一切双务合同之中："双务契约当事人的一方不履行其所订定的债务时，应视为有解除条件的约定"，"前项情形，契约并不当然解除。债权人有选择之权：或者如给付可能时，请求他方当事人履行契约，或者解除契约而请求赔偿损害"，但"债权人的解除契约，必须向法院提起之。法院依情形对于被告得许以犹豫期间"。由此可见，当时法国立法者所持的态度很慎重，主张从严掌握。后来的《德国民法典》所持的态度要松动得多。这不仅表现在其第325条和第326条所规定的"双务契约当事人的一方负担的给付因自己的过失致发生履行不能者"，以及在"一方迟延履行其负担的给付时"、他方行使单方解除合同权之基本规则中；也不仅表现为其第二章"债务关系法"专辟一节、即其第5节"解除"、用16条（第346~361条）之多的篇幅，对各种合同的解除规则作了相当详细的规定；同时还表现在其第349条之如下规定："解除契约应向他方当事人以意思为之"，即不必诉至法院就能行使单方解除合同之权。英美法与德国法相近似，只要宣告解除合同、自己不再受其约束即可，但也仅限于在债务人"违反条件"（英国）和"重大违约"（美国）的情况下，债权人才能如此行使单方解除合同之权。由此可见，英美法也是主张从严掌握的[1]。1980年《联合国国际货物销售合同公约》不仅在其第49条和第64条中，分别对买、卖双方行使单方解除合同之权、即"宣告合同无效"的条件作了明确规定、即应属"根本违反合同"，而且又在其第三篇第五章中专设一节即第五节用4条之篇幅，对单方解除合同即"宣告合同无效"之后果作了具体规定。不过，其中所规定的适用此种单方有权解除合同之违约责任的条件，同样也是相当严格的（即"根本违反合同"等）。正因为单方有权解除合同之作为一种违约责任，同时具有如此之悠久历史和现实的普遍性和重要性，所以它在国外法学界一直受到长期持续不断的关注和重视。

---

〔1〕 详见沈达明、冯大同、赵宏勋编：《国际商法》，对外贸易教育出版社1982年版，第129~132页。

（五）关于信贷制裁

我国《经济合同法》第 45 条第 2 款规定："借款方不按合同规定使用贷款，应按有关规定加付利息；贷款方有权提前收回一部或全部贷款。"这就是本文所指的"信贷制裁"之含义。笔者之所以将其单独列为我国经济合同违约责任之一种，首先是因为它同样需基于我国经济合同违约责任产生所需两个共同条件之成就才能产生且同时兼具前述我国经济合同违约责任之六个共同特征，即其完全应该归属于经济合同违约责任之范畴；其次由于它又具有自己的独特个性：即它是专门用于预防和制止"借款方不按合同规定使用贷款"这种特定过错违约行为的，因此不可将其推广应用于其他场合；它只能由作为"借款合同"当事人一方之贷款方——人民银行、各专业银行或信用合作社等社会主义金融机构直接加以使用，即既不能由其他任何组织或自然人使用，也无需诉诸解决经济合同纠纷案件的任何专门机关。由此可见，"信贷制裁"的确是我国经济合同违约责任体系中一种特殊的经济制裁措施。

（六）关于定金制裁

熟悉合同史的人都知道，定金制度源远流长。罗马私法中已有之便是明证。但无论是在各国的立法还是在法学论述中，定金的性质和作用都不尽相同。学者张文龙认为，定金之性质和效力主要有成约定金、证约定金、违约定金、解约定金和立约定金等五种[1]。我国《经济合同法》第 14 条以两款之篇幅，对定金问题作了如下规定："当事人一方可向对方给付定金。经济合同履行后，定金应当收

---

[1] 详见北京政法学院民法教研室：《罗马法基础》（内部资料），1982 年，第 114~115 页和张文龙：《民法债权实务研究》，汉林出版社 1977 年版，第 55~56 页。

回，或者抵作价款。""给付定金的一方不履行合同的，无权请求返还定金。接受定金的一方不履行合同的，应当双倍返还定金。"显然，我国《经济合同法》中定金之性质、作用及定金制裁的适用条件，均需在进一步完善经济合同法制时予以明确。在目前对《经济合同法》第14条规定进行学理解释的著述之观点并非一致的情况下，笔者认为，眼下以采用《法学词典》的如下解释较为适宜：定金是"合同当事人的一方为了证明合同成立和担保履行而预付给他方的一定金额。除当事人另有约定者外，定金在合同履行时即作为给付的一部分。在合同不能履行时，如责任在交付定金的一方，即丧失其定金；如责任在接受定金的一方，则应加倍返还；如双方都没有责任，则接受定金的一方应返还其所接受的定金"[1]。据此笔者可以推断，我国《经济合同法》第14条第2款所规定"给付定金的一方不履行合同的"和"接受定金的一方不履行合同的"，均应仅指因各自过错所致之情况；否则，即若双方均对"不履行合同"毫无过错，则不应适用这一条款。正是基于这种认识，笔者才将我国《经济合同法》第14条第2款之规定简称为"定金制裁"，并将其单独列为我国经济合同违约责任体系中一种特殊的经济制裁措施。又由于我国《经济合同法》第14条第1款之规定并未限定定金的适用范围，因此在尚无另行法律规定的目前情况下，人们有理由推测，定金可能成为经济合同中一项普遍性的制度；如是，则上述说明就更具现实之重要意义。此外，尚需指出的是，关于"定金制裁"与"继续履行"等其他违约责任之间的关系，也有待于经济合同法制进一步完善时予以明确。

---

〔1〕 详见《法学词典》编辑委员会编：《法学词典》，上海辞书出版社1980年版，第440页。

（七）关于价格制裁

我国《经济合同法》第17条第3款第2段规定："执行国家定价的，在合同规定的交付期限内国家价格调整时，按交付时的价格计价。逾期交货的，遇价格上涨时，按原价格执行；价格下降时，按新价格执行。逾期提货或者逾期付款的，遇价格上涨时，按新价格执行；价格下降时，按原价格执行……"显然，此处所规定的购销合同逾期违约行为之结算价格执行规则，是一种"价格制裁"。因为它使购销合同的逾期违约方（供货方或购货方）丧失一定的物质利益，即使逾期违约的供货方少得一部分价金或使逾期违约的购货方多付一部分价金。笔者认为，此处所规定的"逾期交货的"和"逾期提货或者逾期付款的"，均应仅指因各自过错所致之情况；即若双方均对"逾期"毫无过错，则不应适用此项结算规则，希望今后的立法予以明确。否则，既违反"过错责任原则"，又会造成"显失公平"的不良后果。笔者还认为，此种"价格制裁"不应仅限于购销合同，而应该推广应用于"执行国家定价的"其他经济合同，使其在更大范围发挥出积极的预防和制裁作用。当然，它与其他违约责任之间的关系，也有待于经济合同法制进一步完善时予以明确。

综上所述，我国《经济合同法》已经明确规定了支付违约金、支付赔偿金、继续履行、单方有权解除合同、信贷制裁、定金制裁和价格制裁等七种形式的违约责任，初步形成了我国的经济合同违约责任体系，为充分发挥经济合同违约责任的各项重要作用、确保我国《经济合同法》立法目的的实现、提供了丰富而有力的法律责任措施。虽然其中的每一种违约责任各有自己的产生条件和适用范围等特殊性，但它们又无一不是只有在经济合同违约责任产生的两个共同条件成就之后才得以产生并付诸适用的，无一不具备经济合同违约责任的六个特征。如若再将这七种形式的违约责任连接起来予以考察即会发现，其实它们也无一不具有惩罚之性质及其功能。正因为如此，我国的经济合同违约责任，无论就其整体还是个体而言，只要适用得当，均可有效地发挥出本文第二部分所阐述的各项重要作用。可以相信，今后随着社会主义现代化建设的向前发展和经济合同法制的进一步完善，我国的经济合同违约责任措施必将更加丰富多样、彼此之间的关系也必将更加紧密恰当，从而发展成为一个更具中国特色、形式更加多样、结构更加严整、效能更加卓著的、科学的经济合同违约责任体系。

后　语

当笔者出自求索真理、订正错误、服务实践之动机，怀着加强法制、振兴中华、造福人民之目的，遵照马列一般原理之指导、立足四项基本原则之基石、着眼我国之现实、兼观世界之古今、用唯物辩证之方法、循抽象具体之逻辑，对本文"前言"所列之问题一一做出分析和回答以后，深感首先应向曾给本文提供各种帮助之一切专家、学者和其他同志致以衷心谢意。同时，略觉欣慰的是，本文之"前言"未以假话、大话、空话玷污审查、校正本文之专家及其他读者的洁净之明眸。正文所述之内容，既如实记录了笔者就此问题所进行的艰苦理论跋涉之行程，亦明确显示了笔者今后继续攀登之起点。实践无止境，真理无顶峰。"路漫漫其修远兮，吾将上下而求索！"

3 关于专利法的几个问题

按语： 此文是笔者应新设国家专利局局长亲自邀请并乘其专车去为其第一批专利审查员培训班授课讲稿的压缩版，首发于中国政法大学的《函授教学》1985 年第 4 期第 2~6 页、约 6.25 千字，虽已陈旧但仍具现实意义；此次重发仅订正了个别字、内容未作任何改动。

我国《专利法》已从今年（1985 年）4 月 1 日起开始实施。我国《专利法》的理论基础是什么？其立法目的有哪些？现在我国既施行技术奖励制度又施行专利制度，这二者之间的关系怎样？这几个问题事关《专利法》的全局，无论是理论工作者还是实际工作者都有必要弄清楚。

一

现在不少人都说，专利法的核心是专利权，而专利权的实质是一种财产权。为什么说专利权的实质是一种财产权呢？我国《专利法》为什么要赋予专利权以财产权的实质呢？

学过法学的人都知道，所谓财产权，就是对各种具有财产内容并能直接带来物质利益的权利的总称。虽然财产权这种本质的规定性比较稳定，但其外延和具体类别则是随社会经济的发展而不断变化的。到了近、现代时期，由于智力劳动逐步发展成为一类相对独立的社会劳动，并且在社会总劳动中的比重、作用和地位仍在继续迅速提高，从而促使各国的法律也随之先后突破了有体财产权的单一体制，而逐步建立和健全其有体财产权和无体财产权的双重体制。无体财产权，即知识产权，由专利权、商标权这两种工业产权以及著作权等三者共同构成。虽然，专利权作为知识产权的一种，因其客体固有的属性所决定，所以具有时间性、地域性等为知识产权所独具的一些外在特征，但就其内涵而言，它完全具备传统的有体财产权所固有的一般的质的规定性，并且同样也可以分为所有权和债权两大类。这一点，从我国《专利法》的有关规定可以看出：我国的专利权人（包括所有人和持有人）对自己的专利依法享有独占权、实施收益权（第11条）、转让收益权（第10条）、实施许可收益权（第12条）、指定许可收益权（第14条）、强制许可收益权（第57条）、请求保护权（第7章）以及前期收益权（第13条）等。可见，我国《专利法》规定的专利权，无论就其各个组成部分还是就其整体而言，都明显具有财产内容并能直接给专利权人带来物质利益，完全具备有体财产权的一般特征。1979年《中外合资经营企业法》第5条中关于合营各方可以现金、实物、工业产权等进行投资的规定，更加直接地说明我国的专利权，本质上是一种财产权。

我国《专利法》具有一系列中国社会主义特色，如适应我国新时期多种经济形式、多种经营形式的客观要求，规定了多结构、多层次的专利权体系。为什么我国《专利法》也赋予专利权以财产权的实质呢？这要从我国专利权客体自身所固有的属性中去寻找。我国专利权客体同其他国家的专利权客体一样，是发明创造这种技术方案。但是长期以来，由于我们对我国社会主义经济的性质没有正确的认识，未能从整体上认识到我国建立在公有制基础上的有计划的社会主义经济仍属商品经济的性质，未能认识到充分发展商品经济的必然性和重要性，更未能认识到我国发明创造的商品属性，不承认它的财产实质，而是实行"吃大锅饭"、搞平均主义的科技成果管理制度，这严重影响了我国科技事业和国民经济的发展速度。党的十一届三中全会以后，随着解放思想、对外开放和一系列搞活经济的方针政策的贯彻执行，在认真总结国内外正反两方面经验教训的基础上，我国人民日益深刻地认识到，虽然从现象看，专利制度的确是资本主义商品经济发展的产物，但实质上，正如商品经济并不为资本主义社会所独有一样，专利制度也不为资本主义社会所独有。专利制度赖以生存的经济基础并不是资本主义商品经济，而是一般商品经济制度。确切地说，专利制度赖以生存的真正基础就是技术商品经济制度，即当科技活动发展到一定程度，取得了相对独立的规模和地位，科技成果变成独立的商品并初步形成了技术市场的历史条件下，才可能产生具有普遍意义的专利制度。同样，只要社会经济还具有商品经济的属性，只要科技成果还具有商品的属性并需要遵循价值规律，专利制度就仍然有存在的必要。当今世界各国的专利制度虽各具特色，但其共同宗旨都在于，运用法律手段保障价值规律在科技活动领域有效地发挥作用，促进技术商品的生产、应用和交换。社会主义国家的经济制度，在本质上区别于资本主义国家的经济制度，但其科技活动都还是本国社会主义商品经济体系中的一个重要有机组成部分，受价值规律制约，完全可以并应当作为一种新型的、有广泛发展前途的特殊财产——无体财产，并充当其所有人和持有人的财产权的客体。

1985 年 1 月 10 日《国务院关于技术转让的暂行规定》第 1 条

第 1 款规定："在社会主义商品经济条件下，技术也是商品，单位、个人都可以不受地区、部门、经济形式的限制转让技术。国家决定广泛开放技术市场，繁荣技术贸易，以促进发展生产。"1985 年 3 月 13 日《中共中央关于科学技术体制改革的规定》又进一步明确规定："科学技术主要是人类智力劳动的产物，应当充分认识和评价智力劳动所创造的价值。随着科学技术的发展，技术在社会商品价值创造中所起的作用越来越大，越来越多的技术已经成为独立存在的知识形态商品，新的知识产业已经出现。技术市场是我国社会主义商品市场的重要组成部分。"因此，我们可把我国《专利法》的理论基础归纳为：在社会主义社会中，技术也是商品。这也是制定《专利法》、确认专利权、实行专利制度的认识前提和理论基础。

二

我国《专利法》第 1 条就开宗明义地规定了自己的立法目的："为了保护发明创造的专利权、鼓励发明创造，有利于发明创造的推广应用，促进科学技术的发展，适应社会主义现代化的需要。"具体地说，我国《专利法》立法的直接目的是：（1）鼓励发明创造；（2）加快发明创造的推广应用；（3）有利于引进国外先进技术；（4）保护本国利益，方便我国技术出口；（5）促进技术公开，避免重复科研，加速技术和经济发展。

我国《专利法》规定的鼓励发明创造的措施主要是：（1）适应我国在公有制基础上所形成的多种经济形式、多种经营形式并存的客观要求，明确规定了专利权由国营单位持有、集体单位所有、个人所有以及中外合资经营企业所有、共有等多种形式、多层次的专利权体系；并设专条（第 7 条）规定："对发明人或者设计人的非职务发明创造申请专利，任何单位或者个人不得压制"，借以调动各方面的发明创造积极性；（2）适应我国社会生产力的水平还不高并且发展得很不平衡的现实状况，以及我国社会对技术需求的多样性和多层次性等客观实际，明确将发明、实用新型和外观设计等三种发明创造都规定为专利权的客体，实行广泛保护，以鼓励发明创造同时前进、协调发展；（3）除期限及地域限制外，我国的专利权人（所有人和持有人）完全享有类似于有体财产所有人或经营管理人同样的权利，即对自己的发明创造依法享有独占、实施和收益的权利；（4）充分贯彻有偿原则，即无论是受让人（第 10 条），还是前期实施人（第 13 条）、许可实施人（第 12 条）、指定实施人（第 14 条）、强制许可实施人（第 57 条），都必须向专利权人或专利申请人交纳转让费或使用费；（5）不仅明确规定了各种发明人或设计人均有署名权（第 17 条），而且还专门规定了完成职务发明创造的发明人或设计人享有两次获奖权（第 16 条）；（6）制裁各种专利侵权行为，充分保护专利权人的合法权益。总之，我国《专利法》十分注意运用物质利益规律和法律手段，充分调动各方面的积极性，鼓励广大科技工作者和人民群众从事发明创造活动。

发明创造是一种无形财产，是一种技术商品。它与有体财产不同，既不能直接作为人类进行再生产的资料，也不能直接作为人类日常生活的用品。其实用价值就在于应用推广、付诸实施，促进生产力的发展和更新，促进社会生产和整个社会生活的不断前进和现代化。因此，我国《专利法》的另一个重要的立法目的，就是加速发明创造的推广应用。这主要表现在下列规定和措施上：（1）根据社会主义法中的权、义、责相一致的原则，明确将实施专利规定为专利权人的一项基本的法定义务（第51条）。这对加速专利的实施、加快专利的推广应用提供了法律依据；（2）规定了专利权人自己实施、许可实施、指定实施、强制实施等四种实施专利的办法，从而为发明创造的推广应用提供了广泛的途径；（3）规定了任何一种专利实施都依法享有一定的收益权，用物质利益来调动各方面推广应用发明创造的积极性。

国内外正反两方面的实践证明，在自力更生的基础上有选择地引进国外的先进技术，是赶超世界先进水平、实现本国科技现代化和经济现代化的一种重要方式。这对于我们建设现代化强国更为重要。因此，引进国外先进技术就成了我国《专利法》的又一个重要的立法目的。专利法、专利制度本身，就是引进国外先进技术的一个重要法律前提和推动因素。实践证明，在不实行专利制度的条件下进行引进往往会吃亏上当，或由于不能进行国际交流而买进一些早已失效和即将失效的专利技术，或由于外国担心"一家引进而大家使用"而故意抬高其技术价格，从而造成高价引进，在这方面我国是有不少沉痛教训的。因此，为了有利于引进外国先进技术，我国《专利法》规定和采取了下列重要措施：（1）结合我国的具体国情，适当吸收了一些行之有效的国际惯例和普遍做法，其中主要是《保护工业产权巴黎公约》中的两项基本原则，即国民待遇原则和优先权原则。根据我国《专利法》第18条之规定，外国人（自然人、法人）可以"依照其所属国同中国签订的协议或者共同参加的国际条约，或者依照互惠原则"，向我国申请专利，取得专利权，并享受与中国国内专利权人相同的权利。可见，我国《专利法》有条件地赋予了外国人的中国国民待遇，即实行有条件的国民待遇原则。我国《专利法》第29条规定："国外申请人就同一发明或者实用新型在外国第一次提出专利申请之日起 12 个月内，或者就同一外观设计在外国第一次提出专利申请之日起 6 个月内，又在中国提出申请的，依照其所属国同中国签订的协议或者共同参加的国际条约，或者依照相互承认的优先权原则，可以享有优先权，即以其在外国第一次提出的申请之日为申请日。"这就是优先权原则。由于我国《专利法》采用的是先申请制，所以这项原则很重要。我国分别于 1980 年 3 月和 1985 年 3 月加入了世界知识产权组织和《保护工业产权巴黎公约》。上述这些做法的目的，都是为了吸引外国人将其先进的发明创造向我国申请专利。（2）我国《专利法》第 51 条规定："专利权人负有自己在中国制造其专利产品、使用其专利方法或者许可他人在中国制造其专利产品、使用其专利方法的义务。"这是一条法定义务，必须履行。这就从法律上进一步确保真正把外国先进技术引进到中国来付诸推广应用。

专利法既是国内法，又是涉外法，在处理我国同外国的关系上，一方面要适当参照国际惯例，照顾外国人的利益，以利于引进先进技术，另一方面要注意保护本国利益，方便我国技术出口。为此，我国《专利法》第 5 条规定："对违反国家法律、社会公德或者妨害公共利益的发明创造，不授予专利权。"第 25 条规定，对科学发现、智力活动的规则和方法、疾病的诊断和治疗方法以及用原子核变换方法获得的物质，不授予专利权；对食品、饮料和调味品、药品和用化学方法获得的物质及动物和植物的品种，不授予专利权、但其产品的生产方法，可以依照本法规定授予专利权。同时，为了保证我国的发明创造首先能在我国推广应用，我国《专利法》第 20 条规定："中国单位或者个人将其在国内完成的发明创造向外国申请专利的，应当首先向专利局申请专利，并经国务院有关主管部门同意后，委托国务院指定的专利代理机构办理。"诚然，在国际技术市场上，目前我国主要还是技术输入国，而不是技术输出国。专利制度的实施，为我国将来的技术出口创造了很好的条件。随着现代化的发展，我国肯定会很快成为技术出口大国。专利法对保障和促进我国技术出口的作用会日益显著。

克服长期"吃大锅饭"搞平均主义的弊端，防治技术封锁及其低水平重复科研，避免浪费人、财、物等不良现象的发生，是我国《专利法》的又一个重要的立法目的。这不仅一般地表现在我国专利制度同样也具有"公共通报"和"国际交流"等两个特征上，还特别地表现在我国《专利法》采用的早期公布、迟延审查这一新型的、具有发展前途的现代审查制度上。根据我国《专利法》第34条的规定，专利局收到发明专利申请后，经初步审查认为符合本法要求的，自申请日起18个月内，予以公布。专利局可以根据申请人的请求早日公布其申请。这样不仅可以打破技术封锁，而且也可以使我国的科技工作者及时地了解最新的专利信息，加速我国的科技现代化和整个的现代化建设进程。

三

新中国成立以来，政务院于1950年8月首次就发明创造问题批准《保障发明权和专利权暂行条例》，决定同时实行奖励制度和专利制度。但该条例执行得很不够：据此仅共批准6件发明权和4件专利权，并由国务院于1963年11月3日正式废止，而代之于《发明奖励条例》，决定只实行奖励制度。1978年，国务院重新颁发《发明奖励条例》，现在施行的有关奖励条例还有：国务院于1979年6

月30日批准的《优质产品奖励条例》及其1981年2月28日的《补充规定》、国务院于1979年11月21日发布的《自然科学奖励条例》、国务院于1982年3月16日发布的《合理化建议和技术改进奖励条例》，以及国务院于1984年9月12日发布的《科学技术进步奖励条例》。同时，由六届人大常委会四次会议于1984年3月12日通过的《专利法》，从1985年4月1日起也开始生效施行。这就是说，从今年（1985年）4月1日开始，我国又同时实行奖励制度和专利制度。这是由科技成果本身及其社会效用的多层次、多样性决定的。综合起来看：奖励制度和专利制度都是必要的，它们之间各有分工、各有侧重并且互相补充、互相转化，共同为加速科技现代化、加速国民经济和整个社会生活现代化服务。

仅对现行《发明奖励条例》和《专利法》进行比较研究，即可发现：（1）在主体上，获得发明奖的主体只能是发明者（个人、集体），而获得发明专利权的主体则既可能是发明人或设计人，也可能是他们的单位（职务发明），还可能是专利申请权和专利权的受让人；（2）作为一种权利，发明奖注重荣誉奖（发明证书及奖章），其物质奖（奖金）分等级、有限额并由国家颁发，其发明"属于国家所有，全国各单位（包括集体所有制单位）都可以利用它所必需的发明"（《发明奖励条例》第9条）；而专利权则偏重财产性，在本质上是一种无体财产权，属于工业产权和知识产权的大范畴，具有相对独占性、时间性、地域性；（3）就客体而言，其一发明奖的客体仅为发明一种，而专利权的客体除发明外，还有实用新型和外观设计共三种，其二虽然二者都要求具有三性（新颖、创造、实用），但发明奖特别强调实用性、即授予发明奖的发明只能是投产使用经过实践证明具有一定社会经济效益的发明，因此往往失去新颖性而不能获得专利权，而专利权则更强调发明的新颖性。因此，申请专利的发明，一般都尚处在知识形态、仅为技术方案，而且获得专利权与实施之间往往会有相当长的时间间隔，并不是获得专利权的发明都能实际付诸使用的，所以获得专利权的发明后来又能获得发明奖的，也是很少的；（4）在审批机关及其程序上、在保护方法和程序上，在国际效用上，二者的差别更为显著。

　　总之，奖励制度和专利制度，是彼此区别、各有其用、不可相互取代的。由于我国是一个发展中的社会主义国家并正在进行现代化建设，渴望尽快为人类作出较大贡献，所以我们不能用奖励制度排斥专利制度，也不能用专利制度排斥奖励制度，而应在不断认真总结和吸收国内外的实践经验及科学理论的基础上，逐步健全和完善以专利制度为主，以多种科技成果奖励制度为辅的多层次，多样性的科技刺激机制，借以科学运用经济方法、行政办法和法律办法，共同促进科技现代化，加速我国的社会主义现代化建设进程。

4 行政效能监察的法治观察

按语： 此文是笔者连任中国行政管理学会两届共 10 年（1998 年～2008 年）的常务理事期间第一次也是唯一的一次专门应邀为该学会研究撰写的论文，并于 2006 年 4 月应邀出席该学会在苏州举行的"行政效能监察与政务公开研讨会"上做主旨性学术报告、并因此被收录在中国行政管理学会 2006 年 4 月《行政效能监察与政务公开研讨会论文汇集》的第二篇（仅次于该次会议主席的报告）、即其第 9～14 页，约 12 千字。该论文被同时出席该会的《广州大学学报（社会科学版）》的主编所青睐，并被他抢先压缩发表在该刊 2006 年 6 月第 5 卷第 6 期第 3～8 页（约 8.5 千字）。此次重发，除个别文字订正之外、内容未作任何改动，完全保持了原版原文之原貌。

原内容摘要： 本文认为，我国行政效能监察法治建设的总趋势是快速发展进步的，并且已经创造出可喜的丰硕成果和经验；但仍需要进一步提高认识、调整部署、增强法治观念、开创行政效能监察法治建设的新局面。文中运用历史、实证、比较及逻辑推理等方法，研究论证了"效能始终被我国权威文件和法律视为整个行政工作和行政法治的基本的甚至是首要的价值目标"的新观点，并据此提出了定义"行政效能"和"行政效能监察"这两个概念的新尝试，还对如何开创行政效能监察法治建设的新局面提出了若干新建议。

行政效能监察是行政监察的基本内容之一。就其性质而言，它既属于行政行为，也属于执法行为。因此，以法治或法学为视角，对行政效能监察进行观察、梳理和研究，不仅是必要和可能的，而且也会是有益的。

一、行政效能监察的法治建设已经取得丰富的成果和经验

自 1990 年 12 月 9 日国务院发布的《行政监察条例》施行以来，尤其是八届全国人大会常委会二十五次会议 1997 年 5 月 9 日通过的《行政监察法》并开始施行以后，我国行政效能监察的法治工作虽然还存在不普及、不平衡、不到位等不足之处，但总趋势是快速发展进步的，并且已经创造出可喜的丰硕成果和经验。这种良好态势是和我国法治建设的宏观走向完全一致的。其根本原因，除了社会主义市场经济发展这个基础性的条件外，首先就是由于 1997 年 9 月中共十五大决定在我国实行"依法治国，建设社会主义法治国家"的基本方略（后经 1999 年 3 月九届人大二次会议通过的《宪法修正案》予以确认），并同时明确提出"加强法制建设——加强立法工作，提高立法质量，到 2010 年形成有中国特色社会主义法律体系"和"推进机构改革——根据精简、统一、效能的原则进行机构改革，建立办事高效、运转协调、行为规范的行政管理体系，提高为人民服务水平——深化行政体制改革，实现国家机构组织、职能、编制、工作程序的法定化"等相关战略任务，国务院为此于 1999 年 11 月 8 日发布施行《关于全面推进依法行政的决定》；从此，包括行政效能监察在内的我国行政法制建设开始步入快速、优质发展的良好态势，并且迅速显露出多层次良性互动的喜人景象。进而又是由于 2002 年 11 月中共十六大决定"全面建设小康社会"，并同时明确提出"发展社会主义民主政治，建设社会主义政治文明——要着重制度建设，

实现社会主义民主政治的制度化、规范化和程序化"[1]"坚持依法执政"[2]"深化行政管理体制改革。进一步转变政府职能，改进管理方式，推行电子政务，提高行政效率，降低行政成本，形成行为规范、运转协调、公正透明、廉洁高效的行政管理体制——按照精简、统一、效能的原则和决策、执行、监督相协调的要求，继续推进政府机构改革""加强对权力的制约和监督。建立结构合理、配置科学、程序严密、制约有效的权力运行机制，从决策和执行等环节加强对权力的监督，保证把人民赋予的权力真正用来为人民谋利益"等等相关战略任务，国务院为此于 2004 年 3 月 22 日印发《全面推进依法行政实施纲要》，并明确提出"建设法治政府"的宏伟目标。所有这些就又为包括行政效能监察在内的我国行政法制建设提供了更加强大的政治动力和更加良好的社会大环境，促使行政效能监察方面法制建设更快、更好地向前发展，并且进而促使行政效能监察实践呈现丰富多彩、不断创新的生动局面。

（一）重视制度建设，加大立法力度，制定、发布了许多配套性规章和规范性文件，进一步解决了行政效能监察工作"有法可依"的问题

这主要反映在以下五个层面上：

1. 全国人大及其常委会新制定的法律中为行政效能监察提供了越来越多的法律依据。主要例子有：（1）1997 年 12 月 29 日八届全国人大常委会二十九次会议通过的《价格法》第 45 条规定："地方

---

[1] 并重申十五大提出的"尊重和保障人权"，后经 2004 年 3 月十届全国人大二次会议通过的《宪法修正案》予以确认。

[2] 十六届四中全会 2004 年 9 月 19 日通过的《关于加强党的执政能力建设的决定》又将其发展为"坚持科学执政、民主执政、依法执政"。

各级人民政府或者各级人民政府有关部门违反本法规定，超越定价权限和范围擅自制定、调整价格或者不执行法定的价格干预措施、紧急措施的，责令改正，并可以通报批评；对直接负责的主管人员和其他直接责任人员，依法给予行政处分"；（2）1998年6月26日九届人大常委会三次会议通过的《执业医师法》第42条规定："卫生行政部门工作人员或者医疗、预防、保健机构工作人员违反本法有关规定，弄虚作假、玩忽职守、滥用职权、徇私舞弊，尚不构成犯罪的，依法给予行政处分"；（3）1999年4月29日九届人大常委会九次会议通过的《行政复议法》第4条和第34条分别规定："行政复议机关履行行政复议职责，应当遵循合法、公正、公开、及时、便民的原则，坚持有错必纠，保障法律、法规的正确实施"；"行政复议机关违反本法规定，无正当理由不予受理依法提出的行政复议申请或者不按照规定转送行政复议申请的，或者在法定期限内不作出行政复议决定的，对直接负责的主管人员和其他直接责任人员给予警告、记过、记大过的行政处分；经责令受理仍不受理或者不按照规定转送行政复议申请，造成严重后果的，依法给予降级、撤职、开除的行政处分"；（4）2002年6月29日九届人大常委会二十八次会议通过的《政府采购法》第69条专门明确规定："监察机关应当对参与政府采购活动的国家机关、国家公务员和国家行政机关任命其他人员实施监察"；（5）2003年8月27日十届人大常委会四次会议通过的《行政许可法》第5条第1款和第6条分别明确规定："设定和实施行政许可，应当遵循公开、公平、公正的原则"；"实施行政许可，应当遵循便民的原则，提高办事效率，提供优质服务"；（6）2005年4月27日十届人大常委会十五次会议通过的《公务员法》第82条第3、4款和第83条分别明确规定："领导成员因工作严重失误、失职造成重大损失或者恶劣社会影响的，或者对重大事故负有领导责任的，应当引咎辞去领导职务"；"领导成员应当引咎辞职或者因其他原因不再适合担任现任领导职务，本人不提出辞职的，应当责令其辞去领导职务"；"公务员有下列情形之一的，予以辞退：（一）在年度考核中，连续两年被确定不称职的；（二）不胜任现职工作，又不接受其他安排的……"

2. 国务院新制定的行政法规进一步为行政效能监察提供了丰富的法规依据。其中特别有代表性的主要有：1998 年 7 月 3 日发布施行的《国务院稽察特派员条例》；1998 年 12 月 27 日发布自 1999 年 1 月 1 日起施行的《土地管理法实施条例》；2000 年 3 月 15 日发布施行的《国有企业监事会暂行条例》；2000 年 11 月 7 日发布自 2000 年 12 月 1 日起施行的《煤矿安全监察条例》；2001 年 4 月 21 日同时发布施行的《关于特大安全事故行政责任追究的规定》和《关于禁止在市场经济活动中实行地区封锁的规定》；2002 年 8 月 22 日发布施行的《关于进一步推进相对集中行政处罚权工作的决定》和《关于清理整顿行政执法队伍实行综合行政执法试点工作意见的通知》；2003 年 3 月 31 日发布自 2003 年 6 月 1 日起施行的《特种设备安全监察条例》；2003 年 5 月 9 日发布施行的《突发公共卫生事件应急条例》；2003 年 5 月 27 日发布施行的《企业国有资产监督管理暂行条例》；2004 年 3 月 22 日《国务院办公厅关于贯彻落实全面推进依法行政实施纲要的实施意见》；2004 年 4 月 7 日《对征用农民集体所有土地补偿费管理使用情况开展专项检查的意见的通知》；2004 年 9 月 17 日发布自 2004 年 10 月 1 日起施行的《行政监察法实施条例》；2004 年 11 月 30 日发布自 2005 年 2 月 1 日起施行的《财政违法行为处罚处分条例》；2005 年 3 月，中办、国办联合下发《关于进一步推行政务公开的意见》；2005 年 7 月 9 日《关于推行行政执法责任制的若干意见》，等等。

3. 中央部、委、办层级的主要有：1997 年 11 月 14 日监察部《关于对特大、重大责任事故责任人员行政处分分级审批的通知》；1999 年 1 月 15 日监察部《监察机关审理政纪案件的暂行办法》；1999 年 1 月 25 日监察部、人事部、中国人民银行、海关总署、国家外汇管理局《关于骗购外汇、非法套汇、逃汇、非法买卖外汇等违反外汇管理行为的行政处分或纪律处分暂行规定》；2000 年 3 月 2 日监察部、国土资源部《关于违反土地管理规定行为行政处分暂行办法》；2001 年 1 月 21 日国家计委、监察部《关于在查处需要追究行政责任的价格违法案件中加强协调配合的通知》；2003 年 5 月 16 日人事部、监察部《关于严肃纪律确保非典型肺炎防治工作顺利进行的通知》；2003 年 8 月 26 日中共中央纪委、监察部、审计署《关于纪检监察机关和审计机关在查处案件中加强协作配合的通知》；2003 年 11 月 25 日国资委《中央企业负责人经营业绩考核暂行办法》；《中共中央纪委监察部派驻机构业务工作管理暂行办法》；2005 年 9 月 6 日建设部、监察部《关于开展城乡规划效能监察的通知》；2005 年，监察部印发了《关于监察机关对行政许可法贯彻执行情况开展监督检查的意见》并会同发展改革委研究制定了与《招标投标法》相配套的一些文件，出台了《工程建设项目招标投标活动投诉处理办法》和《工程建设项目货物招标投标办法》，推动招标投标法的有效实施；2006 年 2 月 5 日国资委纪委、监察部驻国资委监察局《关于在中央企业开展不良资产管理效能监察的通知》；2006 年 2 月 20 日监察部、国家环境保护总局《环境保护违法违纪行为处分暂行规定》；2006 年 3 月，监察部印发《2006 年执法监察工作安排意见》，等等。

4. 省、自治区、直辖市层级的主要有：1998 年 8 月 5 日《天津市行政执法投诉办法》；1998 年 11 月 17 日《山东省国家公务员行为规范》；1999 年 9 月 5 日《内蒙古自治区行政执法责任制规定》；2000 年 4 月 14 日《重庆市国家公务员申诉控告办法》；2001 年 9 月 27 日《黑龙江省持证执法和监督规定》；2002 年 9 月 6 日《北京市招标投标条例》；2002 年 6 月 13 日《重庆市人民政府批转市监察局市人事局关于 2002 年行政效能监察安排意见的通知》；2002 年 12 月 17 日《山东省人民政府关于进一步开展行政效能监察工作的通知》；2003 年 11 月 28 日《河北省行政执法和行政执法监督规定》；2004 年 1 月 5 日和 20 日《上海市城市管理相对集中行政处罚权暂行办法》和《上海市政府信息公开规定》；2004 年 3 月 24 日《陕西省关于 2004 年行政效能监察工作的实施意见》；2004 年 5 月 13 日《重庆市政府部门行政首长问责暂行办法》；2004 年 9 月 1 日起实施《河南省行政效能监察暂行办法》，后河南省又发布《2005 年优化经济发展环境和效能监察工作要点》；2005 年 8 月 16 日《江西省人民政府关于加强行政效能监察　进一步优化发展环境的意见》；2005 年 11 月 18 日《甘肃省人民政府办公厅批转省监察厅关于深入推进行政效能监察工作实施意见的通知》等。

5. 地、县级政府也制定实施了大量行政效能监察方面规范性文件，并且针对性强、便于操作，对创新制度、发挥实效起了很好的作用。河南焦作、浙江温州、江苏苏州、盐城和辽宁锦州就是其中突出的典型。

（二）实践经验丰富，为今后行政效能监察工作的创新和发展奠定了坚实的基础

从全国的情况看，这些丰富的实践经验归纳起来可以概括为以下五个方面：

1. 领导得力。这里的"领导"首先是指政府"首长"；其次是指政府各部门的"首长"；最后是指政府行政监察部门的"首长"。所谓"领导得力"，首先是指这些"首长"们认识到位、真正重视行政效能监察工作并将其纳入其议事日程、放置适当地位；其次是真抓实干并且带头示范；再次是切实加强对行政效能监察工作的领导并给予有力的支持和保障。实践证明，凡是"领导得力"的地方和单位，无一不是行政效能监察工作开展得好并且成效卓著的好典型。

2. 更新观念。虽然包含勤政监察在内的行政监察古已有之，但其目的和含义与我们现在所讲的行政效能监察无疑是大相径庭的。实际上，虽然改革开放已经 20 多年，以"关、卡、压"和"关、卡、要"为突出特征的陈旧观念在行政领域仍然有一定市场。因此，"更新观念"就成了搞好包括行政效能监察工作在内的全部行政工作的思想前提。实践证明，凡是行政效能监察工作开展得好并且成效卓著的好典型，无一不是"更新观念"工作开展得好的地方和单位。"更新观念"含义丰富，最根本的就是要真正树立"以人为本，为民行政"的宗旨以及"法治行政""公共行政""效能行政"和"责任行政"等观念。否则，就难以正确理解和贯彻执行法律制度、难以有效履行自己的法定职责。

3. 抓好关键。实践表明，推动效能监察工作的"关键"至少有：一是党和国家的中心工作，如机构改革、加入 WTO、执政能力

建设、先进性教育、构建和谐社会、建设新农村等等，都是更新观念、加强效能监察工作的强大动力和极好时机；二是有关重要法律法规颁布实施，如《行政诉讼法》《行政处罚法》《行政监察法》《行政复议法》《行政许可法》《公务员法》和《行政监察法》实施条例等，都为加强效能监察工作提供了权威的法律依据和法治机遇；三是影响经济秩序、阻碍经济发展的重大违法现象和违法事件，如假、冒、伪、劣，走私贩私、垄断、鲸吞和侵蚀国有资产、商业贿赂等等，大都与有关行政管理部门的失职渎职密切相关，因此都是效能监察工作的重要线索和突破口；四是突发重大公共安全事件，如 1998 年的洪灾、2003 年的"非典"和重庆"12·23"特大石油井喷事件、2004 年北京密云"2·5"特大伤亡事故和吉林中百商厦"2·15"特大火灾事故、2005 年禽流感和松花江污染事件等，都为加强效能监察、严肃法纪、猛敲警钟提供了教训和契机；五是直接关系广大群众切身利益的热点，如农民进城务工、农村义务教育、土地征收、旧城改造、教育和医疗乱收费、公用事业乱涨价等，都应当作为效能监察的难点和重点来抓。当然，不同部门和地区的"关键"事项会有所区别，但只要真正抓住抓好了这些"关键"，效能监察工作不仅能够打开局面，而且也一定能够取得实效。

4. 改革创新。实践表明，改革创新既是效能监察工作的目标和动力，也是效能监察工作自身的方式和方法。这方面的典型很多，尤其是地、县级市政府更为突出。例如：北京市 1997 年在全国率先开展城市管理综合执法体制改革试点、相对集中处罚权，1998 年开始推行行政执法责任制和评议考核制[1]；福建省 2003 年开展"效

---

[1] 吉林：《推进依法行政 建设法治政府》，载《法学杂志》2006 年第 2 期。

能建设八闽行"活动（见监察部网）；2005 年山东省行政效能投诉工作取得明显成效（见监察部网）；江西用行政效能监察手段严查行政不作为乱作为（见新华网）；新华社 2004 年 4 月 13 日发表长篇通讯——《"效能革命"在温州》，全面报道温州自 2003 年夏季开始开展的"效能革命"的具体做法及其制度创新：办事公开制、"窗口式"一次性办理制、首问负责制、一次性告知制、A、B 岗工作制（类似演员 A、B 角接替制）、办事时限制、否决事项报告备案制、市直机关领导干部引咎辞职制；《人民日报》2004 年 11 月 16 日发表题为《焦作："效能革命"唤新风》的长篇报道；2006 年 2 月，江苏省纪委、监察厅在昆山市召开全省行政效能监察工作交流会，总结推广昆山等地开展行政效能监察工作的经验，认为昆山等地积极开展对机关行政效能绩效考评，有力地促进了机关效能建设；要求全面推行首问负责制、服务承诺制、限时办结制、过错追究制、效能投诉制、政务公开制、行政执法责任制、评议考核制等八项制度，普遍建立行政效能绩效考评制度，定期对行政机关履行职责、依法行政、政务公开、工作效率、机关作风、服务质量情况等进行考核评议，推动行政机关改善行政管理，提高行政效能（见监察部网 2006 年 2 月 22 日，据江苏省纪委监察厅信息）；重庆市北碚区今年（2006 年）掀起行政"效能革命"，实行"一个窗口受理，一个公章签发，推进电子政务"，并为此制定施行了《行政效能建设工作方案》《行政效能监察办法》《行政效能公开评议办法》等一系列措施，努力破解行政效能不高的难题（见当地政府网站），等等。

5. 严肃法纪。效能监察与廉政监察同属行政监察行为，都是严肃的执法执纪行为，贵在"有法必依，执法必严，违法必究"，对严重失职、渎职者必须依法依纪追究责任，使他们的沉痛教训变成加

强效能监察的警钟和动力。党中央和国务院先后于 2003 年 4 月因
"非典"防控不力免去卫生部长张文康和北京市市长孟学农的党、政
领导职务；于 2004 年 4 月同意接受马富才因重庆 2003 年"12·23"
特大石油井喷而引咎辞去中国石油天然气集团公司总经理职务的请
求，决定给予中国石油天然气集团公司分管质量安全工作的副总经
理任传俊记大过处分；2005 年 12 月，国家环境保护总局局长解振华
因松花江环境污染事件发生后对事件重视不够，对可能产生的严重
后果估计不足，对这起事件造成的损失负有责任，向党中央、国务
院申请辞去国家环境保护总局局长职务，国务院在 2 日内免去了他
的局长职务等，都是典型事例。这些事例都起了很好的警示作用。

二、加强行政效能监察法治建设的思考和建议

（一）提高认识、调整部署、切实加强行政效能监察工作

1. 应当将"效能"视为我国整个行政工作和行政法治的基本
的，甚至是首要的价值目标。这就需要进一步提高对包括行政效能
监察在内的我国整个行政工作和行政法制建设的认识水平。实践表
明，无论从全局看还是从局部看，行政效能监察工作的"得"与
"失"首先在于"认识"，在于行政首长的"认识"。现在还不能说
"认识问题"已经解决，因为还普遍存在"认识不到位问题"。例
如，如何理解"行政效能"这个概念，或曰"行政效能"的含义是
什么；再进一步问，"效能"在整个"行政"中处于何种地位以及
"效能"和"绩效"之间是什么样的关系等。对这些基础性问题还
研究、论证、阐述得很不充分，尚未达成必要的共识。有人根据词
典将"效能"理解为"潜能"，有人将"效能"等同"效率""效
果""效益"或"绩效"等。不能说这些理解没有依据，更不能说

这些理解有什么差错。但从法治或法学的角度进行观察，就可能觉得"不到位"。这主要是因为法治尤其重视权威、重视法律依据。据笔者已查阅到的资料看，能够作为理解"行政效能"这个概念的权威文件和法律依据的资料主要有：（1）"1941 年 12 月，中共中央发出'精兵简政'的指示，要求切实整顿党、政、军各级组织机构，精简机关，充实连队，加强基层，提高效能，节约人力物力"〔1〕；（2）1942 年 12 月，毛泽东同志在《抗日时期的经济问题和财政问题》中指出："在这次精兵简政中，必须达到精简、统一、效能、节约和反对官僚主义五项目的"〔2〕；（3）1982 年 1 月 13 日，邓小平在中共中央政治局发表题为《精简机构是一场革命》的谈话中指出："要选贤任能——贤就是德，能无非是专业化、知识化，有实际经验，身体能够顶得住"〔3〕；（4）1992 年 10 月 12 日，江泽民在中国共产党第十四次全国代表大会上的报告中指出："强化法律监督机关和行政监察机关的职能，重视传播媒介的舆论监督，逐步完善监督机制，使各级国家机关及其工作人员置于有效的监督之下"；"目前，党政机构臃肿，层次重叠，许多单位人浮于事，效率低下，脱离群众，阻碍企业经营机制的转换，已经到了非改不可的地步。各级党委和政府必须统一认识，按照政企分开和精简、统一、效能的原则，下决心对现行行政管理体制和党政机构进行改革"；（5）1997 年 9 月 12 日，江泽民在中国共产党第十五次全国代表大会上的报告中指出："推进机构改革——根据精简、统一、效能的原则进行机构改

〔1〕 参见《毛泽东选集》（第 3 卷），人民出版社 1991 年版，第 883 页，〈一个极其重要的政策〉的"注释"[1]。

〔2〕 参见《毛泽东选集》（第 3 卷），人民出版社 1991 年版，第 895 页。

〔3〕 参见《邓小平文选》（第 2 卷），人民出版社 1993 年版，第 400 页。

革，建立办事高效、运转协调、行为规范的行政管理体系，提高为人民服务水平"；（6）2002 年 11 月 8 日，江泽民在中国共产党第十六次全国代表大会上的报告中指出："深化行政管理体制改革。进一步转变政府职能，改进管理方式，推行电子政务，提高行政效率，降低行政成本，形成行为规范、运转协调、公正透明、廉洁高效的行政管理体制——按照精简、统一、效能的原则和决策、执行、监督相协调的要求，继续推进政府机构改革，科学规范部门职能，合理设置机构，优化人员结构，实现机构和编制的法定化，切实解决层次过多、职能交叉、机构臃肿、权责脱节和多头执法等问题"；（7）2006 年 3 月 14 日，十届全国人大四次会议批准的《国民经济和社会发展第十一个五年规划纲要》（以下简称《"十一五"规划纲要》）第八篇"深化体制改革"第三十章"着力推进行政管理体制改革"中规定："按照精简、统一、效能的原则和决策、执行、监督相协调的要求，建立决策科学、权责对等、分工合理、执行顺畅、监督有力的行政管理体制，加快建设服务政府、责任政府、法治政府"；（8）1990 年 12 月 9 日国务院发布的《行政监察条例》第 1 条规定："为了加强行政监察，改善行政管理，提高行政效能，促进国家行政机关及其工作人员廉洁奉公，遵纪守法，根据宪法，制定本条例"；（9）1997 年 5 月 9 日八届全国人大会常委会二十五次会议通过的《行政监察法》第 1 条规定："为了加强监察工作，保证政令畅通，维护行政纪律，促进廉政建设，改善行政管理，提高行政效能，根据宪法，制定本法"；（10）2003 年 8 月 27 日十届人大常委会四次会议通过的《行政许可法》第 6 条规定："实施行政许可，应当遵循便民的原则，提高办事效率，提供优质服务"，等等。从上述引文中不难观察到并推论出如下两方面重要的判断性"认识"：

    第一，"效能"始终被我国权威文件和法律视为整个行政工作和行政法治的基本的，甚至是首要的价值目标。这一结论虽属历史性经验判断，但其实也是既合逻辑、又合常理的。因为世人常把行政的价值标准概括为"一勤二廉"；而且实践也表明，二者虽有区别但关系密切；很难找到或设想，一个真正敬业、恪尽职守、绩效卓著的"能员、勤官"，还会有心思和能力去做"贪官"，除非极能做假而又有独裁者长期予以遮蔽和护持的大奸大恶，如和珅之流。因此，综观全局，的确应当将"效能"视为我国整个行政工作和行政法治的基本的甚至是首要的价值目标；尤其是在新世纪新阶段建设中国特色社会主义的现代征程中更应如此。其主要原因有二：一是社会现代化的发展过程中呈现出庞大化、全球化、多元化、复杂化等态势和特征，社会治理的任务、工作量及难度都在加重。在这种宏观发展态势下，虽然社会的治理结构发生了具有重要意义的新变化（如各种社会组织在国内和国际都获得了快速的发展和壮大、并且发挥着日益增大的社会影响和作用等），治理方式也因信息化而发生着革命性变革（如电子政务、透明政府、电子民意等），但作为国家机构的基本组成部分的立法、行政和司法这三大机关的职责和任务不仅没有减轻，反而都加重了。其中更为突出的是行政任务的加重。因为行政始终处在调节经济、监管市场、管理社会和提供公共服务的第一线，时刻面临着需要紧急处理的大量政务，因而不允许行政机关像立法机关那样事事走"民主决策"之路，当然也不可能像司法机关那样件件强调"程序正义"；二是行政与立法和司法虽有密切联系，但又有很大区别。这不仅表现在其任务和职能的分工上，同样还表现在工作制度及其价值标准上。行政是执行机关，实行首长负责制，要求"政令畅通、令行禁止"，尤重工作效率。"社会公平和正义"这一普适、永恒的根本价值，融入行政机关的法定职责及其执行的过程和绩效之中。换言之，"行政效能"中包含着"社会公平和正义"；"行政效能"的高低或好坏直接关系着"社会公平和正义"能否实现及其实现的程度。由此可见，"效能是行政首要价值目标"这一判断，无论是在"实然"状态还是在"应然"状态下，都是正确的。

第二，"效能"这一概念在"行政"语境下具有丰富的内涵，与"潜能""效率""效果""效益"或"绩效"等概念都有密切联系，但又都不是等同、可替代的关系。直言之，其基本含义可以简要表述为："行政效能是指，行政主体依法有效行使行政职能，提供优质公共服务，创造良好行政绩效。"很显然，这样的"定义"虽然还需要推敲，但它陈述的内容囊括了行政行为的"全过程"，是一个相对周延的表述，而不像"潜能""效率""效果""效益"或"绩效"等概念那样，仅仅反映其某一局部、某一阶段的内涵。需要强调指出的是，尤其是在"行政监察"的语境下，更不能擅自将"效能监察"中的"效能"更换为其他概念。因为作为"行政监察"一部分的"效能监察"，是严肃的执法行为，必须"师出有名"、有确定的法律依据；绝不能"凭空"执法，也不能用其他的行政考核代替"效能监察"。因此，"效能监察"或曰"行政效能监察"可以表述为，它是指"行政监察机关依照法定的职责、权限和程序，对行政机关、行政工作人员和由行政机关任命或委派的其他执行行政公务的人员（可统称为'行政监察对象'）履行行政职能的情况及其效果，进行监督、考察和查处其失职、渎职行为的行政执法行为"。

总之，笔者认为，"提高认识"很重要。这事关全局，是进一步加强行政效能监察法治建设的关键。因此，迫切希望有关部门在

"提高认识"上想办法、用功夫、取实效。

2. 应当将"效能监察"放到更重要的位置，采取有力措施予以切实加强。在认识到"效能始终被我国权威文件和法律视为整个行政工作和行政法治的基本的甚至是首要的价值"之后，理应调整工作部署，把"效能监察"放到更重要的位置，采取有力措施予以切实加强。实践也已经表明，"效能监察"，亦称"勤政监察"，不仅是"廉政监察"的重要突破口，而且也是从源头上防治腐败的基础性措施之一。因此从全局看，理应把"效能监察"放到行政监察工作中的首要位置，并应据此重新分配监察力量、调整工作部署，加大"效能监察"工作的力度，全面开创行政监察工作的新局面，把我国的行政工作中的"勤政建设"和"廉政建设"同时提高到一个新阶段。为此不仅需要调整部署、加强领导，而且还需要采取其他一系列有力措施，例如"效能监察"与相关各项行政考核、考绩、考评工作的协调和整合，"效能监察"与"廉政监察"的协调和配合、"行政监察"与纪检、审计、检察等机关就有关"效能监察"问题的协调和配合，在人大及其常委会的开会审议和执法检查活动中发现行政主体重大失职渎职行为时，政府与人大监督之间就有关"效能监察"问题的协调和配合等问题，都应得到相应解决。

（二）增强法治观念，开创行政效能监察法治建设的新局面

1. 必须进一步增强行政效能监察工作的法治观念。关于行政效能监察法治建设的成果和经验，前文已实事求是并且是浓墨重彩地作了概括性阐述。但同时也应当如实指出，行政效能监察法治建设还存在不小的差距和很重的任务，而法治观念就是其中的首要问题。这首先表现在效能监察工作中"有法不依，执法不严，违法不究"的现象时有发生，因而还有一些严重失职、渎职者未受到应有的查

处、也有不少长期勤政敬业者未得到应有的奖励。我们每个人都可以根据自己的切身经验冷静地回想一想，在行政主体（含行政机关和行政人员）的存、废、升、降的变化过程中，效能监察及其法治因素，究竟起了多大作用？应该承认，法治的作用还远远未能得到应有的发挥。其实，法治观念淡漠，不仅严重干扰甚至消解了效能监察法制的执行和威力，而且也严重阻滞了效能监察法制完善和发展的前进步伐，成了我国行政效能监察法治建设的一个"拦路虎"，必须予以成功破解。

2. 认真总结和借鉴有益经验，努力把行政效能监察法治建设提高到新阶段。首先要充分认识我国行政效能监察法治建设还面临着艰巨的任务。2006年3月14日十届全国人大四次会议批准的《"十一五"规划纲要》第八篇"深化体制改革"第三十章"着力推进行政管理体制改革"规定："按照精简、统一、效能的原则和决策、执行、监督相协调的要求，建立决策科学、权责对等、分工合理、执行顺畅、监督有力的行政管理体制，加快建设服务政府、责任政府、法治政府。"其第一节"推进政府职能转变"明确规定，"按照政企分开、政资分开、政事分开以及政府与市场中介组织分开的原则，合理界定政府职责范围，加强各级政府的社会管理和公共服务职能。进一步推进行政审批制度改革，减少和规范行政审批。深化政府机构改革，优化组织结构，减少行政层级，理顺职责分工，提高行政效率，降低行政成本，实现政府职责、机构和编制的科学化、规范化、法定化"（着重号为引者所加）。由此可见，包括效能监察在内的整个行政法治建设都还面临着十分艰巨的任务，应当予以高度重视并认真做好立法规划。其次要认真总结我国行政效能监察法治建设的丰富经验。其中包括各级行政效能监察法治建设及其实践的正反两方面的经验，并应及时将其中确已被实践多次反复证明是有较大价值的法治经验吸收或提升到新法律制度中来。再次要按照"古为今用"和"洋为中用"的原则，把那些经过多方慎重研究论证的间接有益经验借鉴吸收进来，其中尤其要注意及时将信息化、全球化推动各国政府改革开放所形成的新理念、新制度、新经验借鉴吸收进来。最后要特别强调，今后无论立法还是执法都要切实贯彻落实"为民监察，靠民监察"的宗旨和原则。只要真正将最广大人民群众的根本利益作为行政效能监察法治建设的根本立足点，并且将最广大人民群众的普遍诉求和有效参与作为行政效能监察法治建设的根本动力和工作重点，我国行政效能监察法治建设所面临的艰巨任务就一定能够很好地完成，我国的行政效能监察法治建设和行政效能监察工作就一定都能够开创新局面。

5 强化行政效能监察法治建设是反腐倡廉的重要举措

按语： 此文是笔者参加 2006 年中直机关纪委"学习贯彻党章、推进反腐倡廉工作"征文比赛获得一等奖并被推荐上报中央纪委的论文，约 4.5 千字；该一等奖证书签署时间是 2006 年 6 月 15 日。

《中国共产党章程》第 44 条将反腐倡廉规定为党的各级纪律检查机关的重要任务。中共中央《关于印发〈建立健全教育、制度、监督并重的惩治和预防腐败体系实施纲要〉的通知》明确指出："《实施纲要》是当前和今后一个时期深入开展党风廉政建设和反腐败工作的指导性文件"，并要求"坚持标本兼治、综合治理、惩防并举、注重预防的方针"。该实施纲要规定："支持和保证政府专门机关监督。强化行政监察职能，保证政令畅通，维护行政纪律，促进廉政建设，改善行政管理，提高行政效能。""行政监察"分为"效能监察"（也称"勤政监察"）和"廉政监察"两部分。"廉政监察"属于"反腐倡廉"自不待言，而"效能监察"与"反腐倡廉"的关系如何，则需要探讨。由于"效能监察"不是一般的行政行为，而是严肃的行政执法行为，故本文试以法治为视角，集中探讨"行政效能监察"的含义及其在反腐倡廉体系中的地位和作用，以期能对反腐倡廉工作有所裨益。

一、我国行政效能监察法治建设步伐加速并已初见成效

自 1990 年 12 月 9 日《行政监察条例》，施行以来，尤其是 1997 年 5 月 9 日《行政监察法》施行以后，我国行政效能监察的法治工作虽然还存在不普及、不平衡、不到位等不足之处，但总趋势是加速发展进步的，并已初见成效。这与整体法治建设的宏观走向完全一致。

（一）重视制度建设，加大立法力度，制定了许多法律、法规和规章，进一步解决了行政效能监察工作"有法可依"的问题

这主要反映在以下五个层面上：

（1）全国人大及其常委会新制定的法律加大了对"行政监察"的关注，如 2002 年 6 月 29 日通过的《政府采购法》第 69 条规定："监察机关应当对参与政府采购活动的国家机关、国家公务员和国家行政机关任命其他人员实施监察"，等等；

（2）国务院新制定了有关行政法规，如 2004 年 9 月 17 日发布的《行政监察法实施条例》，等等；

（3）中央部、委、办层级的有关规章的突出代表主要有：1999 年 1 月 15 日监察部《监察机关审理政纪案件的暂行办法》；2005 年 9 月 6 日建设部、监察部《关于开展城乡规划效能监察的通知》；2006 年 2 月 5 日国资委纪委 监察部驻国资委监察局《关于在中央企业开展不良资产管理效能监察的通知》；2006 年 2 月 20 日监察部、国家环境保护总局《环境保护违法违纪行为处分暂行规定》，等等；

（4）省、自治区、直辖市层级的地方性法规和规章的突出代表有：2002 年 12 月 17 日《山东省人民政府关于进一步开展行政效能监察工作的通知》和 2004 年 1 月 5 日《上海市城市管理相对集中行

政处罚权暂行办法》，等等；

（5）地、县级政府也制定实施了大量行政效能监察方面规范性文件，并且针对性强、便于操作，对创新制度、发挥实效起了很好的作用。

（二）行政效能监察法治实践已经初见成效，不仅对深化改革、提高效能、促进经济和社会发展发挥了很好的推动作用，而且有效地推动了党风、政风、社会风气的转变和反腐倡廉工作

笔者调查发现，凡是领导得力、认识到位、法制健全并狠抓贯彻落实的地方和单位，其行政效能监察的成效就能显现，甚至已成效显著。浙江温州、江苏苏州、河南焦作等就是其中的突出事例。新华社 2004 年 4 月 13 日发表长篇通讯《"效能革命"在温州》，全面报道其具体做法及创新成果。据监察部网报道，2006 年 2 月，江苏省纪委、监察厅召开全省行政效能监察工作经验交流会，总结推广苏州昆山等地行政效能监察工作的经验，要求在全省全面推行首问负责制、服务承诺制、限时办结制、过错追究制、效能投诉制、政务公开制、行政执法责任制、评议考核制等八项制度，推动行政机关改善管理、提高效能。苏州 2005 年的全市人均生产总值已超过8000 美元，成为率先实现"全面小康"的较大城市。其中，"行政效能监察"功不可没。《人民日报》2006 年 5 月 9 日刊载长篇报道《河南焦作——"效能革命"提升执政能力》，并发表"本期关注"指出："通过公开服务承诺、开展万人评议、加强执行力文化建设、全面推行党政机关工作质量管理基本标准、对综合测评得分排名最后两位的给予红牌警告直至责令主要党政领导辞职等活动，使全市党政机关、执法部门和广大公务人员的服务质量、工作效率明显提高，发展环境得到根本好转，党政机关民主执政、依法执政的能力

和水平也得到明显提高。"

二、强化行政效能监察法治建设是反腐倡廉的重要举措

（一）要正确认识"行政效能"和"行政效能监察"的含义、价值和地位

什么是"行政效能"和"行政效能监察"？这无疑是应当弄清楚的首要问题。据笔者查阅的众多相关资料看，至今尚无法律解释或其他正式的权威性解释，学术性解释既不多见也不统一且不准确。如有人根据词典将"效能"解释为"潜能"，也有人将"效能"等同"效率""效果""效益"或"绩效"等。笔者认为，能够作为理解这两个概念的权威性文件和法律法规依据的资料主要有：（1）1941年12月，中共中央发出"精兵简政"的指示中首次提出"提高效能"的要求；（2）1942年12月，毛泽东同志在《抗日时期的经济问题和财政问题》一文中首次将"精简、统一、效能"作为"精兵简政"的目标；（3）1982年1月13日，邓小平同志在《精简机构是一场革命》中指出："无非是专业化、知识化，有实际经验，身体能够顶得住"；（4）江泽民同志先后在中共十四大和十五大报告中继承并发展了上述思想，并在十六大报告中进一步明确指出，要"深化行政管理体制改革。进一步转变政府职能，改进管理方式，推行电子政务，提高行政效率，降低行政成本，形成行为规范、运转协调、公正透明、廉洁高效的行政管理体制"；（5）2006年3月14日，十届全国人大四次会议审议批准的《国民经济和社会发展第十一个五年规划纲要》（以下简称《"十一五"规划纲要》）规定：要"按照精简、统一、效能的原则和决策、执行、监督相协调的要求，建立决策科学、权责对等、分工合理、执行顺畅、监督有力的行政管理体

制，加快建设服务政府、责任政府、法治政府"；（6）《行政监察法》第 1 条进一步明确将"保证政令畅通，维护行政纪律，促进廉政建设，改善行政管理，提高行政效能"规定为其立法目的；（7）2003 年 8 月 27 日审议通过的《行政许可法》第 6 条规定："实施行政许可，应当遵循便民的原则，提高办事效率，提供优质服务"，等等（着重号为笔者所加）。从上述引文中不难体会到并能推论出如下三个"判断"：

1. "效能"在"行政"语境下具有丰富的内涵，其基本含义可以简要表述为："行政效能是指，行政主体依法有效地履行行政职责，提供便民、高效、优质的公共服务，创造良好的行政绩效和社会效益"。虽然这样的"定义"尚可推敲，但它囊括了行政行为的"全过程"，是一个相对周延的表述；而不像前述其他解释仅只反映其某一局部内涵。需要强调指出的是，尤其是在"行政监察"的语境下，更不能擅自将"效能监察"中的"效能"更换为其他概念。因此可以表述为："行政效能监察，是指行政监察机关依照法定的职责、权限和程序，对行政机关、行政工作人员和由行政机关任命或委派的其他执行行政公务的人员（可统称为"行政监察对象"）履行行政职能的过程及其效果，进行监督、考察和查处其失职、渎职行为的行政执法行为"。

2. "效能"始终是我国行政工作整体的首要价值追求。这虽属历史性经验判断，但也是既合逻辑、又合常理的。因为世人常把行政的价值追求概括为"一勤二廉"或曰"高效廉洁"。而且实践也表明，二者虽有区别但关系密切、相辅相成、构成一体。焦裕禄、孔繁森、牛玉儒式的好干部，哪一个不是"高效廉洁"双重价值追求的统一体现者呢？因此综观全局，的确应将"效能"视为我国行政工作整体的首要价值目标；而且在新世纪、新阶段建设中国特色社会主义的现代征程中尤其应该如此。其主要原因有二：一是社会现代化的发展使国家的职能和任务都加重了。其中更为突出的是行政任务的加重。行政始终处在调节经济、监管市场、管理社会和提供公共服务的第一线，时刻面临着需要紧急处理的大量政务，因而不允许它像人大那样事事走"民主决策"之路，当然也不可能像法院审理案件那样件件强调"程序公正"；二是行政与人大、法院有很大区别。这不仅表现在其任务和职能的分工上，同样还表现在工作制度及其具体价值标准上。行政是执行机关，实行首长负责制，强调"政令畅通、令行禁止"，尤重工作效率。"公平正义"这一根本价值被融入行政机关的法定职责及其执行的过程和绩效之中。总之，"效能是行政的首要价值追求"这一判断，无论是在"实然"状态还是在"应然"状态下，都应该是正确的。

3. "效能监察"既是"廉政监察"的重要突破口，又是从源头上防治腐败的基础性措施之一。这已被无数的实践和案例（如"豆腐渣工程""矿难""环境污染"等暴露出来的问题）所证明。因此从全局看，应当把"效能监察"放到行政监察工作中的首要位置，并应据此重新分配监察力量、调整工作部署，加大"效能监察"工作的力度。

（二）强化效能监察法治建设，推动反腐倡廉工作

法治既是效能监察的依据和准绳，也是它的保障和推动力。因此，强化效能监察法治建设将是推动反腐倡廉工作的重要举措。

1. 必须进一步增强行政效能监察工作的法治观念。在充分肯定行政效能监察法治建设的成果和经验的同时还应该承认，行政效能监察法治建设还存在不小的差距和很重的任务，而法治观念淡漠就

是其中的首要问题。这不仅严重干扰甚至消解了效能监察法制的执行和威力，而且也严重阻滞了效能监察法制完善和发展的前进步伐，成了我国行政效能监察法治建设的一个"拦路虎"，必须予以成功破解。

2. 要认真总结和借鉴有益经验，努力把行政效能监察法治建设提高到新阶段。首先要充分认识到行政效能监察法治建设还面临着艰巨的任务。《"十一五"规划纲要》明确规定：要"按照政企分开、政资分开、政事分开以及政府与市场中介组织分开的原则，合理界定政府职责范围，加强各级政府的社会管理和公共服务职能。进一步推进行政审批制度改革，减少和规范行政审批。深化政府机构改革，优化组织结构，减少行政层级，理顺职责分工，提高行政效率，降低行政成本，实现政府职责、机构和编制的科学化、规范化、法定化"。由此可见，包括效能监察在内的整个行政法治建设都还面临着十分艰巨的任务，应当予以高度重视并认真做好立法规划及其实施工作。其次要认真总结我国行政效能监察法治建设的丰富经验。其中包括各级行政效能监察法治建设及其实践的正、反两方面的经验，并应及时将其中确已被实践多次反复证明是有较大价值的法治经验吸收或提升到新法律制度中来。再次要按照"古为今用"和"洋为中用"的原则，把那些经过多方慎重研究论证的间接有益经验借鉴吸收进来，其中尤其要注意及时将信息化、全球化推动各国政府改革开放所形成的新理念、新制度、新经验借鉴吸收进来。最后要特别强调，今后无论立法还是执法都要切实贯彻落实"为民监察，靠民监察"的宗旨和理念。笔者坚信，只要真正将最广大人民群众的根本利益作为行政效能监察法治建设的根本立足点，并且将最广大人民群众的有效参与和普遍诉求作为行政效能监察法治建设的根本动力和工作重点，我国行政效能监察法治建设所面临的艰巨任务就一定能够很好地完成，行政法治建设和行政效能监察工作就一定都能够开创新局面。到那时，效能监察对反腐倡廉工作的推动作用必将更充分地发挥出来。

附：该文所获一等奖证书照片

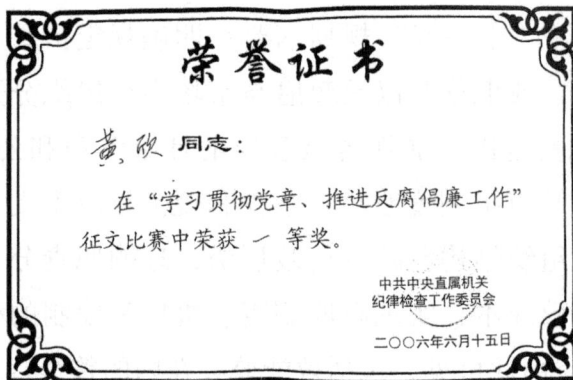

6 新农村建设要重视法治
——新农村建设法律问题简析

按语： 此文是笔者参加由中国法学会和《人民论坛》杂志社主办、浙江省司法厅和浙江省法学会协办的"中国法学家论坛"的征文及发言稿并被首发于《中国法学家论坛论文集》（2007 年 7 月，杭州）第 6~8 页、约 4.5 千字，并获得"三等奖"。此次重发除订正了个别文字外，完全保存了其原稿原貌。

在 2006 年和 2007 年两个中央"一号文件"的指引下，新世纪新阶段的社会主义新农村建设正在全国蓬勃展开。这是一项具有深远战略意义的综合性的重大系统工程，其中涉及许多重要的法律问题。笔者总的看法是，新农村建设的法治框架现已基本形成，即"有法可依"问题已经基本解决，而"有法必依"的问题已经随之逐步上升成为"关键"。因此在这一伟大的现代化建设进程中，理应始终重视法治并使其大有作为。这一点既关乎其方向，也关乎其效率，总之是攸关新农村建设全局的大问题。

一、新农村建设的法治框架已经基本形成

众所周知，党和国家历来十分重视"三农"问题。因此，早在 20 世纪 50 年代就曾提出"建设社会主义新农村"。改革开放以来，

在中央 1984 年 1 号、1987 年 5 号和 1991 年 21 号等文件中也都有类似提法。但这次与以前相比，最大的不同在于，无论其背景还是其内涵都极具"新"意，即"现代性"突出。当然，其中的具体含义非常丰富，可以分别从不同的角度予以阐释。若以法学眼光看，新世纪新阶段的社会主义新农村建设的"新"意（即"现代性"）则集中表现为"重视法治"，进一步说是"重视以民主、人权和公平正义为核心价值追求的社会主义现代法治"。毫无疑问，这是"依法治国"的基本方略和"依法执政、民主执政、科学执政"等理念在"三农"方面贯彻落实的成果和表现。正因为如此，经过改革开放以来的持续积累和新世纪新阶段又好又快的新发展，新农村建设的法治框架现已基本形成。这可以主要从如下三个方面予以简要介绍：

1. 及时将党的主张上升为国家意志。2005 年 10 月 11 日，党的十六届五中全会通过的《中共中央关于制定国民经济和社会发展第十一个五年规划的建议》指出："建设社会主义新农村是我国现代化进程中的重大历史任务。要按照生产发展、生活宽裕、乡风文明、村容整洁、管理民主的要求，坚持从各地实际出发，尊重农民意愿，扎实稳步推进新农村建设。"同年 12 月 31 日中共中央、国务院又签发了名为《关于推进社会主义新农村建设的若干意见》的 2006 年 1 号文件。2006 年 3 月 14 日，十届全国人大四次会议审议批准了上述《国民经济和社会发展第十一个五年规划纲要》，并以第二篇共六章的突出位置和重大篇幅，分别从发展现代农业、增加农民收入、改善农村面貌、培养新型农民、增加农业和农村投入、深化农村改革等六个方面，对建设社会主义新农村提出了明确的规划目标和原则要求。这就及时将党的主张和政策上升为国家意志，将新农村建设纳入法治领域，从而增强了其权威性和执行力。

2. 新农村建设方面的立法不仅数量大，而且规格高。据不完全统计，除了对"三农"方面同样具有"普适性"效力的宪法以及民事、刑事、经济、行政、社会及劳动保障、诉讼等各方面的基本法律外，仅全国人大常委会专门或主要针对"三农"方面制定和新修订的法律迄今已有18件之多，尤其是近几年这方面的立法速度明显加快、立法质量也明显提高。例如，近两年新通过的法律有《畜牧法》（2005年12月29日〔1〕）和《关于废止〈中华人民共和国农业税条例〉的决定》（2005年12月29日）、《农产品质量安全法》（2006年4月29日）、《农民专业合作社法》（2006年10月31日）等；新世纪的前几年通过或修订的法律有《农村土地承包法》（2002年8月29日）、《水法》（2002年8月29日）、《农业法》（2002年12月28日）、《草原法》（2002年12月28日）、《农业机械化促进法》（2004年6月25日）、《种子法》（2004年8月28日）、《野生动物保护法》（2004年8月28日）、《土地管理法》（2004年8月28日）、《渔业法》（2004年8月28日）等；20世纪90年代通过或修订的法律有《水土保持法》（1991年6月29日）、《农业技术推广法》（1993年7月2日）、《乡镇企业法》（1996年10月29日）、《森林法》（1998年4月29日）和《村民委员会组织法》（1998年11月4日），等等。此外，这方面的行政法规、部门规章、地方性法规以及各种新修订的村规民约更是数量众多、作用突出。

3. 新农村建设的基本法律制度大多已经构建并正在加速完善。其中，最具基础性和重要性的法律制度主要有：（1）由现行《宪法》《民法通则》《物权法》和《土地管理法》《农村土地承包法》《草

---

〔1〕 括号内时间为公布时间，下同。

原法》《森林法》《水法 》和《野生动物保护法》等法律中有关规定构成的农村产权制度；（2）由现行《宪法》《物权法》和《农业法》《农村土地承包法》《农民专业合作社法》《畜牧法》《渔业法 》《农业机械化促进法》《农业技术推广法》《种子法》《水土保持法》《乡镇企业法 》和《农产品质量安全法》等法律中有关规定构成的现代农业经营发展制度。其内涵十分丰富，也极为重要。此处仅强调指出，《物权法》第十一章"土地承包经营权"的规定是对《农村土地承包法》的继承和完善；而《农业机械化促进法》《农民专业合作社法》和《农产品质量安全法》等新法律的贯彻落实，将对发展现代农业发挥重要的推动和保障作用；（3）由《关于废止〈中华人民共和国农业税条例〉的决定》及其他众多相关法规构成的农民增收制度；（4）由现行《宪法》第 111 条和《村民委员会组织法》构建的村民自治制度。李鹏在《村民委员会组织法》通过时曾明确指出："村民委员会组织法，是一部关系到九亿农民的重要法律，试行十年来，在推进农村基层民主政治建设中发挥了很大的作用。根据党的十五大和十五届三中全会的精神，这次修订健全了农村民主选举、民主决策、民主管理、民主监督等规定和程序，明确了党组织在农村基层民主建设中的地位和作用，进一步完善了村民自治制度，必将更好地调动广大农民的积极性和主动性，促进农村社会主义物质文明和精神文明建设的全面发展"。[1]现在又经过了近十年的进一步发展和经验提升，村民自治制度的地位和作用理所当然地也获得了显著的新增长。（5）刚由十届全国人大常委会二十八次会议 2007 年 6 月 29 日通过的《劳动合同法 》构建的农民工劳

---

[1] 转引自《中国法律年鉴（1999 年）》，中国法律年鉴社 1999 年版，第 72 页。

动权益保障制度，到 2008 年 1 月 1 日起施行后，将有效杜绝或大大减少山西"黑砖窑"类似事件的再次发生〔1〕。此外，以增加国家及其他社会主体对农业、农村投入为目的的新农村建设投资扶持制度、和以加快解决农民的医疗、养老和最低生活保障问题为基本目的的农村社会保障制度等基本法律制度也都正在抓紧构建之中。

二、新农村建设要重视法治

上述可见，助推新农村建设的立法工作，虽然尚有艰巨任务需要继续抓紧完成，但确已取得巨大成就。现在法律实施工作已日益成为关键。综观全国的情况看，正如新农村建设的发展很不平衡一样，法治在新农村建设中的实施状况及其效果也是差异甚大。好典型确属不少，但也毋庸讳言并应充分正视且重视的是，法治缺位或法律实施不普遍、不深入和未取得实效的现象也绝非罕见。为迅速纠正这些不良现象，尽快使法治在指引、保障和助推新农村建设中发挥出应有的优势和作用，虽然要做的工作还很多，但笔者认为，如下两方面的工作具有特别的重要性和紧迫性：

1. 在领导和管理新农村建设的工作中，各级领导干部都应当树立并奉行"依法治国""依法执政""依法行政"和"依法办事"的理念。这一点具有首要意义。众所周知，早在 1997 年 9 月党的十五大就已决定实行"依法治国，建设社会主义法治国家"的基本方略。同时，江泽民在中国共产党第十五次全国代表大会上的报告还

---

〔1〕 详见：新华网北京 6 月 24 日电（记者田雨、邹声文）全国人大常委会组成人员 24 日下午在分组审议劳动合同法草案时，强烈抨击山西"黑砖窑"事件，并提出要尽快通过劳动合同法，通过这部法律和其他相关法律的实施，切实保护劳动者的合法权益，严防类似事件的发生。

十分明确地指出："依法治国，就是广大人民群众在党的领导下，依照宪法和法律规定，通过各种途径和形式管理国家事务，管理经济文化事业，管理社会事务，保证国家各项工作都依法进行，逐步实现社会主义民主的制度化、法律化，使这种制度和法律不因领导人的改变而改变，不因领导人看法和注意力的改变而改变。依法治国，是党领导人民治理国家的基本方略，是发展社会主义市场经济的客观需要，是社会文明进步的重要标志，是国家长治久安的重要保障。党领导人民制定宪法和法律，并在宪法和法律范围内活动。依法治国把坚持党的领导、发扬人民民主和严格依法办事统一起来，从制度和法律上保证党的基本路线和基本方针的贯彻实施，保证党始终发挥总揽全局、协调各方的领导核心作用。"[1]此后，九届人大二次会议还于 1999 年 3 月 15 日通过的《宪法修正案》中增加规定"中华人民共和国实行依法治国，建设社会主义法治国家"（第 5 条第 2 款）。由此可见，依法治国和党的领导是一致的，讲法治和讲政策也是一致的，绝不能将二者对立起来。应该说从那时起，"依法治国""依法执政""依法行政"和"依法办事"等理念已逐步深入人心，但至今尚不能说已经成为各级领导干部的普遍理念和通行准则。因为现在仍然有人只重视或主要重视党的政策，自觉或不自觉地忽视国家的法律；有的甚至仍然将党的政策和国家的法律对立起来。所以现在尤其需要强调，各级领导干部在领导和管理新农村建设的工作中，必须树立并奉行"依法治国""依法执政""依法行政"和"依法办事"的理念，并善于充分发挥国家法律和党的政策两方面的优势作用。否则，法律在新农村建设中就难以实施，更无法取得良

---

〔1〕 参见《江泽民文选》（第 2 卷），人民出版社 2006 年版，第 28~29 页。

好实效。

2. 应当将新农村建设方面的主要法律纳入农村"普法教育"的范畴、并在农村广泛开展"普法教育"，使广大的农村干部和群众都力争成为法治的学习者、遵守者、宣传者和维护者。因为农村的广大群众和干部，既是新农村建设的生力军，也是农村各种法律关系的基本主体。通过"普法教育"使他们学法、懂法、用法，既能有效保证新农村建设沿着正确的轨道前进、少出差错、提高效率，又是构建农村法治社会及和谐社会的必由之路。笔者已经注意到，全国新农村建设的先进典型，无论是江苏的华西村还是山西的大寨村，也无论是北京的韩河村还是河南的南街村[1]，尽管都因地制宜、各具特色，但个个都是重视法治、依法办事的先进典型。因此笔者相信，全国农村的广大群众和干部，一定会在这场实施农村法治、助推新农村建设的伟大实践中，创造出更多、更具地方特色和时代特征的新经验、新制度（包括创新农村各种法律服务组织在内的法律实施的长效机制），并且能够从中获得更多的实惠，从而在改变农村面貌的同时，将自己提升为新世纪新阶段的社会主义新农民和新公民。

总之，笔者认为并坚信，只要各级领导干部在领导和管理新农村建设的工作中切实重视法治、真正依法办事，法治就一定会在为新农村建设提供制度保障和法律服务方面大有作为、大展风采；社会主义新农村建设也必将因此而步入更加宽广、更加高效的康庄大道，为广大农民带来更多实惠，为构建"小康社会""和谐社会"做出更大贡献。

---

[1] 上述四村既是老先进，也是不断与时俱进因而又连续被评为全国"十大名村"前四名的先进典型。参见"社会主义新农村"网首页。

附：该文获得的"三等奖"证书，落款时间是 2007 年 9 月
10 日：

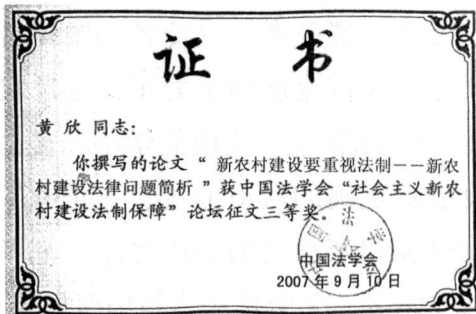

附：眼中多美景，心里更幸福

——黄欣业余微照及即时观感选

一

　　笔者完成公差即将登机返京之前，于 2006 年 8 月 12 日下午 4 点 27 分首次步入该景区大门不久，迎面拍照并首发于《人民日报》同年 9 月 8 日第 15 版——彩虹映衬下更加壮美的 "**黄果树大瀑布**"；游览后即由衷赞曰：**断崖河水倾天泄，远望瀑布亮冰雪。飞来彩虹添美景，水帘洞中多秘诀**（如我国经典电视剧《西游记》中的有关剧情就在此处拍摄）。

二

　　2007 年 4 月 1 日上午 10 点 28 分笔者在中国法学会办公楼大厅内拍照的——一盆盛开**君子兰花**，随之赞曰：兰花繁多君子王，叶美对生墨绿光，正值春暖花盛开，金蕊红花真辉煌！

三

　　以上三图是笔者分别于 2008 年 4 月 30 日上午 7 点 41 分、2023 年 4 月 18 日上午 9 点 33 分、2024 年 4 月 17 日上午 9 点 3 分在北京景山公园内拍照的——盛开**金蕊粉红牡丹花**、**珍稀深紫金蕊牡丹花又称黑牡丹**、**玉质雪白含金牡丹花**，并随之赞曰：北京牡丹属景山，品种名贵全领先。谷雨时节花盛开，游人拍客笑满天！

四

以上三图是笔者分别于 2008 年 10 月 8 日上午 8 点 7 分、2008 年 10 月 10 日上午 9 点 8 分和 9 点 13 分在北京颐和园拍照的——盛开于金秋暖阳蓝天绿叶之下的**浓香金桂花、银桂花和丹桂花**。并随之赞曰：北京金秋桂花节，历届都在颐和园。金银丹桂花盛开，中秋国庆香满月！

五

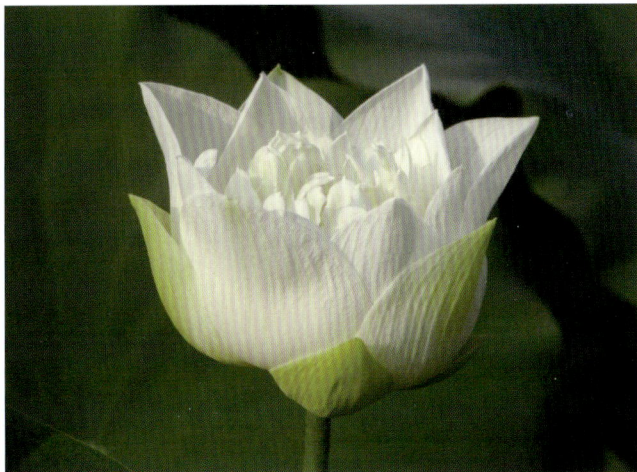

2009 年 7 月 15 日清晨 6 点 55 分在北京圆明园公园拍照的——初开**一青二白美莲花**，并随之赞曰：北京盛夏很漫长，早晨荷花飘雅香。朵大色美品高尚（受周敦颐《爱莲说》启发），**绿叶碧波送清凉！**

六

2009 年 8 月 20 日清晨 6 点 33 分拍照并首发于《人民日报》2009 年 11 月 13 日第 7 版的——沐浴在旭日朝阳之中和蓝天白云之下，且清晰倒映在清澈护城河水中的**壮丽故宫东北黄角楼**。

七

以上两图是笔者分别于 2011 年 4 月 2 日上午 9 点 58 分和下午 4 点 5 分在北京奥林匹克森林公园北园拍照的——**含苞欲放红玉兰和盛开大美白玉兰**，并随之赞曰：**北京玉兰年年增，男女老少都欢迎。花大色美香气清，英落叶绿满树新**（借用屈原《离骚》之名句"朝饮木兰之坠露兮，夕餐秋菊之**落英**"）！

八

以上两图是笔者分别于 2011 年 4 月 28 日上午 9 点 51 分在北京国家植物园北园拍照的——**盛开玉质紫丁香**和 2012 年 4 月 13 日上午 8 点 38 分在北京北海公园拍照的——**盛开白丁香**。并随之赞曰：**首都丁香很有名，紫白两色都招人，蓓蕾如丁形状美，花开香飘满京城！**

九

以上三图是笔者分别于 2012 年 5 月 13 日下午的 3 点 28 分、29 分和 30 分在北京景山公园拍照的——**盛开蓬勃向上鲜红芍药花、牡丹型粉白芍药花和金蕊鲜红娇艳芍药花**。并随之赞曰：**景山牡丹花落净，娇艳芍药更精神。多姿多彩赏不尽，金蕊红花最招人！**

十

以上四图是笔者分别于 2007 年 7 月 21 日清晨 6 点 54 分、2012 年 7 月 10 日上午 9 点 55 分、2012 年 7 月 14 日中午 12 点 42 分和 2017 年 7 月 10 日上午 9 点 19 分在北京圆明园公园拍照的——一对珍稀含苞欲放红色并蒂莲、一只大红蜻蜓刚抓住荷尖休息、一只小黑蜻蜓在红莲蓓蕾尖顶上展翅欲飞和罕见八只黑天鹅列队齐头奋游芦苇湖；并随之赞曰：圆明园里荷花多，绿叶红花显规模。多彩蜻蜓耍杂技，拍客更爱黑天鹅！

十一

以上三图是笔者分别于 2008 年 4 月 17 日上午 9 点 24 分、2008 年 4 月 27 日上午 11 点 6 分和 22 分在北京中山公园拍照的——沐浴在春日朝阳中的鲜红镶金郁金香、粉红优雅郁金香和雪白典雅郁金香。并随之赞曰：京城移栽郁金香，中山公园最争光。品种优良规模大，游人拍客都夸奖！

十二

　　笔者出席在重庆温泉度假村召开的 2005 年全国第六届经济法学前沿理论研讨会期间，于 2005 年 5 月 20 日下午 5 点 38 分在此度假村院内拍照的——**雄性绿孔雀开屏之美景**。

十三

　　2005 年 5 月 23 日下午 1 点 2 分在从重庆开往宜昌的豪华客轮甲板上较远拍照的——**高 6.4 米的长江三峡巫山神女峰**。

十四

2005 年 11 月 1 日上午 11 点 2 分在江西彭泽县长江边拍照的——**郑板桥题写的一幅大气磅礴的碑联"汲来江水烹新茗　买尽吴山作画屏"**。

十五

2006 年 4 月 25 日上午 10 点 18 分在安徽黄山"世遗宏村"拍照的——**众多上海美术学生写生图之一景**。

十六

2008 年 5 月 7 日下午 4 点 7 分在北京地坛公园拍照的——**金蕊火红月季花**。

十七

2008 年 5 月 21 日上午 8 点 26 分在北京国家植物园北园拍照的——新移栽的**盛开四川大百合花**。

十八

2008 年 7 月 26 日下午 1 点 19 分拍照的——**虎跳峡的壮美概貌**。

十九

2008 年 7 月 28 日上午 11 点 28 分拍照的——**玉龙山下蓝月谷美景**。

二十

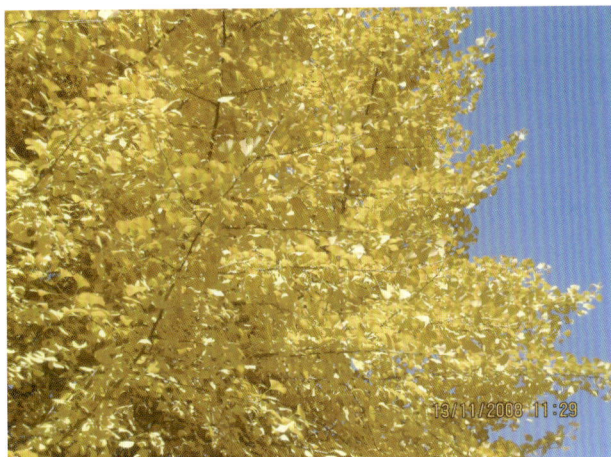

2008 年 11 月 13 日上午 11 点 29 分在北京地坛公园拍照的——**银杏满树金叶映蓝天之美景**。

二十一

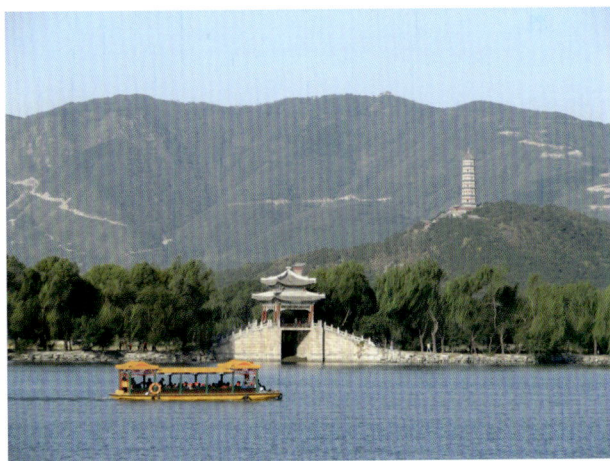

2009 年 10 月 14 日上午 8 点 23 分在北京颐和园昆明湖边由东向西正面拍照的——**昆明湖的游船、西堤和玉泉山及远处的香山构成的组合风景**。

二十二

2011 年 4 月 17 日上午 10 点 25 分在北京平谷万亩桃树林中选拍的——**春光蓝天桃花红美景**。

二十三

2011 年 6 月 24 日上午 10 点 32 分在北京地坛公园拍照的——**盛开珍贵完美雄性铁树花**。

二十四

2012 年 7 月 4 日上午 8 点 5 分在北京奥林匹克森林公园北园盛开的百亩葵花园中拍照的——尤为出众的**一朵特大向日葵**。

二十五

2013 年 3 月 20 日上午 8 点 28 分在北京北二环河北岸拍照的——**蓝天白雪梅花开美景**。

二十六

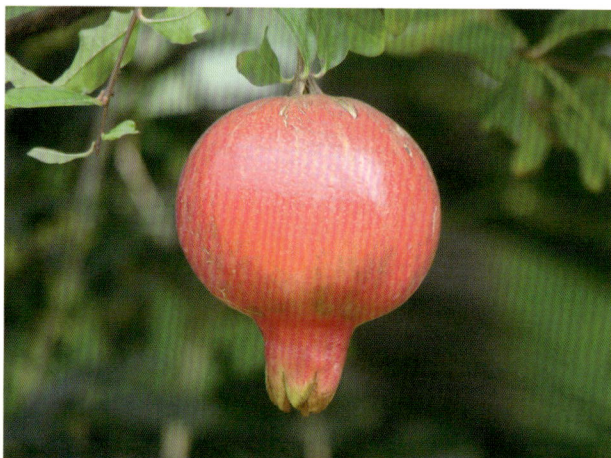

2014 年 9 月 29 日上午 10 点 18 分在北京景山公园东门内拍照的——**大红石榴**。

三十

2015 年 4 月 15 日上午 9 点 53 分在山东省菏泽市曹州牡丹园拍照的——**盛开大朵典雅粉绿牡丹花**。

三十一

2022 年 10 月 23 日中午 12 点 35 分在北京奥林匹克森林公园由南向北拍照的——**矗立于秋阳蓝天下的雄伟壮丽的奥林匹克塔**。

三十二

2024 年 5 月 2 日上午 9 点 40 分在北京太阳宫公园拍照的——**正在湖水中游食的大白鹅**。

三十三

　　笔者公差后在青海原子城遗址参观时，于 2006 年 9 月 24 日下午 4 点 25 分拍照的——正在草原吃草的**壮硕牦牛群**。

三十四

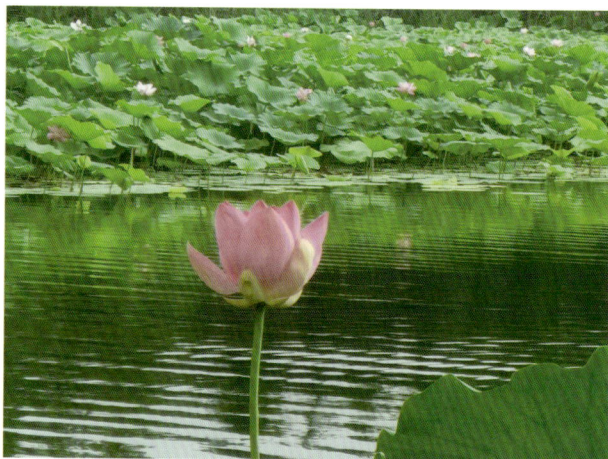

　　2025 年 7 月 7 日上午 8 点 16 分，在北京圆明园公园拍照的——湖中**水纹绿叶荷花红美景**。

三十五

2023 年 4 月 25 日下午 4 点 1 分在北京地坛公园拍照的——蓝天映衬下的**盛开雪白流苏花**。

三十六

2023 年 11 月 6 日下午 2 点 27 分在北京地坛公园拍照的——**鲜红美枫叶**。